Rita Stiens
Krankheit als Waffe

Rita Stiens

Krankheit als Waffe

List Verlag
München · Leipzig

ISBN 3-471-78823-9

INHALT

TEIL II: DIE ÄNGSTE DES SCHULD-PARTNERS

Teil III: WEGE AUS DER SCHULD-PARTNERSCHAFT

TEIL IV: PROBLEMLÖSUNG DURCH KOMMUNIKATION

VORWORT

Krankheit tut weh. Selbst ein einfacher Schnupfen setzt einem zu. Niemand, sollte man annehmen, ist gerne krank. Einem Kranken zu unterstellen, daß er sein Leiden benutzt, um es gegen andere zu richten, löst Empörung aus und Schuldgefühle. Empörung beim Betroffenen, der krank ist oder sich krank fühlt. Schuldgefühle bei demjenigen, der sich durch Krankheit in die Enge getrieben oder erpreßt fühlt.

Viele Menschen werden mit der Waffe Krankheit zur Strecke gebracht. Auslöser für dieses Buch war, daß ich Zeugin eines Telefongesprächs wurde. Ein junger Mann, fünfundzwanzig Jahre, erhielt einen Anruf seiner Schwester. »Dein Vater hat wieder starke Halsschmerzen«, war die Mitteilung. Ihr folgte ein zorniges »Nicht schon wieder, laß mich damit in Ruhe!«, ein kurzer heftiger Disput über diese Reaktion und nach dem Auflegen des Hörers eine lange verzweifelte Diskussion mit mir.

Zu verstehen ist die scheinbar herzlose Abwehr des Bruders nur vor dem Hintergrund, daß in der Familie seit vielen Jahren dasselbe – für alle Beteiligten quälende – »Spiel« gespielt wird. Der Vater ist krank, weil der Sohn ihn angeblich durch sein Verhalten krank macht, der Vater kommt um vor Sorgen. Jetzt besonders, denn der Sohn will zu Hause ausziehen. Seitdem häufen sich die Anrufe der Mutter oder der Schwester mit stets ähnlichem Inhalt.

Die Vorhaltungen brauchen gar nicht mehr ausgesprochen zu werden. Der Sohn hat sie so weit verinnerlicht, daß das Stichwort »krank« genügt, ihn in die Falle der Schuldgefühle zu treiben. Sie schnappt prompt zu: Der Sohn reagiert mit Abwehr, Mutter und Schwester sind empört. Der Vater hält sich raus. Er bleibt in der Rolle des still vor sich hin Leidenden. Er will ja niemanden belasten. Den Sohn treibt eine Mischung aus Wut und Verzweiflung um, denn natürlich läßt ihn das alles nicht kalt. Ihn plagt das schlechte Gewissen, zumal der Vater vor einigen Jahren bereits einen Herzinfarkt hatte.

Sie werden in diesem Buch Menschen begegnen – und sich bestimmt darin wiedererkennen –, die unter echter, vorgeschobener oder überdramatisierter Krankheit von Mitmenschen leiden. Krankheit kann, auch wenn sie die Betroffenen selber quält, zu einer psychisch vernichtenden Waffe werden. Einer Waffe, die Kollegen gegen Kollegen, Eltern gegen Kinder, Partner untereinander, Freunde gegen Freunde einsetzen. Die zugefügten Verletzungen sind schwer und belasten oft ein Leben lang. Und ähnlich wie bei Alkoholabhängigen oder anderen Suchtkranken kommen auf einen Menschen, der seine Krankheit instrumentalisiert, immer mehrere, die in den Leidenssog geraten.

Doch wie erkennen, ob jemand seine Krankheit benutzt? Und wie damit umgehen? Es gibt nicht wenige Menschen, die über das Bestreben, mit ihrer Krankheit etwas zu erreichen, tatsächlich immer kränker werden. Sie können darüber schwer erkranken, sogar sterben, um einem anderen das Leben schwer zu machen. Um eine Scheidung zu verhindern, um zu vereiteln, daß Kinder ihre eigenen Wege gehen, um sich für ihre Einsamkeit zu rächen, um der eigenen Ängste Herr zu werden.

Mit diesem Buch möchte ich dazu beitragen, daß Sie die Mechanismen durchschauen, sich nicht länger dem Druck des »Tat-Kranken«, wie ich ihn nennen möchte, beugen, sondern Ihren eigenen, selbstbestimmten Weg gehen. Im besten Fall helfen Sie dadurch nicht nur sich selbst, sondern verhelfen auch dem Tat-Kranken zur Einsicht in eine das Leben überschattende unglückliche Verstrickung.

Dieses Buch lebt von den Frauen und Männern, die bereit waren, mit mir zu sprechen. Ich danke allen Gesprächspartnern für die Offenheit und das Vertrauen, das sie mir entgegengebracht haben. Und ich respektiere ihren Wunsch, die Namen zu verändern. Die Authentizität der Berichte ist dadurch nicht berührt. Sich öffentlich zu »outen«, ist »in«. In diesem Fall ist es mir wie den Beteiligten jedoch wichtig, den sensiblen Prozeß, Konflikte zu lösen und andere Wege zueinander zu finden, nicht zu stören.

Mein Dank gilt auch allen Experten, Bekannten und Freunden, die sich nicht nur meinen Fragen, sondern einem engagierten Gedankenaustausch stellten. Ich verdanke ihren Anregungen und Meinungen entscheidende Denkanstöße.

Rita Stiens

Es ist ein Irrtum anzunehmen, daß Krankheit jedem eine Last ist. Vielen ist sie so willkommen, daß man ihnen alles nehmen darf – nur nicht die Krankheit. Sie ist ihnen ein Quell der Schonung, der Aufmerksamkeit, der Möglichkeit, andere zu manipulieren. Kranksein macht den Tat-Kranken stark. Er versteht es meisterhaft, von seinen eigentlichen Wünschen und Zielen abzulenken. Er *hat* etwas. Er glaubt, daß er etwas hat, er sagt es, zeigt es, signalisiert es: Er hat es an den Nerven, hat ein schwaches Herz, Magenschmerzen, Migräne, Kreislaufbeschwerden. Er weist klar diagnostizierte oder diffuse Beschwerden vor. Verborgen bleibt, daß er eigentlich etwas *will*. Daß er Gefühle will und mit der Waffe Krankheit um seelisches Wohlbefinden kämpft. Der Tat-Kranke ist ein Zukurzgekommener. Ihm fehlt etwas. Er hat nicht befriedigte Bedürfnisse und unerfüllte Wünsche, was ihm jedoch selber nicht bewußt ist. Könnte er sie offenlegen, wäre der Umgang mit ihm weniger problematisch. Doch er fordert auf subtil-undurchschaubare Weise. Teil I dieses Buches wird zeigen, wie der Boden dafür bereitet wird, daß nicht gesehen werden kann, worum es eigentlich geht.

Was ihm fehlt, muß der Tat-Kranke jemandem abringen. Dazu bedarf es eines Gegenübers: des »Schuld-Partners«. Eines Partners, dem man Schuld zuweist, um Schuldgefühle zu erzeugen. Wer Schuldgefühle hat, ist manipulierbar. Er ist bereit, dem anderen zu Willen zu sein. Der »Auserwählte« ist sich dieser Rolle nicht bewußt. Er hat die Schuldzuweisung schon angenommen, als er noch gar nicht in der Lage war – und zwar als Kind –, sie zu reflektieren. Er erlebt sie als Strudel, aus dem er sich nur um den Preis immer neuer Schuldgefühle befreien kann.

Schuld-Partner verschleißen sich häufig in einem Jahre währenden Kampf, dem Tat-Kranken Wege zur Gesundung aufzuzeigen, um sich von dem Schuldvorwurf zu befreien. Ein aussichtsloses Unterfangen! Warum es zum Scheitern verurteilt ist? Weil sich niemand gern einer Sache berauben läßt, die von großem Nutzen ist.

Der Tat-Kranke hält sich für ein Opfer. Das macht seine einzigartige Stärke aus. Opfer haben eine Trumpfkarte in der Hand: die Moral. Dem Schuld-Partner bleibt der Schwarze Peter: die Täterschaft, der Verstoß gegen die Moral. Das Opfer ist unantastbar, weil nicht verantwortlich. Die Krankheit kommt von außen – andere haben sie einem eingebrockt. »Daß ich hier liege, habe ich dir zu verdanken«, ist ein Satz, der jedem, der für dieses Buch Interviewten, zu schaffen machte. Der Kranke *ist* nicht krank. Er *wurde* nicht krank. Er wurde krank *gemacht*.

Schuld sind die anderen, ist eine Haltung, die jeder kennt. Der Kollege ist schuld, daß man nicht befördert wird, der Partner, daß man ihm nicht vertrauen kann. Geht es um Krankheit, wird Schuldzuweisung durch ein falsches Verständnis von Psychosomatik begünstigt. Die wichtige Erkenntnis, daß psychologische Faktoren eine wesentliche Rolle bei den Funktionssteuerungen des Körpers spielen, hat vor allem die meinungsmächtigen Medien zu publikumswirksamen Schlagzeilen inspiriert: Die Kollegen machen krank, die Schule macht krank, die Umwelt macht krank. Alles Krankheitsübel kommt von außen, ist die Message, und sie wird gerne gehört. Sie ist ein starkes Argument, die Opfer-Haltung des Tat-Kranken mit angelesenen »Erkenntnissen« zu untermauern. Sie verstärkt die Schuldgefühle des Schuld-Partners und läßt sich für viele Zwecke benutzen. »Man weiß doch, daß die Psyche eine große Rolle bei Herzbeschwerden spielt«, sagt Anna W. im Gespräch. »So wie ich meiner Mutter zugesetzt habe, bin ich mit schuld daran, daß ihr die Sorgen aufs Herz schlagen.« Immer dasselbe Lied. Wie eine Platte, die einen Sprung hat, beschreibt sie ihr Verhältnis zur kranken Mutter. »Es war völlig egal, was ich tat oder nicht tat, es lag immer an mir, wenn es ihr nicht gut ging. Über Jahre hat sich nichts geändert. Wir sagten beide bei jeder Auseinandersetzung dieselben Sätze.« Eine Beobachtung, die den Kern trifft. In Opfer-Schuld-Beziehungen entwickelt sich nichts, die Beteiligten entdecken und entfalten sich nicht.

Niedergeschlagenheit, Hoffnungslosigkeit, Frustrationen, Angst und Verzweiflung bringen schließlich auch den Schuld-Partner unter das Damoklesschwert, dem er zu entkommen versucht – in die Krankheit. Das schlechte Gewissen hinterläßt auch körperliche Spuren. Man leidet an Gastritis, Spannungskopfschmerzen und anderen Beschwerden. Dabei ist es gerade der Kampf gegen das Kranksein des Tat-Kranken, der das Bekämpfte stabilisiert und erhält. Beide Parteien liefern sich Abwehrschlachten, die sich zerstörerischer Mittel bedienen und die Fronten verhärten. Was eigentlich gut gemeint ist, gerät zum Fiasko und fügt den alten neue Wunden hinzu.

Der Schuld-Partner möchte zum Beispiel reden, um den Konflikt per Kommunikation zu entschärfen. Was er erlebt, ist Eskalation: Der Tat-Kranke argumentiert aus seiner Opferrolle heraus: »Ich kann doch nichts dafür, daß ich krank bin, ich habe es mir doch nicht ausgesucht. Warum habe ich so ein schweres Schicksal?« Sein Gegenüber, der zum Täter Gestempelte, sieht sich seinerseits als Opfer und rebelliert gegen die Täterrolle: »Was willst du von mir, was kann ich dafür, daß du krank bist?«

Der Psychologe Dr. Jens Schiermann sagt zu der Unmöglichkeit, sich auf dieser Basis zu verständigen und zu einer Konfliktlösung zu kommen: »Wir interpretieren unser Verhalten als Reaktion auf die Taten des anderen. Wir sehen den anderen als agierenden Verursacher, gegen den wir uns so gut wie möglich behaupten müssen. Aufgrund dieser Betrachtungsweise – die beide Parteien haben – verstärken wir gegenseitig unser konfliktträchtiges Verhalten und entfernen uns immer weiter von vernünftigen Konfliktlösungen.« Der eine greift an: »Deinetwegen bin ich krank vor Sorgen«, der andere rechtfertigt sich oder schlägt zurück: »Du müßtest dir ja gar nicht so viele Sorgen machen.« Das Ende ist Schweigen, oder man schreit sich an. Von einer Lösung ist man weiter entfernt denn je.

Teil IV wird zeigen, warum diese Fixierung auf die festgelegten Rollen verhindert, den eigenen Anteil am Geschehen zu erkennen. Das Problem des Schuld-Partners ist nicht, was das Gegenüber tut oder nicht tut. Das Problem ist die eigene Reaktion darauf. Angst, Sorgen, Verzweiflung und Schuldgefühle sind Barrieren, die wir uns selber in den Weg stellen. Einer der Gründe dafür: Das Signal »Ich bin krank« hat bei vielen Menschen einen starken Appell-Charakter, der zu einer geradezu zwanghaftbereitwilligen Reaktion führt, dem Tat-Kranken alles recht zu machen. Die Folge ist ein anstrengendes und streßhaftes Leben. »Und wer hilft mir?« ist die Frage, die am Ende einer solch angstgeprägten

Überforderung und Selbstverleugnung steht. Die Antwort kann nur sein: »Ich helfe mir selbst« (siehe Teil IV). Auf sich hat man Einfluß! Und kann einiges verändern. Über eines sollte man sich jedoch im klaren sein: Es gibt keine Möglichkeit, Konflikte zu lösen und gleichzeitig die Angst vor dem Scheitern zu vermeiden. Der einzige Weg führt mitten hindurch.

Angst. Sie ist das Schlüsselwort. Daß es erst gegen Ende dieser Einleitung auftaucht, hat seine Entsprechung in den Problemen der Schuld-Partner. Sie leben Jahre und Jahrzehnte mit Schuldgefühlen, ohne zu erkennen, daß diese nur sekundär sind. Das Primäre, das Eigentliche hinter den Schuldgefühlen, ist die Angst.

Angst frißt Seelen auf, Angst gebiert die Schuldgefühle. Die Angstabwehr ist der gemeinsame Nenner, auf den sich Tat-Kranke wie Schuld-Partner unbewußt geeinigt haben, um der Angst zu entkommen. Es gilt, sich dem zu stellen, um andere Wege suchen und beschreiten zu können.

TEIL I: DER WEG IN DIE SCHULD-PARTNERSCHAFT

Eltern contra Kinder

Erwachsen zu werden, ist ein schwieriger Prozeß. Es fällt Eltern schwer, ihre Kinder loszulassen; Kinder haben ihre liebe Not damit, sich zu lösen. Der Weg in die Selbständigkeit ist für viele mit dramatischen Ablöseerfahrungen gepflastert. Und das ganz besonders, wenn Mütter oder Väter Krankheit als Waffe einsetzen, um über ihr Leiden bindende Rücksichtnahme einzufordern. Wie sehr eine Erziehung, die auf Manipulation und Schuld-Druck baut, das Kind belastet, ist weder den Eltern und schon gar nicht einem Kind bewußt. Schuldgefühle und ein schlechtes Gewissen begleiten viele Kinder ein Leben lang. Sie wissen nicht warum. Sie erleben sich als Gefangene eines unentwirrbaren Problems.

Der Fall Anna W.

»In meiner Erinnerung«, erzählt Anna (36), »sehe ich mich am Küchentisch sitzen, kurz vor dem Abendbrot. Manchmal habe ich noch Schularbeiten gemacht.« Anna, von Beruf Lehrerin, spricht von der Zeit, als sie zehn oder elf Jahre alt ist. Die Tage verlaufen zumeist normal, doch abends, wenn der Vater

von der Arbeit kommt, kann unerwartet Unheil drohen. Er ist meist gut gelaunt, die Mutter steht am
Herd und kocht. »Na, ihr beiden, wie war der Tag?«
ist seine Begrüßung. Kommt keine Antwort von der
Mutter, wird Anna unruhig. Es ist wieder soweit!
Der Vater wird fragen, was los ist, die Mutter ein
von unterdrücktem Schluchzen verstümmeltes »Ach
nichts« von sich geben, der Vater ein ärgerliches
»Was soll das heißen, was ist passiert?«

Anna hat mal wieder was ausgefressen. Ihre bange
Gewissensbefragung beginnt. Hat sie irgendwann
am Tag Widerworte oder eine freche Antwort gegeben? Sie ist sich meist keiner Schuld bewußt. Diesmal
ist es der Abwasch, den Anna mittags erledigen
sollte. »Das sind doch nur zwei Teller«, hat sie gesagt
und ist verschwunden. Jetzt stehen die Teller immer
noch da. Das Signal, das die Mutter mit ihren Tränen
gibt, ist eindeutig: Die Tochter hat ihr zugesetzt, sie
wird mit ihr nicht mehr fertig. Es ist Teil eines der
Familie vertrauten Rituals. Die Mutter wird mit
einem »Du bist der Nagel zu meinem Sarg, ich kann
das nicht mehr aushalten, ich muß mich hinlegen«
ins Schlafzimmer gehen und sich die Augen rot weinen.

Der Vater muß Partei ergreifen. Er ist aufgebracht
wegen des Ärgers zum Feierabend, er will sich über
solche Kleinigkeiten nicht aufregen müssen. Doch er
weiß, tut er es nicht, bringt er seine Frau gegen sich
auf. Sie wirft ihm ohnehin vor, daß er sich auf die
Seite der Tochter schlägt, ihr alles durchgehen läßt
und seiner Frau zumutet, die Frechheiten des Kindes
zu ertragen. Der Vater haßt Streit. Er gerät außer
sich, schimpft, schlägt Anna oder schafft sie zur
Strafe aus dem Weg – in den dunklen Keller. Die
Angst vor der Dunkelheit, mehr noch die Beklemmung, ein böses und schlechtes Kind zu sein, läßt

Anna beten, der liebe Gott möge sie sterben lassen. Es gibt auch nach der Bestrafungsaktion keine Gespräche. Nur Sätze wie »Ich will nichts mehr davon hören, wenn du dich anständig benimmst, geht es deiner Mutter auch gut.« Manchmal nimmt der Vater sie jedoch in den Arm, weint und entschuldigt sich für seinen »cholerischen Anfall«. Er fleht die Tochter an, doch brav zu sein, damit er nicht erneut in die Drucksituation gerät, sie schlagen zu müssen.

»Meine Mutter«, sagt Anna, »wollte mich zu einem anständigen, guten Menschen erziehen. Das betonte sie immer wieder. Sie selbst war durch und durch gut. Sie hatte eine ihrer Tanten gepflegt, als die schwer krank war. Die Mutter erzählt oft, daß sie täglich ins Krankenhaus ging, sie besuchte, ihr die Wäsche machte und Essen für sie kochte. Sie hat ihre Geschwister großgezogen, weil ihre eigene Mutter dauernd bettlägerig war und sich nicht um die Kinder kümmern konnte. Meine Mutter war ein furchtbar guter Mensch. Und wir waren von schlechten Menschen umzingelt. Die Familie meines Vaters, lernte ich, war schlecht. Es gab auch nur wenige in meiner Schulklasse, die zu den Guten zählten. Ich jedenfalls war immer mit den Falschen, den Schlechten, zusammen.

Gut sein und krank sein hingen irgendwie zusammen. In der Familie meines Vaters, also bei den eher Gewissenlosen, war Krankheit kein Thema, sie kamen gut miteinander aus und waren nicht gramgebeugt. Ich konnte es zwar nicht verstehen, aber es paßte: Wer wie meine Mutter ein Gewissen hatte, litt immerzu, wer keines hatte, ging teuflisch-heiter durchs Leben – was der liebe Gott natürlich irgendwann bestrafen würde. In meiner Vorstellung reimte ich mir die Dinge etwa so zusammen: Ich wollte gut sein, war aber schlecht, wie mir ständig bestätigt wurde. Schlecht zu sein war wie ein verdorbenes Essen, das man zu sich nahm. Man wurde krank davon. Ich war also eine Art verdorbenes Essen für meine Mutter. Das war ein furchtbarer Gedanke.«

Die Konflikte wachsen sich über die Jahre, die Anna älter wurde, zum Drama aus. Die Mutter macht jeder Schritt, den Anna ins Leben tut, kränker und kränker. Anna verabredet sich mit einem Tanzstundenpartner – die Mutter ist mit den Nerven am Ende und einem Zusammenbruch nahe, weil sie schlaflose Nächte hat. Sie kontrolliert täglich die Schultasche, die Manteltaschen, den Kleiderschrank der Tochter. Riecht sie Rauch, wird dem Vater abends der Mantel präsentiert als Beleg dafür, daß die Tochter die Eltern belügt und doch die verbotenen Zigaretten raucht. Sie liest Annas Post und ihr Tagebuch. Sie kommt um vor Sorgen.

Der Mutter Leidensweg hat bereits mit Annas Geburt begonnen: »Deinetwegen wäre ich bei der Geburt fast gestorben« ist der massivste Vorwurf, wenn die Tochter ein Gebot oder ein Verbot mißachtet hat. Das Gefühl, daß die Mutter an ihren Sorgen um die Tochter zugrunde geht, treibt Anna immer mehr in die Enge. »Was ich auch tat, ich tat ihr damit etwas an. Ich starrte nur noch auf das, was ich auslöste. Ich wollte rausfinden, was sie hat, ob sie wirklich krank ist. Ich unterstellte ihr, daß sie maßlos übertreibt.« Was alles nur noch schlimmer macht, denn die Mutter liefert die »Beweise«. Sie präsentiert mehr und mehr Tabletten, die sie schlucken muß, die Hausapotheke quillt über, sie liest über Krankheiten und entdeckt an sich ständig neue.

»Ich habe versucht zu durchschauen, was erlaubt war und was nicht. Es fiel häufiger der Satz, daß ich nach der Familie meines Vaters arte, also nach der schlechten Seite. Womit sie gar nicht mal unrecht hatte, denn die gefiel mir bei den wenigen Anlässen, bei denen man sich mal traf, bedeutend besser. Sie hatten Spaß am Leben.«

Anna ist inzwischen auf einem katholischen Mädchengymnasium, einer Privatschule, und muß jeden Morgen um Viertel vor sechs aufstehen. Die Mutter weckt sie und macht der Tochter die Schulbrote. Sie brät mittags für Anna Buletten ohne Zwiebeln, weil das Kind keine Zwiebeln mag. Sonntags gibt es den Lieblingsnachtisch, warmen Vanillepudding auf frischen Erdbeeren. Die Mutter hat einen Reinigungsbetrieb eröffnet, um mitzuverdienen. Anna möchte Abitur machen, studieren und geht darum gerne zur Schule. Aber auch die Schule wird zum Bumerang. »Weil ich auf dieses sechsunddreißig Kilometer entfernte Privatgymnasium ging, das damals noch Schulgeld kostete, dazu das Fahrgeld für Bus und Bahn, mußte sich meine Mutter plagen und ruinierte ihre Gesundheit noch mehr. Und ich rebellierte dagegen. Ich wollte zwar Abitur machen, wäre aber viel lieber auf das näher gelegene öffentliche Gymnasium gegangen als in die teure katholische Mädchenschule. Ich war also wieder mal schuld, daß ihr die Gelenke weh taten, daß die Venenentzündungen schlimmer wurden, daß sie sich aufrieb. Und das wegen einer Schule, auf die meine Mutter größten Wert legte, nicht ich. Ich war undankbar. Ich lohnte es ihr nicht.«

Anna weiß nicht mehr ein noch aus. »Die Vorwürfe und Schuldgefühle waren unerträglich. Ich kriegte im Zug Magenschmerzen, weil ich Angst davor hatte, nach Hause zu kommen. Einerseits tat meine Mutter mir viel Gutes, sie bekochte mich, verwöhnte mich und sorgte für mich. Andererseits war und blieb ich schlecht. Ich lebte mit dem Gefühl, daß, was immer ich auch tat, unmoralisch war. Und das brachte meine Mutter ins Grab, wie sie es ausdrückte. Ich sehnte mich nach etwas Ruhe, doch es lag dauernd Spannung in der Luft. Man wußte nie warum.

Wenn ich samstags ausgehen wollte oder mich nachmittags mit einer Freundin verabredete, war die Reaktion ein Vorwurf. Soll ich auch noch die Küche wischen, wo ich ohnehin solche Schmerzen in der Schulter habe! Nur wußte ich gar nicht, daß meine Mutter die Küche gewischt haben wollte. Wenn ich ein Buch las, kriegte ich ein ›Hast du nichts Besseres zu tun?‹ zu hören. Ich habe – heute kann ich darüber lachen – Goethe, Borchert, Brecht auf der Toilette verschlungen. Ich steckte das Buch unter den Pullover und verschwand. Daß ich längere Zeit nicht wieder auftauchte, habe ich mit der Ausrede Verstopfung erklärt. Es war wunderbar, mal für eine halbe Stunde niemanden im Nacken zu haben. Eines Tages, habe ich mir schon als Teenager geschworen, bist du weg. Ganz weit weg.«

Anna spürt, daß sie nicht mehr »normal« reagieren kann. »Wenn meine Mutter sich nur hinlegte, weil sie sich nicht mehr auf den Beinen halten konnte, hätte ich zuschlagen können, so wütend war ich – selbst wenn das mal nichts mit mir zu tun hatte. Und gleichzeitig wollte ich mich ins nächste Mauseloch verkriechen, weil ich mich für diese Gefühle schämte. Ich wurde trotziger und verschlossener.« Was die Mutter darin bestärkt, die Kontrolle zu verschärfen. »Sie ertappte mich zum Beispiel dabei, daß ich log. Ich hatte gesagt, daß ich mit einer Freundin, die in den Augen meiner Mutter zu den Akzeptierten, den Guten, gehörte, Schularbeiten machen muß. Tatsächlich war ich bei einer, die in ihren Augen einen schlechten Einfluß auf mich hatte. Meine Mutter fand das heraus und regte sich dermaßen auf, daß sie wieder Herzrasen bekam. Dieser Vorfall war natürlich eine Bestätigung dafür, daß man mich keinen Moment aus den Augen lassen kann. Ich war wieder ein Nagel zu ihrem Sarg.«

Ganz schlimm kommt es, als Anna in der zwölften Klasse ist. Sie spielt in der Freizeit Tischtennis, die Gruppe wird von einem Studenten trainiert. Die Uni reizt Anna. Eines Tages schwänzt sie die Schule, bleibt im Zug sitzen und fährt eine halbe Zugstunde weiter in die Unistadt. Sie trifft sich mit dem Studenten, man geht zusammen in eine Vorlesung und anschließend in die Mensa. Anna nimmt den Zug zurück, mit dem sie auch sonst aus der Schule kommt. Als hätte die Mutter es geahnt, hat sie ausgerechnet an diesem Tag in der Schule angerufen und erfahren, daß Anna nicht da ist. Der Vater wird aufgescheucht und losgeschickt, ein Mädchen zu befragen, das morgens mit dem gleichen Zug wie Anna zur Schule fährt. Sie plaudert aus, daß die Tochter weitergefahren ist. »Mir war schon im Zug mulmig«, erzählt Anna. »Ich wußte, daß die Hölle los ist, wenn das rauskommt. Ich stieg aus dem Zug aus, ging den Bahnsteig runter und sah meinen Vater. Der war mit wenigen großen Schritten bei mir und schlug zu. Ich wurde am Kragen gepackt und ins Auto gezerrt. So schlimm war es noch nie! Er schrie mich an, daß ich meiner Mutter Tod bin, daß er verstehen kann, daß sie an mir zugrunde geht. Meine Mutter war vollkommen aufgelöst. Ich wurde bis zum nächsten Morgen in mein Zimmer gesperrt. Dann wurde die Tür aufgeschlossen. Ich mußte zur Schule fahren.

Als ich dort ankam, schickte mich meine Klassenlehrerin ins Zimmer der Direktorin. Sie eröffnete das Gespräch mit dem Vorwurf, wie ich meinen Eltern so etwas antun kann. Der nächste Satz war: »Und wenn dann vielleicht noch ein armes Kind auf die Welt kommt!« Ich verstand erst gar nicht, was sie meinte. Dann fiel der Groschen. Meine Mutter hatte den Eindruck entstehen lassen, daß ich mit dem Mann im Bett war. Von dem Tag an habe ich die Wochen gezählt, bis ich endlich das Abitur habe und verschwinden kann.«

»Ich war außer mir vor Wut«, sagt Anna. »Aber ich konnte weder toben noch etwas dagegen tun, ich bekam nur Magenkrämpfe. Denn inzwischen brachte ich nicht nur meine Mutter, sondern auch meinen Vater um. Jedenfalls war das der Vorwurf, wenn wir mal ein paar Sätze miteinander redeten. Es war ein doppelter Teufelskreis. Meine Mutter setzte sich nie mit mir auseinander, sie kriegte gleich ihren Anfall. Mein Vater, der das Elend dauernd miterlebte und selber in der Schußlinie war, weil auch er ihr nichts recht machen konnte, bekam eine Lungenembolie. Meine Mutter wußte, daß sie ihm mit dem ewigen Streit schwer zusetzte, aber es ging weiter und weiter. Ich wollte meinen Vater davor schützen, aber wie?«

Nach dem Abitur gelingt es Anna, mit Unterstützung des Vaters, sich an einer Universität fünfhundert Kilometer vom Elternhaus entfernt einzuschreiben. Die Mutter ist strikt dagegen, denn sie ist davon überzeugt, daß die Tochter auf die schiefe Bahn gerät. Ihr Herz spielt verrückt. Anna darf schließlich gehen, weil die Mutter über den zuständigen Gemeindepfarrer ein Zimmer bei einer Sozialhelferin organisiert hat. Die Frau soll Annas Lebenswandel überwachen. Einige Monate nach dem Umzug, morgens um sieben Uhr, fegt ein Orkan durchs Haus. Die Mutter steht unerwartet vor der Tür, findet Anna und ihren Freund, den sie vor wenigen Wochen kennengelernt hat, gemeinsam im Bett, faßt sich ans Herz, stöhnt, taumelt, wird von der schlaftrunkenen

Wirtin aufgefangen und ins Nachbarzimmer gezogen. Der Onkel, der die Eltern nichtsahnend die lange Strecke über Nacht gefahren hat und in dem Glauben war, die Eltern kämen angemeldet, schickt Anna und den Freund aus dem Haus. Die beiden springen in ihre Sachen und verschwinden. Als sie nach einigen Stunden wiederkommen, ist die Luft rein. Der Kampf geht per Telefon und Brief weiter. Der Vater schreibt, er sei krank vor Angst, daß die Mutter an einem Herzschlag stirbt. Er will die Hölle, das Heulen und Wehklagen zu Hause nicht mehr aushalten müssen. Die Tochter soll endlich Vernunft annehmen und auf den Pfad der Tugend zurückkehren.

Als Anna mit ihrem Freund und späteren Mann zusammenzieht, hat sie unablässig »Terror am Telefon«. Die Mutter ruft an und bringt kaum einen Satz heraus. Gibt Laute von sich, die den Vater herbeispringen lassen. Der schreit aufgeregt in den Hörer, daß er den Arzt rufen muß und legt auf. Zu dem Zeitpunkt beginnt Annas Alptraum. Es ist immer wieder derselbe. Sie sieht sich auf der Beerdigung des Vaters. Kaum ist der Sarg in der Erde verschwunden, schleudert sie der Mutter alles entgegen, was sich in ihr angestaut hat. Sie schreit, daß jeder Anfall nur eine Show ist, daß sie damit nur ihren Willen durchsetzen will. Sie schreit und schreit. Die Mutter greift sich ans Herz und fällt neben dem offenen Grab tot um. »Ich weiß nicht«, sagt Anna, »wie ich damit fertig geworden wäre, wenn meine Mutter in der Zeit, als ich diese Alpträume hatte, tatsächlich gestorben wäre. Ich hatte furchtbare Schuldgefühle. Mein Freund hatte meiner Mutter inzwischen verboten, mich anzurufen. Wir sprachen gut ein Jahr lang nicht mehr miteinander.«

Der Fall Tim B.

Als ich Tim (25) zum ersten Mal treffe, ist er gerade aus dem Elternhaus ausgezogen. Halb ausgezogen. Er wohnt zwar bei seiner Freundin, hat es aber noch nicht gewagt, seinen Eltern zu sagen, daß er demnächst seine Sachen packen und ganz umziehen wird. Die Eltern halten die Übernachtungen außer Haus für eine Zwischenlösung. Der Sohn, Mitinhaber einer Firma, arbeitet viel und lange, die andere Wohnung liegt näher am Arbeitsort. Wenn er weniger zu tun hat, wird er wieder regelmäßig bei den Eltern wohnen.

Tim ist niedergeschlagen. Er weiß, daß die Mutter alle paar Tage auf seinen Anruf wartet. Ihn bedrückt diese Erwartung. Er weiß auch, daß ihn irgendwo ein Anruf ereilt, wenn er sich nicht von sich aus meldet. Nach ein paar Tagen, lehrt ihn die Erfahrung, ruft die Mutter in der Firma an. »Der Vater sitzt nur noch still im Sessel, weil er sich Sorgen macht, wie du zurechtkommst«, ist einer der Tim vertrauten Appelle, wieder zu Hause zu erscheinen.

Der Vater renoviert Tims Zimmer, was ihm zuviel wird. Und was dem Sohn zuviel ist, weil er gar nicht will, daß der Vater es renoviert. Der Vater kontrolliert die Finanzen des Sohnes und die Versicherungen. Verursacht Tim einen Haftpflichtschaden, erfährt der Vater davon. Der Sohn muß sich einem häuslichen Strafgericht stellen. Wie konnte das passieren? Der Vater kennt die richtige Antwort: Weil Tim verantwortungslos gehandelt und das Eigentum anderer leichtfertig zerstört hat.

»Ehrlichkeit und Gesetzestreue sind meinem Vater heilig. Meiner Mutter sind Ordnung und Sauberkeit das Wichtigste. Wegen der Ehrlichkeit und der Gesetzestreue hatten wir den ersten großen Konflikt, als ich acht Jahre alt war. Damals spielte ich mit einem Freund in einer Scheune in der Nachbarschaft. Es war dunkel dort, und darum kaufte ich an einem Kiosk Streichhölzer. Wir haben dann ein kleines Feuer gemacht und es ausgetreten, als wir nach Hause gingen. Abends brannte die Scheune. Ich habe das gar nicht mit uns in Verbindung gebracht, ich war mir keiner Schuld bewußt. Als ich schon im Bett lag, wurde ich aus meinem Zimmer geholt, weil die Polizei da war. Mein Freund und ich hatten ausgemacht, daß wir sagen, nicht dort gewesen zu sein, wenn uns einer fragt. Weil es ja ein fremdes Grundstück war, auf dem wir gespielt hatten. Also sagte ich absprachegemäß, daß wir nicht dort gewesen wären. Der andere Junge hielt sich nicht an die Absprache und redete. Für meinen Vater war das alles so furchtbar, daß er seine Arbeitsstelle aufgeben und mit uns aus dem Ort wegziehen wollte. Der Gedanke, es könne in der Zeitung stehen, daß sein Sohn eine Scheune angezündet hat, war ihm unerträglich. Am liebsten wäre es ihm gewesen, daß ich nur zu Hause bin, lerne und mit ihm im Garten oder am Haus arbeite.«

Als Tim zehn ist, hat der Vater den ersten Herzinfarkt, wenige Jahre später den zweiten. Sie sind Mehltau auf Tims Seele, auch wenn der Vater sich darüber ausschweigt. Der Sohn kann sich nicht erinnern, daß er ihm gegenüber je laut wurde oder ihm irgendeine Schuld an seiner Krankheit zuwies. Doch er strahlt Kränkung aus. Und Tim fühlt sich schuldig, denn er ist es doch, der den Vater kränkt. Die Mutter »übersetzt«, was der Vater durch sein Verhalten ausdrückt. Sie läßt Tim wissen, daß es ihm nicht gut geht, daß er nicht damit fertig werden kann, daß der Sohn dieses oder jenes nicht getan hat.

»Ich habe manches hinter seinem Rücken gemacht. Mein Vater wollte absolut nicht, daß ich nebenbei arbeite. Ich sollte zur Schule gehen und lernen. Was ich an Geld brauche, sagte er, gibt er mir. Ich wollte aber eigenes Geld verdienen und nicht über jeden Pfennig Rechenschaft ablegen. Einmal habe ich in einem Schwimmbadkiosk gearbeitet. Der Vater hat es mitbekommen und mir das Geld abgenommen. Er hat mir die Summe aus seiner Tasche gegeben. Das andere Geld wollte er sogar verbrennen. Niemand durfte mir etwas geben. Als mir Jahre später ein Freund etwas Geld für den Urlaub vorschoß, erfuhr mein Vater davon. Als er eines Tages ans Telefon ging und mein Freund dran war, kanzelte er ihn mit den Worten ab: ›Was ich Ihnen noch sagen wollte, mein Sohn nimmt kein Geld von Fremden, das wird nicht wieder vorkommen.‹«

Tim hält er eine seiner Standpauken. Der Vater hat Prinzipien und Gewißheiten. Es gibt keine Gespräche mit ihm, er hält Monologe und verkündet Grundsätze. Dem Sohn soll sein Fehlverhalten eindringlich vor Augen geführt werden. »Da gab es kein Entkommen. Wenn ich ihm nicht recht gab und einsah, daß ich unrecht hatte, was ich natürlich immer hatte, ließ er nicht locker. Ich ging aus dem Wohnzimmer in die Küche, um der Sache ein Ende zu machen. Er kam hinterher. Wenn ich in mein Zimmer verschwinden wollte, folgte er mir. Ich durfte auch nie etwas anfassen. Waren wir mal in einem Spielzeugladen, hieß es, ich solle die Finger von allem lassen, ich würde es nur kaputtmachen, und dann müßten die Eltern es bezahlen. Wenn wir bei meinem Onkel zu Besuch waren, gab es Schokolade. Fragte der mich dann, ob ich noch was wollte, antwortete mein Vater für mich: ›Nein, Tim möchte nichts mehr.‹ Ich bekam nichts, weil ich angeblich zuviel davon aß und mich im Wagen auf der Heimfahrt übergeben mußte. Das passierte auch manchmal. Aber nicht wegen der Schokolade, sondern wegen des Rauchs. Mein Vater steckte eine Zigarette an der anderen an, es war eine anderthalbstündige Fahrt, und man durfte kein Fenster aufmachen, nicht mal einen Spaltbreit, weil es dann zog. Mir wurde schlecht von dem Qualm. Wenn ich jedoch etwas sagte, hieß es ›Sei nicht so frech‹. Den Satz hörte ich dreimal am Tag und den habe ich auch heute noch im Ohr.

Mein Vater sagte ja meistens nichts, aber meine Mutter. Sie versorgte uns total. Die Küche durfte niemand betreten, das war ihr Reich. Meinem Vater wurde morgens rausgelegt, was er anziehen sollte. Sie band ihm sogar die Schnürsenkel zu. Sie kauft auch heute noch Sachen für mich ein. Dann soll ich unbedingt vorbeikommen, weil sie ein Jackett für mich gekauft hat. Möglichst am nächsten Tag, weil sie es sonst nicht zurückgeben kann, wenn es mir nicht paßt. Ob es mir gefällt oder nicht, spielt keine Rolle. Selbst wenn sie wußte, daß ich etwas nicht leiden konnte – sie kaufte es immer wieder. Polohemden zum Beispiel konnte ich nicht ausstehen. Ich mußte sie anziehen. Einige habe ich absichtlich in der Turnhalle vergessen. Das nützte auch nichts. Sie kaufte neue.«

Andererseits macht sich die Mutter zu Tims Komplizin. »Wenn ich nach Hause kam, zog sie mich zu sich runter und gab mir einen Kuß. Das machte sie, um zu riechen, ob ich geraucht hatte. Wenn mein Va ter nicht da war, kam laut und vorwurfsvoll: ›Du hast geraucht.‹ War er da, flüsterte sie es mir ins Ohr, damit er nichts merkte und sich nicht aufregte.«

Ständiger Anlaß für Streit ist, daß Tim nicht essen will. Es gibt feste Essenszeiten, gegessen wird, was auf den Tisch kommt. Tim ißt nicht. Das Essen wird zum Machtkampf. Will Tim keine Wurst, packt der

Vater ihm zu der einen, die er schon auf dem Teller
hat, eine zweite dazu. Die Tatsache, daß des Vaters
Herz geschont werden muß, gerät für Tim zum ste-
ten Zwang, alles stumm und mit Widerwillen in sich
hineinzustopfen oder sich Schuldgefühle einzuhan-
deln, weil der Vater sich aufregt, wenn er das Essen
nicht anrührt und geht. Tim versucht, so oft es geht,
zu verschwinden und erst nach Hause zu kommen,
wenn die Eltern im Bett sind. »Es war ätzend«, sagt
er, »Mutter löste Kreuzworträtsel, Vater guckte
einen Heimatfilm, und ich sollte dabeisitzen oder auf
meinem Zimmer sein und ein Buch lesen. Wenn Vater ein Bier trank, gab es Gezeter, daß er wegen der
Tabletten, die er nimmt, keines trinken darf. Das Gezänk ist seit Jahren das gleiche. Wenn Mutter ins Bett
geht, müssen alle ins Bett. Kaum ist sie zehn Minuten
oben, ruft sie runter oder klopft auf den Fußboden.
Wenn ich ausgegangen war, stand sie an der Treppe,
egal wann ich kam, und ich konnte mir anhören, daß
es mal wieder viel zu spät geworden ist.«

Tim – der Sohn hat sich resignierend mit dieser
Rolle abgefunden – ist schuld, wenn der Vater sich
übernimmt, daß es ihm nicht gut geht, weil er sich
Sorgen macht. Er leidet an den Wechselbädern der
Gefühle. Er ist zornig. Doch kaum schwingt ein Anflug von Wut in seinen Worten mit, schreckt er davor
zurück und martert sich selbst: Es ist ja richtig, er ist
viel zu dünn, der Vater muß sich Sorgen machen.
Tim wirft sich vor, daß er zweimal von zu Hause
weggelaufen ist. Mit fünfzehn Jahren zum ersten
Mal. Der Vater holt ihn mit der aufgebrachten
Schwester noch in derselben Nacht ein. Die Schwester schimpft, der Vater schweigt. Aber er hat gelitten, vermutet Tim. Mit dreiundzwanzig verschwindet er für einige Tage. Die Eltern alarmieren die
Polizei. Tims Kopf spuckt eine lange Liste von Fehl-

verhalten aus, sobald sich in ihm Widerstand gegen den Druck und die Schuldgefühle rührt. Er bestätigt sich selbst immer wieder, ein steter Quell der Sorge zu sein, eine Belastung für des Vaters Herz.

Der Fall Elke K.

An einen Tag in ihrem Leben, sie war damals zweiunddreißig Jahre alt, erinnert sich Elke (45) noch in allen Einzelheiten. Die Schwester hatte angerufen und dringend um ein Treffen gebeten. Ihre Klage: So könne es mit der Mutter nicht weitergehen! Sie liege den ganzen Tag im Bett. »Du«, kam der Vorwurf, »bist dreihundert Kilometer weg und kümmerst dich um nichts. Ich wohne in der Nähe, muß ihr Jammern aushalten und dauernd hinfahren, um den Haushalt mitzuversorgen. Mutter kocht nicht mal mehr für sich und den Vater.« Was sie hat? Keiner weiß es. Sie ist krank. Es scheint wieder was mit den Nerven zu sein. Zur Hausärztin geht sie nicht mehr. Sie läßt sich von einer Heilpraktikerin behandeln.

Elke machte sich auf den Weg. Und findet seit zwanzig Jahren Bekanntes vor. Eine Schwester, die ihrer Wut ob der ständigen Anforderungen durch die Mutter Luft macht; einen geknickten Vater, dem die Vorwürfe im Gesicht geschrieben stehen, daß keine der Töchter ausreichend Rücksicht auf die Krankheit der Mutter nimmt; eine Mutter, die nur stereotyp die Sätze von sich gibt: »Was mir fehlt, werdet ihr erst verstehen, wenn ihr selber Kinder habt« und »Die Heilpraktikerin sagt, ich brauche Schonung, soll nur Schönes erleben. Aber wie kann ich das, wenn ich mir euretwegen dauernd Sorgen machen muß.« Ein Vorwurf, der die Töchter begleitet, seit sie denken können. Elke geht zunächst zur früheren Hausärztin.

Nach deren Aussage ist die Mutter bei guter Gesundheit. Das Telefongespräch mit der Heilpraktikerin ergibt als Diagnose: Die Mutter hat Kreislaufbeschwerden, aber eigentlich fehlt ihr »nur« Aufmerksamkeit. Und warum dann die Pillen, um angebliche Herz- und Kreislaufbeschwerden zu kurieren? Die Antwort: »Wenn ich der Mutter nicht wenigstens fünf, sechs Sachen aufschreibe, fühlt sie sich nicht ernstgenommen. Sie braucht eine wichtige Krankheit wie die Luft zum Atmen. Ihre Kreislaufbeschwerden könnte sie lindern, wenn sie rausgeht, Rad fährt, sich an der frischen Luft bewegt. Und sie sollte etwas unternehmen, unter Menschen sein. Das wäre auch gut für ihre Nerven.« Die Mutter befolgt keinen der Ratschläge. Ob die Heilpraktikerin versucht hat, mit ihr über das Thema Aufmerksamkeit zu reden, und darüber, daß die Mutter selber etwas tun muß? »Wenn ich etwas sage, das sie nicht hören will«, kommt lapidar die Antwort, »läßt sie sich woanders behandeln.« Die Mutter ist eine gute Einnahmequelle, sie läßt im Monat einige hundert Mark bei der Heilpraktikerin.

Elke fallen nach diesem Gespräch Dutzende Szenen wie die folgende ein. Die Mutter am Geburtstag des Vaters: Alle Gäste sind bester Laune, scharen sich um den Vater, um zu gratulieren. Der löst sich nach wenigen Minuten aus dem gutgelaunten Pulk und geht auf die Mutter zu. »Was ist denn?« Die Antwort, mit zuckenden Mundwinkeln: »Ich kann doch nichts dafür, daß ich nicht kann. Ich muß mich hinlegen.« Sie dreht sich um und geht ins Bett. Der Vater sinkt in den Sessel. »Was hat sie denn?« fragt einer nach dem anderen in der Runde. »Der Kreislauf«, sagt der Vater, »vielleicht das Herz oder die Nerven, ich weiß es nicht.« Die Stimmung ist dahin. Der Vater springt alle paar Minuten auf, um nach der Mutter zu sehen. »Sie weint, nun schaut ihr doch auch mal nach ihr!«

Bei jedem Vater-Geburtstag, der gefeiert wird, dasselbe Spiel. Wenn ein anderer als sie im Mittelpunkt steht, muß sie dafür sorgen, daß die Stimmung dahin ist. Elke ist froh, daß sie nicht mehr zu Hause wohnt. Sie kommt höchstens einmal im Jahr für einen Tag zu Besuch. Stets mit Tabletten in der Tasche, denn kaum sitzt sie im Zug oder im Flugzeug, bekommt sie Magenschmerzen. Sie weiß, was sie erwartet. Der Vater wird alles schlucken, um des lieben Friedens willen; die Mutter wird nicht nachlassen, Elke abzufordern, was die partout nicht will. Es sind lauter Kleinigkeiten, die das Klima vergiften. Die Mutter ist mit den Nerven fertig, sie verbringt den ganzen Nachmittag im Bett, weil die Vorbereitungen für Elkes Besuch zuviel für sie waren. Sie hat Gardinen gewaschen, Fenster geputzt und um Mitternacht noch Kuchen gebacken.

Der Krach läßt nicht lange auf sich warten: Elke wird einwenden, daß man ihretwegen nicht Fenster putzen und keine Gardinen waschen muß. Daß sie auch auf den Kuchen keinen Wert legt, wenn sie sich vorhalten lassen muß, daß der Mutter beim nächtlichen Backen vor Überanstrengung die Knie gezittert haben. Elke: »Ich wollte sie davon überzeugen, daß sie sich lieber schonen soll. Daß mir der Kuchen im Hals stecken bleibt, wenn mir jedes Stück Schuldgefühle macht, wenn sich die Mutter bis jenseits ihrer Kräfte verausgabt, um mir einen Gefallen zu tun. Hinterher kriegte ich auch noch von Verwandten zu hören, daß meine Mutter sich tagelang von dem, was sie für mich getan hat, erholen muß. Ich wollte wissen, was sie meint, wenn sie sagt, sie habe es an den Nerven. Eines Tages gab sie mir einen Zeitungsartikel mit einem Zitat, das sie angestrichen hatte: ›Die

31

berühmten Mayo-Brüder erklärten, daß mehr als die Hälfte unserer Krankenhausbetten von Nervenkranken belegt sind. Aber wenn man die Nerven dieser Menschen bei einer Autopsie unter einem hochempfindlichen Mikroskop betrachtet, scheinen diese in den meisten Fällen so gesund zu sein wie die des Boxers Jack Dempsey. Ihre Nervenstörungen werden nicht durch physische Schäden hervorgerufen, sondern durch Gefühle der Hoffnungslosigkeit, der Frustration, der Angst, Sorgen, Niedergeschlagenheit und Verzweiflung.‹ Das Stichwort Sorgen ist ihre Erklärung für alles.«

Nun liegt die Mutter also seit Wochen nur noch im Bett. Elke will ein Gespräch mit ihr versuchen. »›Was willst du?‹ ging sie gleich auf mich los, als ich ihr sagte, daß ich mit ihr über einiges reden will. ›Ich kann keinerlei Aufregung vertragen. Wenn du mich endgültig ins Grab bringen willst, dann mach so weiter!‹ In dem Augenblick brach es nur so aus mir raus. ›Dann leg dich hin und stirb‹, schrie ich sie an, ›aber beeile dich, denn das hier hält keiner länger aus‹.« Elke stürmt aus dem Zimmer, packt ihre Sachen, setzt sich ins Auto und fährt los.

»Ich bin nur bis um zwei Ecken gekommen, dann konnte ich vor Heulen nicht mehr fahren. Ich wollte ein Taschentuch aus der Handtasche nehmen, doch die war nicht da. Ich hatte sie zu Hause vergessen. Mir wurde schlecht vor Angst bei dem Gedanken zurück zu müssen. Als ich mich halbwegs beruhigt hatte, machte ich kehrt, kam in die Küche – und dort stand meine Mutter. Sie war aufgestanden und hatte sich angezogen. Sie guckte mich an und fragte, als sei nichts gewesen: ›Wie spät ist es eigentlich?‹ ›Kurz vor vier.‹ ›Dann ist es wohl Zeit, daß ich Kaffee koche.‹ Das war's. Es wurde Kaffee getrunken. Niemand verlor je wieder ein Wort über die Sache.«

Die Familie ist daran gewöhnt, daß die Mutter ständig kränkelt. Elke hat lange den Eindruck, daß es ihr nicht sonderlich viel ausmacht, an allem schuld zu sein. »Ich habe nicht damit gerechnet, daß ich mal dermaßen aus der Haut fahre. Es lag wohl daran, daß es schon längere Zeit in mir brodelte. Was ich an Zorn und Schuldgefühlen vergraben hatte, kam an die Oberfläche. Daß ich mich nur schwer beherrschen kann, spürte ich erstmals, als es in einem Gespräch mit meiner Mutter um meine Schwester ging. Die hatte mit dreißig Jahren eine schwere Operation. Sie lebte noch immer in der Angst, ob der Eingriff erfolgreich war.

Eines Tages beklagte sich meine Mutter darüber, daß auch meine Schwester sich kaum um sie kümmert. Meine Mutter war einige Tage zur Beobachtung im Krankenhaus. Es ging ihr gut, sie bekam per Tropf einen Aufbaumix, weil sie sich dauernd kraftlos fühlte. Es war ein kleines Krankenhaus, und man kümmerte sich sehr um sie. Dennoch sollte meine Schwester, die zwei Kinder hat und berufstätig ist, ihr täglich ein Abendessen kochen und bringen, weil sie bessere Nahrung brauchte, als sie im Krankenhaus bekam. Ich versuchte, meiner Mutter klarzumachen, daß es doch wohl zumutbar ist, drei oder vier Abende zu essen, was im Krankenhaus serviert wird; daß meine Schwester alle Hände voll zu tun hat, daß sie schließlich eine Krebsoperation hinter sich hat. Ich brachte den Satz gar nicht zu Ende. ›Das ist es ja‹, warf meine Mutter ein, ›das sind ja die Sorgen, die mich fertigmachen. Wenn ich diese Sorgen nicht hätte, würde es mir besser gehen.‹ Ich riß mich mit viel Anstrengung zusammen, aber ich spürte die Wut. Ich war es leid, daß wir an ihrem Kranksein schuld sind. Am liebsten wäre mir gewesen, alle Gefühle meiner Mutter gegenüber abzutöten. Ich wollte nichts mehr spüren. Sie sollte mir gleichgültig werden.«

Die Mutter ist stets kränker als jeder andere. Sogar, als der Vater mit einem Herzinfarkt auf der Intensivstation liegt. Dieses Ereignis führt zum Eklat.

»Meine Mutter«, erzählt Elke, »rief an und sagte mir, daß Vater im Krankenhaus ist. Nach der Art, wie sie berichtete, war ich gar nicht sonderlich beunruhigt, bis ich mir nach dem Gespräch genau ins Gedächtnis zurückrief, was sie gesagt hatte. Ich wollte zurückrufen, die Leitung war dauernd besetzt. Ich rief meine Schwester an, die noch gar nicht wußte, daß der Vater mit dem Krankenwagen abgeholt worden war. Sie gab mir die Nummer des Krankenhauses. Ich wurde mit der Intensivstation verbunden und hatte eine Krankenschwester am Apparat, die hörbar betroffen war. Sie sagte mir, daß die Ärzte tun, was sie können, und ließ sich schließlich entlocken, daß sie nicht sicher sei, ob mein Vater die Nacht übersteht. Niemand war bei meinem Vater. Meine Mutter, vermutete meine Schwester, telefonierte bestimmt wieder rundum mit jedem, den sie erreichen konnte, um zu erzählen, was sie jetzt schon wieder an Sorgen aushalten mußte.

Vom Flughafen erreichte ich sie, sagte ihr, daß es todernst ist, daß ich in etwa vier Stunden da bin. ›Wenn du meinst‹, war die Antwort. Meine Schwester holte mich ab, und wir fuhren ins Krankenhaus. Meine Mutter hatte weder dort angerufen noch war sie gekommen, obwohl sie nur zehn Minuten entfernt wohnt. Ich blieb die Nacht über im Krankenhaus. Mein Vater, wachsbleich, rang mit dem Tod. Meine Schwester war morgens um sechs wieder da, und wir warteten auf den Arzt, der sich im Ärztezimmer schlafen gelegt hatte. ›Um acht‹, fiel meiner Schwester ein, ›wird er zu sprechen sein, dann hat

Mutter einen Termin bei ihm für ihre Aufbau-
spritze.‹

Es wurde acht, wir gingen Richtung Arztzimmer
und trafen in der offenen Tür auf unsere Mutter. Sie
sah mich an und redete munter drauflos: ›Ich habe
mich schon gewundert, daß du nicht zu Hause über-
nachtet hast. Weißt du, ich kriege montags immer
meine Spritze.‹ Sprach's, erzählte wohlgelaunt,
warum sie die Spritze braucht, und bereitete sich für
die Injektion vor. Kein einziges Wort, wie es dem Vater geht. Wie er die Nacht überstanden hat. Ob die
Gefahr gebannt ist. Der Arzt drängte schließlich darauf, daß er dringend nach meinem Vater sehen muß.

Als wir zu Hause waren, brachen die Dämme. Bei
mir und bei meiner Mutter explodierte alles an Aggression und Enttäuschung, die wir bis dahin angestaut hatten.« Elke wirft der Mutter vor, daß sie die
Familie mit ihren Krankheiten terrorisiert, daß die
Tochter ihr Leben lang als Sündenbock für etwas
herhalten muß, von dem sie nicht weiß, was es ist.
Daß die ganze Familie unter diesem Terror leidet.
Die Mutter schreit ihre Enttäuschung darüber raus,
daß die Tochter sich viel mehr für den Vater interes-
siert. Daß andere Mütter Töchter haben, die sich um
ihre Mutter kümmern, daß sie mit furchtbaren Kindern geschlagen ist. Ihre Vorwürfe gipfeln in dem
Satz: »Wofür hat man schließlich Kinder, wenn die
sich nicht um einen kümmern. Ich habe mich um
meine Mutter gekümmert und war immer für sie
da.«

Der Fall Karlheinz F.

Karlheinz (62), ein weicher, nachgiebiger Charakter
wie sein Vater, ist mit einer autoritären, peniblen Mutter geschlagen, die die gesamte Erziehung des Kindes
an sich reißt: Der Junge bekommt nie ein Stück Schokolade in die Hand, er könnte sich ja schmutzig machen; seine weißen Kniestrümpfe bleiben strahlend
weiß, denn er darf nur brav an Mutters Hand spazierengehen; seine elektrische Eisenbahn wird nur im
Kinderzimmer in langweilig ordentlichem Oval aufgebaut, damit die Wohnung nicht unordentlich aussieht. Er hat keine Freunde, er hat nur Mama.

Karlheinz erinnert sich: »Als Kind wollte ich immer gern eine von diesen knallroten oder giftgrünen
Brausen trinken wie die anderen Kinder auch, aber
Mama sagte, Malzbier sei gesünder. Sie wollte immer das Beste für mich.« Sie will auch, daß der un-
musikalische Sohn Geige spielen lernt, damit er sie
am Klavier begleiten kann. Natürlich muß er aufs
Gymnasium, sie paukt ihn mit Nachhilfestunden
durchs Abitur. »Ohne Mama«, sagt Karlheinz, »hätte ich das nie geschafft. Wenn mir vor einer Klassen-
arbeit morgens übel war und ich mich übergeben
mußte, gab sie nicht nach. ›Wenn es dir nach der ersten Unterrichtsstunde noch schlecht geht‹, hieß es,
›wird die Lehrerin dich schon nach Hause schicken.‹
Und ich ging in die Schule, ich wollte sie doch nicht
aufregen.«

Mama darf nämlich nicht aufgeregt werden, denn
Ende des Zweiten Weltkriegs ist sie von einem Gra-
natsplitter getroffen worden, der die Lunge in Mitlei-
denschaft gezogen und ein Lungenemphysem (Lun-
genblähung) verursacht hat, was Atembeschwerden
hervorruft. Bei Aufregung steigern sie sich bei Mama
zum asthmaähnlichen Anfall. »Mir war von Kindes-

beinen an völlig selbstverständlich, daß Mama, damit es ihr gutging, jede nur denkbare Rücksichtnahme und Schonung brauchte.«

Die erste Liebe von Karlheinz begeht den verhängnisvollen Fehler, Mama eine »Ziege« zu nennen. Mama kriegt prompt, als der Sohn von der »Frechheit« berichtet, einen ihrer Anfälle, der Sohn ist entsetzt und bricht mit dem Mädchen. Anders der Vater. Er, der lange alles hingenommen und sich völlig passiv verhalten hat, entzieht sich, als Karlheinz vierzehn Jahre alt ist, der Mama-Diktatur und heiratet eine andere Frau. Nach Karlheinz' Ausbildung zum Exportkaufmann sieht Mama ihren einzigen Lebenszweck darin, den Sohn die Karriereleiter hinaufzuhieven. »Junge, du mußt lernen dich durchzusetzen, du mußt mehr Gehalt fordern, du mußt zusehen, daß du die freigewordene Stelle des Abteilungsleiters kriegst« – du mußt, du mußt. »Mama«, sagt Karlheinz zur mütterlichen Dressur, »hat mich sehr weit gebracht.«

Der Sohn ist inzwischen längst daran gewöhnt, daß selbst Millimeterabweichungen von den mütterlichen Vorschriften und dem Weg, den Mama vorgezeichnet hat, zu röchelndem Ringen nach Luft führen. Karlheinz muß sich furchtbar plagen, den Ehrgeiz der Mutter zu befriedigen. Das Lernen fällt ihm schwer, sich durchzusetzen macht ihm angst, er muß immer doppelt soviel tun wie die anderen, um auf der Überholspur mithalten zu können. Doch er schafft es bis in die Chefetage der Exportfirma. Seine Mama ruft er jeden Tag an, mindestens einmal, meist zweimal. Ist der Sohn ausnahmsweise verhindert, leidet Mama unter massiver Atemnot. Von jeder Auslandsreise schickt Karlheinz alle zwei Tage Postkarten und erscheint nach der Rückkehr sofort zum ausführlichen Rapport.

»Warum konnte Vera nicht Rücksicht nehmen auf meine Mutter, warum die endlosen Diskussionen, die Reibereien, die Sticheleien?« Karlheinz erzählt von seiner ersten Frau. »Meine Mutter kriegte einen lebensgefährlichen Anfall, als ich ihr Vera vorstellte und sagte, daß wir heiraten wollen. Ich war dreißig Jahre und habe eine Frau gebraucht, das schien Mama auch einzusehen. Ich war schließlich ein Mann. Aber Vera hat es Mama und mir unmöglich gemacht, miteinander auszukommen. In der ersten Zeit gelang es mir einigermaßen, zwischen beiden zu vermitteln. Und als unser Sohn geboren wurde, ging es eine Weile gut. Die Lage entspannte sich. Dafür ging es mir beruflich immer schlechter.«

Eingekeilt zwischen den beiden Frauen, überfordert in seinem Job, gepeinigt von der Angst zu versagen, wird Karlheinz immer passiver. Schließlich ist er nicht mehr in der Lage, berufliche Entscheidungen zu treffen. Er läßt sich für ein halbes Jahr in ein Sanatorium einweisen. Karlheinz: »Damals ließ Vera mich total im Stich. Sie half mir nicht, sie machte nur Mama schlecht. Es war Mama, die mich wieder aufbaute, mich stützte und die an mich glaubte, wie sie es ihr Leben lang getan hat.« Das Scheitern der Ehe ist vorprogrammiert. Als Vera an Krebs erkrankt, ergreift Karlheinz die Flucht und reicht die Scheidung ein. Er nimmt es auf sich, daß nicht nur die Kollegen, sondern auch sein einziger Sohn ihn dafür verachten und ihm den Rücken kehren. Seiner Mama jedoch, obwohl zu dem Zeitpunkt bereits Mitte Siebzig, geht es gut wie nie zuvor. Sie hat keine Anfälle mehr.

Das ändert sich ein halbes Jahr später – als eine andere Frau auftaucht. Karlheinz fühlt sich sexuell ungemein von ihr angezogen. Er schwärmt: »Es war phantastisch, wie die Liebe dieser Frau mich stimulierte. Ich fühlte mich so jung, so potent wie nie. Ich konnte sie in manchen Nächten sogar mehrmals lieben.« Mama ist machtlos. Der Sohn läßt sich nicht von der Frau abbringen. Mama hat Anfälle, der Sohn geht darüber hinweg. Karlheinz heiratet wieder. Als das Paar nach halbjähriger Ehe eine verspätete Hochzeitsreise unternimmt, erkrankt Mama an einer Lungenentzündung. »An einem Donnerstag wurde sie ins Krankenhaus eingeliefert, zwei Tage später, am Samstag, ist sie gestorben. Ich bin natürlich sofort, als ich alarmiert wurde, zurückgekommen, aber es war zu spät. Sie war tot. Mama ist an unserem Egoismus gestorben. Wir vergnügten uns, sie war todkrank, ich war nicht bei ihr.«

Karlheinz zerfleischt sich und seine zweite Frau mit Vorwürfen. Die Ehe zerbricht daran. Karlheinz geht seit Jahren jede Woche zum Grab seiner Mutter. Er verliert auch heute noch kein Wort darüber, wie er sich unter der Knute der Mutter gefühlt hat. Wie sehr es ihm zugesetzt hat, nie Kind sein zu dürfen; wie ihn die Schuldgefühle geplagt haben, wenn die Mutter nach Luft rang, weil der Sohn nicht artig war; wie er unter dem Druck, Mamas erfolgreicher Sohn sein zu müssen, gelitten hat. Im Gegenteil. Karlheinz hat die beste Mutter der Welt. »Es ist doch selbstverständlich«, sagt er, »daß ich Mama auch jetzt noch besuche. Alles, was ich bin, verdanke ich nur ihr.«

Das unentwirrbare Problem Krankheit

Was dem Schuld-Partner zu schaffen macht, das zeigen bereits diese ersten Protokolle, ist seine Verstrikkung. Warum sie einen quält, beschreibt der französische Schriftsteller Alain vor gut hundert Jahren mit den Worten: »Sich vor ein schwieriges Problem gestellt sehen, seine Lösung suchen und sie nicht finden, dementsprechend nicht wissen, wozu man sich entschließen soll und sich in einem fort im Kreise drehen: Schon das sei eine Qual, wird man sagen, und auch die Vernunft verfüge über Stachel, die uns verwunden. Keineswegs! Eben damit, diesem Irrtum zu verfallen, muß man anfangen. Es gibt viele Probleme, in denen man nicht klar sieht, ohne daß einen die Sache weiter aufregt. Ein Richter oder ein Konkursverwalter können zu dem Schluß kommen, daß der ihnen vorliegende Fall hoffnungslos ist, ohne darum den Appetit oder den Schlaf zu verlieren. Was uns an einem unentwirrbaren Problem verwundet, ist nicht so sehr das unentwirrbare Problem als der Widerstand gegen seine Unentwirrbarkeit, das heißt der Wunsch, daß die Dinge anders seien, als sie sind.«

Schuld-Partner wie Anna, Tim und Elke sind Verwundete. Sie leiden am Tat-Kranken, kämpfen mit allen Mitteln, doch alle Versuche, das Problem aus der Welt zu schaffen, sind zum Scheitern verurteilt. Der Schuld-Partner will, daß sich die Dinge verändern, daß der andere sich ändert. Das frustrierende Resultat seiner subtilen wie massiven Anstrengungen, den anderen von seinem Verhalten abzubringen, ist Widerstand des Tat-Kranken, der auf den eigenen Widerstand gegen ihn trifft. Das Resultat: Man will sich näher kommen, entfernt sich jedoch immer weiter voneinander.

Schuld-Partner und Tat-Kranke schaffen es nicht, miteinander zu kommunizieren. »In der klinischen Schizophrenie-Forschung«, so Dr. Jens Schiermann, »sind Zusammenhänge zwischen bestimmten Kommunikationsstrukturen in Familien und den Verhaltensweisen der als schizophren diagnostizierten Familienangehörigen entdeckt worden. Solche krankmachenden Kommunikationsformen sind aber kei-

neswegs auf Familien schizophrener Patienten beschränkt. Sie lassen sich, wenn auch meist in gerin-
gerer Ausprägung, im alltäglichen Umgang miteinander bei sogenannten Normalen beobachten.«

Einer der Gründe dafür, warum die Kommunikation – die Versuche, miteinander auszukommen –
zwischen Schuld-Partner und Tat-Kranken nicht gelingt, liegt in den starken Gefühlen des Schuld-Partners. Starke Gefühle verhindern, daß wir klar sehen, uns klar ausdrücken und klar handeln. Schuldgefühle sind ein extrem starkes Gefühl; sich hilflos
und ausgeliefert zu fühlen, ist ein extrem starkes
Gefühl. Man sitzt in der Falle. Ein Zustand, den der
Regisseur Alfred Hitchcock in seinem Meisterwerk
Psycho extrem-exemplarisch vorführt. Den Zu-
schauer packt das Grauen. Die Kamera zieht ihn
tiefer und tiefer in den Sog des Blutwasser schluk-
kenden Abflusses. Gänsehaut-Ende der Nahauf-
nahme ist Marions totes Auge. Diese Sequenz des
berühmten Thrillers mit Anthony Perkins in der
Rolle des psychopathischen Serienmörders Norman
Bates ist der Auftakt einer grauenhaft-meisterlichen
Entlarvung eines Monsters: des Über-Ichs. Am
Ende des Films personifiziert in Normans zombie-
hafter Mutter, an deren Begehren er unentrinnbar
gekettet ist.

Psycho ist Elkes Lieblingsthriller. »Es hat mich
fertiggemacht, den Film zu sehen. Und trotzdem
habe ich keine Wiederholung im Fernsehen ausge-
lassen. Ich konnte den Film nicht erklären, ich hatte
weder Freud noch andere Psycho-Literatur gelesen.
Mich hat allein Normans Ausgeliefertsein faszi-
niert. Ich fühlte mich ähnlich ferngesteuert. Ich
konnte mich drehen und wenden, wie ich wollte –
kaum ging es mir ein paar Tage oder Wochen halbwegs gut, kamen durch irgendeinen Anlaß Schuld-

gefühle hoch. Ich war meinem schlechten Gewissen unentrinnbar ausgeliefert.«

Elke versucht, diesem Gefühl durch Flucht zu entkommen. Ihr scheint es das Beste, gar nicht mehr mit der Mutter in Berührung zu kommen. Doch nicht nur, weil sie den Kontakt zum Vater und zur Schwester aufrechterhalten will, muß die Flucht mißlingen. Elke sieht nicht, daß sie nicht nur ein Problem hat, sondern auch selbst das Problem ist. Zwar gelingt ihr über längere Zeit der »Trick«, der Mutter gegenüber so zu tun, als sei alles in Ordnung. Beide Seiten spüren jedoch, daß dies eine trügerische Beziehungsbasis ist. Es kann jederzeit wieder knallen – was auch geschieht.

Schuld-Partner träumen häufig von einem Idealzustand, von einem konfliktfreien, harmonischen Miteinander. Menschen, die in Harmonie mit sich leben, kennen in der Tat keine ständigen Beschuldigungen, keine quälenden Schuldgefühle, keine Angst vor Gewissensdrohungen und nicht den Terror des dauernd Besorgtseins. Der innerlich harmonische Mensch steht mit sich, vor allem mit seinem Gewissen, auf gutem Fuß. Und mit seinem Selbstwertgefühl. Er ist nicht abhängig davon, wie andere ihn beurteilen. Er ist nicht Opfer und stempelt niemanden zum Opfer. Innere Harmonie ist jedoch kein Geschenk des Himmels. Sie ist auch kein Zustand, der sich ein für allemal einstellt. Sie zu erreichen bedeutet, mit Konflikten fertig zu werden.

Es gibt kein Leben ohne Konflikte, ebensowenig ein unproblematisches Miteinander. Wer sich umschaut, wird feststellen, daß ein nur friedliches und harmonisches Leben ein Traum bleibt, selbst wenn wir uns noch so sehr danach sehnen. Das Ausmaß der Sehnsucht ist jedoch ein Gradmesser dafür, wie groß unsere Scheu vor Konflikten ist.

Es nützt auch nicht viel, diese Scheu dadurch zu kaschieren, daß einem schwierigen Gegenüber das Etikett »neurotisch« angeheftet wird, um es in die Schublade »hoffnungsloser Fall« zu verbannen. Jedes Sezieren eines Menschen fördert die eine oder andere Neurose zutage. Gewonnen ist mit dieser Abstempelung wenig. Ist der extrem ordnungsliebende, penible Mensch wirklich neurotisch? Wenn er als Buchhalter arbeitet, könnte sich seine Neurose als große Stärke entpuppen. Es kommt eben auf den Standpunkt, auf die Betrachtungsweise an.

Der Schriftsteller André Maurois beschreibt die Konsequenzen des Beharrens auf dem eigenen Standpunkt mit den Worten: »Alles, was mit unseren persönlichen Wünschen übereinstimmt, erscheint uns als wahr. Alles andere macht uns wütend.« In dem Wort »blindwütig« steckt viel Wahrheit, denn Wut macht uns blind. Sie macht uns nicht zuletzt blind für das eigene seelische Befinden. Nur wer nicht mehr Gefangener seiner eigenen blindmachenden Gefühle ist, wird die Augen öffnen und hinsehen. Er wird entdecken, daß gerade die Konfliktscheu verhindert, daß wir Probleme und Konflikte erkennen. Und ohne sie zu kennen, ohne die Gefühle hinter den Schuldgefühlen aufzuspüren, sind sie nicht zu lösen.

Das Kind als Sündenbock

Dem Reiz (Krankheit) folgt automatisch eine starke emotionale Reaktion (Verteidigung, Angriff oder Rückzug). Warum verhält sich der Schuld-Partner so? Warum leidet er und kann Krankheit nicht gelassener nehmen? Anna könnte Mitleid für die Mutter empfinden. Sie könnte sich sagen, daß es sehr traurig ist, wie die Mutter ihr Leben gestaltet. Die Krankheiten der Mutter müßten sie nicht um den Schlaf und die eigene Gesundheit bringen. Warum tun sie es dennoch?

Schuld-Partner quälen sich, weil sie automatisch reagieren und nicht bewußt handeln. Aus Gründen, die ihnen selbst nicht klar sind. Wir tun etwas. Und wir wissen oft nicht einmal, was wir tun, geschweige denn, warum wir es tun. Wir ahnen nicht einmal, daß wir uns beispielsweise selbst bestrafen, wenn wir meinen, auf unser Gewissen zu hören. Der Boden für solch schwierige Verhaltensmuster wurde in der frühen Kindheit bereitet.

Ein Kind erlebt seine Eltern, die Mutter, den Vater, als ungebrochen stark. Es kann nicht erkennen, daß die Mutter schwach ist, daß sie zum Beispiel unter starken Minderwertigkeitsgefühlen leidet. Hat die Mutter große Probleme mit sich selbst, so drücken sich diese Probleme auch in ihrer Erziehung aus. Eine Mutter, die sich sehr schwer damit tut, mit ihren eigenen Gefühlen umzugehen, wird auch ihr Kind nicht in seinen Gefühlsäußerungen bestärken.

Das zeigt sich in ganz alltäglichen Konflikten. Draußen ist es kalt, die kleine Tochter will aber ihre Jacke nicht anziehen, um im Garten zu spielen. Die Mutter besteht darauf, das Kind ärgert sich und wirft das Spielzeug, das es in der Hand hat, gegen die Wand. Schimpft die Mutter mit Sätzen wie: »Du sollst nicht so frech und böse sein. Wenn du dich so benimmst, bist du nicht mehr mein liebes Mädchen«, wird dem Kind nicht nur verboten, seine Gefühle zu zeigen, es werden ihm auch die Gefühle selbst verboten. Billigen muß die Mutter die Reaktion des Kindes nicht, aber sie kann Verständnis zum Ausdruck bringen. Sie könnte sagen: »Ich kann verstehen, daß du verärgert bist, aber ich möchte dich bitten, nicht deine schönen Sachen kaputtzumachen.« Diese Ant-

44

wort erlaubt dem Kind, die geäußerten Gefühle zu haben, und es lernt, damit umzugehen.

Ein Kind sieht die Eltern nicht, wie sie sind, sondern wie es sie erlebt. Kinder suchen Liebe und Geborgenheit. Und sie unternehmen große, auch schmerzhafte Anstrengungen, um sie sich zu erhalten. Das hinterläßt Spuren. Das Kind ist Teil der Konflikte seiner Eltern. Erkennen und einordnen kann es sie nicht. Es kann nicht verstehen, daß sich die Beziehung zwischen den Eltern mit der Geburt eines Kindes ändert. Daß sie darüber sogar aus der Balance geraten kann. Da haben sich zum Beispiel zwei Partner gefunden, die gut zueinander zu passen scheinen: Die Frau ist eher schwach, der Mann stark, ein Macher. Er löst die Probleme, er nimmt die Dinge in die Hand. Er hilft seiner Frau. Doch je mehr er hilft, desto hilfloser wird sie.

Anna erzählt, daß Verwandte bei Familientreffen mit Bewunderung berichteten, wie gut der Vater mit der Tochter zurechtkam, als die noch ein kleines Kind war. Von der Mutter wird nichts dergleichen berichtet. Annas Vater ist der Prototyp eines Machers, das hat auch die Tochter erfahren: »Er hätte mir am liebsten alles aus der Hand genommen, wenn ich mich nicht vehement dagegen gewehrt hätte.« Anna und der Vater geraten häufig wegen seiner Überfürsorge aneinander, aber sie verstehen sich, haben ähnliche Interessen und reden trotz aller Schwierigkeiten viel miteinander. Fühlte sich die Mutter, die Anna als groß und stark empfand, in Wirklichkeit klein, hilflos, überfordert und ausgeschlossen? Vielleicht sogar als schlechte Mutter?

Das Kind kann weder Fakten sammeln noch die Fakten analysieren. Es weiß nicht, daß es zum Sündenbock gestempelt wird, weil die Eltern sich nicht verstehen und ihre spannungsgeladene Beziehung nur dadurch aufrechterhalten können, daß sie sich über das Kind ärgern. Solange man auf das Kind losgehen kann, halten die Eltern es miteinander aus. Ohne eine Psychotherapie kommt kaum ans Licht, daß Kinder, die in den Augen der Eltern ständig etwas Dummes oder Verwerfliches tun, damit unbewußt Wünsche der Mutter oder des Vaters erfüllen. Denn nur dadurch liefert das Kind, was dringend benötigt wird: sich an ihm abreagieren zu können. Das Kind läßt sich auf dieses unglückliche Rollenspiel ein. Es spürt, daß es dazu beiträgt, die Familie, die es nicht verlieren möchte, zusammenzuhalten. Die Folgen sind verheerend, denn dem Kind bleibt die Stigmatisierung als Versager, als schlechter Mensch, der den Vater oder die Mutter ins Grab bringt.

Mit dem Gefühl aufzuwachsen, schlecht zu sein, die geliebte Mutter krank zu machen, erzeugt Angst und Wut. Elke konnte, als sie selbst schon Mitte Dreißig war, ihre Mutter »nicht mal richtig anschauen. Ich guckte an ihr vorbei oder durch sie durch. Ich wollte es nicht ertragen zu sehen, daß es ihr nicht gut geht. Ihr Leiden traf mich wie ein Peitschenhieb.« Erst als Elke einen radikalen Schlußstrich zieht und sich der Familie verweigert, ändert sich ihre Einstellung. »Nach dem Herzinfarkt meines Vaters, als es zu dem großen Krach mit meiner Mutter kam, habe ich abgeschaltet. Ich habe weder mit meinem Schwager gesprochen, der mich bekniete, mich bei meiner Mutter zu entschuldigen, weil ich ihr sonst den Rest gebe, noch mit meiner Schwester. Und meinem Vater, der mir ausmalte, wie sehr meine Mutter an dem Vorgefallenen leidet, hielt ich entgegen, daß ich ebenfalls unter vielem leide, was sie mir angetan hat.

Mein Vater, das war deutlich zu spüren, brauchte den Kontakt zu mir als Ventil, um seine Frau ertragen zu können. Er selbst hatte nie den Mut, ihr die

Meinung zu sagen. Wenn ich mich mit ihr anlegte, flehte er mich zwar an, um des lieben Friedens willen nachzugeben. Dennoch war er froh darüber, denn er profitierte davon. Meine Mutter riß sich nach einem Krach mit mir meist einige Wochen lang zusammen. Zur großen Erleichterung meines Vaters. Ich war es leid, diese Rolle zu spielen. Das Telefonat mit meinem Vater gipfelte in dem Satz: ›Du bist mit ihr verheiratet, du mußt mit ihr auskommen, und wenn du sie nicht mehr ertragen kannst, dann finde selber Lösungen. Ich will nichts mehr sehen und hören.‹«

Von dem Moment an sieht Elke Schritt für Schritt mehr als je zuvor. Sie fängt an, sich mit sich selbst zu beschäftigen. »Ich wollte herausfinden, warum ich mit dem Thema Krankheit nicht umgehen kann. Außerdem fiel mir auf, daß ich mich selbst hinter Krankheiten versteckte. Ich hatte Kopfschmerzen, wenn mir alles zuviel wurde. Und meine Gastritis brachte mich zeitweise in die Rolle einer ebenso bewunderten wie distanzschaffenden Frau, die keine Anstrengung scheut, alles perfekt zu erledigen und jede Situation im Griff zu haben. Ich fühlte mich sehr einsam, denn ich war total überfordert und wollte Streicheleinheiten. Ich tat mir furchtbar leid. Meine Freundin warf mir den Gedankenköder hin, daß ich auf dem besten Weg bin, mich wie meine Mutter zum Dauer-Opfer zu machen. Für meine Mutter war ich Täter, sie das Opfer. Ich sah das genau umgekehrt: Ich war das Opfer, sie der Täter. Die Bemerkung meiner Freundin brachte mich auf die Frage, was es mit dem Opfersein auf sich hat.«

Vom Nutzen der Opferrolle

Der Tat-Kranke erklärt sich zum Opfer. Und ist als Opfer in der vermeintlich schlechteren, einer bemitleidenswerten Lage. Wie ungemein stark das Opfer in seiner scheinbaren Schwäche ist, realisiert der Schuld-Partner nicht. Er schaut auf die Krankheiten und wundert sich oft darüber, wie sehr sich die Dinge von einem Tag auf den anderen ändern. Anna stutzt häufiger mal: »Aber ich bin der Verwunderung nicht nachgegangen. Meine Mutter war an einem Tag todkrank, am nächsten genesen. Von den gesunden Phasen profitierten jedoch vorwiegend andere.« Gut gelaunt ist die Mutter, wenn sie gelegentlich zum Chorsingen geht. Kaum ist sie wieder zu Hause, leidet sie, weil sie sich »zuviel zugemutet« hat. Und wenn die Mutter zornig ist, weil man nicht genug auf sie eingeht, wenn sie Mann und Kinder strafen will, kann sie alles.

»Eines Tages lief sie klammheimlich weg und fuhr zu einer Bekannten. Sie konnte laufen, was ihr sonst viel Mühe machte, wie sie täglich betonte, weil ihr vor Schwäche die Knie zittern. Sie konnte mit dem Bus und mit der Bahn fahren, woran sonst nie zu denken war. Sie schaffte normalerweise nicht mal die fünfzig Meter zum Bäcker. Sie brauchte jemanden zum Einkaufen, und wenn sie mal selbst etwas besorgte, mußte man sie chauffieren. Den langen Weg zu ihrer Bekannten schaffte sie wunderbar alleine. Als sie dort ankam und gefragt wurde, ob sie nicht Bescheid sagen will, wo sie ist, kam als Antwort: ›Das kommt gar nicht in Frage, die sollen sich ruhig Sorgen machen.‹ Als die Bekannte sich weigerte, sie aufzunehmen, packte sie beleidigt ihre Sachen, kam zurück und verschwand zu Hause für einige Tage im Bett.« In der Familie ist die Mutter Opfer.

Die Stärke des Opfers ist seine eindeutige Überlegenheit. Das Opfer hat die Moral auf seiner Seite. Es hat recht. Und es hat Rechte. Ihm stehen Mitleid, Rücksichtnahme, Schonung, Unterstützung und Verständnis zu. Das Opfer ist nicht schuld, es verteilt Schuld. Es ist auch nicht verantwortlich. Sein Tun ist per se richtig, es entzieht sich jeder Kritik. »Ich habe mir nichts vorzuwerfen. Ich wollte nur dein Bestes«, ist ein typischer Opfer-Satz. Das Opfer wird jedem Versuch, den Blick auf seinen Anteil am Geschehen zu richten, heftigen Widerstand entgegensetzen. Es würde sein Fundament, die moralische Überlegenheit des Leidenden, ins Wanken bringen. Das Kind Anna fühlte sich dem Opfer gegenüber verantwortlich. Aus seiner Sicht hat die Mutter guten Grund zu leiden. Setzt Anna ihr nicht ständig zu? Vom Gut- und Liebsein ist sie weit entfernt. Es macht die Mutter krank zu erleben, daß die Tochter böse ist. Die Mutter bürdet dem Kind mit dem Stigma »Du bist böse« eine Last auf, an der es zerbrechen kann.

»Ich nahm doch schon alles ganz genau«, erzählt Anna. »So durfte man, als ich etwa zwölf Jahre alt war, vor der Messe, wenn man zur Kommunion gehen wollte, nichts essen. Eines Morgens habe ich beim Zähneputzen von dem Wasser-Zahnpasta-Gemisch geschluckt und bin zur Kommunion gegangen. Nicht zu gehen, wäre unmöglich gewesen. Die Familie saß in einer Reihe in der Kirche. Wenn ich sitzengeblieben wäre, hätte mir meine Mutter eine große Sünde unterstellt. Ich ging also zur Kommunion. Aber es quälte mich tagelang, ob das nicht eine Todsünde war, weil ich ja vorher etwas runtergeschluckt, sprich gegessen hatte. Ich hätte meiner Mutter vieles gerne erzählt, denn ich hatte oft Angst. Aber ich schwieg und log lieber, weil es entsetzlich war zu erleben, daß sie krank und kränker wurde, wenn ich etwas erzählte.«

Anna kämpft darum, ein gutes Kind zu sein. Beim Vater war klar, was er wollte: die allerbesten Leistungen in der Schule. Er wollte stolz sein auf seine Tochter. Und sie sollte der Mutter keinen Ärger machen. Schließlich opferte die sich für Annas Schulbildung auf. »Was die Mutter von mir erwartete, habe ich allerdings nie begriffen.« Anna hat immer mehr das Gefühl, »daß alles, was mir Spaß machte und was ich gerne tat, genau das Falsche war. Ich war und blieb schuld, woran auch immer. Ich wollte ihr auch gerne eine Freude machen. Aber als ich ihr einmal einen schönen Strauß Blumen mitbrachte, warf sie mir den vor die Füße und sagte, darüber könne sie sich nicht freuen, solange ich nicht gehorche und ein anständiges Leben führe.«

Was das Kind Anna nicht durchschauen kann, ist eine dem Psychologen vertraute Verhaltensvariante: Man braucht einen Schuldigen, um sich selbst rein und integer fühlen zu können. In seinem Buch *Umgang mit der Angst* schreibt der Gießener Psychoanalytiker und Arzt Horst-Eberhard Richter: »In meiner vierzigjährigen psychotherapeutischen Erfahrung habe ich viele Paare und Familien behandelt, die aggressive Konflikte hinter wechselseitiger Erpressung mit Schuldgefühlen verbargen. Das Muster ist stets das gleiche: Wer am meisten leidet, beansprucht die höchste Rücksichtnahme. Verschafft sich der eine mit Kopfschmerzen einen moralischen Vorsprung, zieht der andere mit ähnlichen und vergleichbaren Beschwerden nach. Stets dominiert mit moralischem Terror, wer am ärgsten leidet.«

Kinder, die mit dem Verhaltensmuster »Krankheit gleich Vorwurf« aufwachsen, übernehmen vielfach diese destruktive Art, sich zu entlasten. Sie weisen ihrerseits eine Not, sprich eine Krankheit vor. Dieses grausame Spiel ist Quälerei und Selbstquälerei zugleich. Jedes Krankheitssymptom, das als gezielter Vorwurf gegen den anderen gerichtet ist, prallt an den Krankheitssymptomen des anderen ab und kommt als Bumerang zurück.

Denkt an mein Herz!

Das Herz eignet sich besonders gut, Angst und Schrecken zu verbreiten. Anna wie auch Tim und Elke haben als Kinder eine Botschaft verinnerlicht, die da lautet: Beschwört keine Disharmonie herauf, seid gut, brav, sonst macht ihr mich krank. Das angeschlagene Herz braucht Schonung. Verstößt das Kind gegen die Forderung »Schone mich«, ist nicht ein die Luft reinigendes Donnerwetter die Folge, sondern Kränkung. Mit einem Donnerwetter kann man umgehen, gegen die Kränkung ist kein Kraut gewachsen.

Annas Mutter wird durch die vielen ihr verschriebenen Medikamente in ihrer Überzeugung bestärkt, daß Kreislauf und Herz schwer angegriffen sind. Ihre Attacken bestätigen es ihr – und Anna – stets aufs neue. Jede Kleinigkeit kann sie umbringen. Herzrasen ist, in seiner ausgeprägtesten Form als Angsthysterie, ein bekanntes Phänomen. Diese Art Herzattacken beschrieb der Wiener klinische Arzt Oppholzen schon 1867 wie folgt: »Das nervöse Herzklopfen tritt stets nur anfallsweise auf. Der Paroxysmus besteht in einer Steigerung der Herzaktion, welche nicht nur von dem betreffenden Individuum als ein äußerst lästiges Gefühl von Pochen und Klopfen gefühlt, sondern auch nicht selten in objektiver Weise – manchmal sogar durch ein deutlich sichtbares, mit jeder Herzsystole erfolgendes, ziemlich beträchtliches Emporheben der Brustbedeckung – wahrgenommen wird. Das Gesicht des betreffenden Kranken drückt Angst und Unruhe aus, und dieselben klagen in der Tat außer dem Herzklopfen über ein Gefühl von Beklemmung und Druck auf der Brust, über ein Zusammenschnüren des Halses und des Schlundes, über ein heftiges Klopfen im Kopf und über Schwindel und Anwandlung zur Ohnmacht, wozu sich in der Tat auch manchmal eine wirkliche Ohnmacht gesellt.« Wer auf solche Anfälle nicht mit totaler Rücksichtnahme reagiert, muß sich als Unmensch fühlen. Er steht unter dem Druck, doppelt lieb sein zu müssen, um das Vergehen zu sühnen.

Annas Mutter redet ständig von der Schonung, die sie braucht. Tims Vater hat ein anderes Verhaltensmuster. Er schweigt. Der Sohn ist in seinen Gefühlen hin- und hergerissen. Einerseits spürt er, daß sein Verhalten den Vater kränkt, daß es ihn belastet, doch der Vater hält sich mit Vorwürfen zurück. Tim ist wütend ob der unterschwelligen, latenten Vorwürfe. Und fühlt sich doppelt schuldig. Wie kann er wütend sein, wo ihm der Vater doch Vorwürfe erspart! Als guter Sohn müßte er ihm dafür dankbar sein. Nur empfindet Tim keine Dankbarkeit. Im Gegenteil.

Beiden, Annas Mutter wie Tims Vater, ist gemeinsam, daß sie die Familie zu einem Nest machen, aus dem niemand flüchten darf. Alle Energie wird darauf gerichtet, die eigene heile Welt zur Festung gegen das Böse und gegen Gefahren von außen auszubauen. Freunde der Kinder werden abgewehrt, selbst die meisten Verwandten taugen nichts. Nett sein, nicht anecken, vorsichtig sein wird zur Lebensmaxime.

Tims wenige Versuche, als Kind und Jugendlicher seinen Erlebnishorizont zu erweitern, bestätigen den Vater in seiner Einstellung und Tim in seinem Schuldgefühl. Der Scheunenbrand, ein Unglück, das den Sohn ohnehin zutiefst erschreckt hat, ist der gravierendste Beweis dafür. Da bleibt man doch besser bei den harmlosen häuslichen Aktivitäten, pflegt den Garten, löst Kreuzworträtsel und ist schweigsam. Wer schweigt, läuft nicht Gefahr, in eine Kontroverse verwickelt zu werden.

Vater und Sohn können über nichts mehr reden, denn sie geraten bei jedem Gespräch, das über den familiären Tellerrand hinausreicht, aneinander. Denn natürlich ist der Vater gegen alles, was seine Vorstellung von Frieden und Ordnung bedroht. Asylanten bedrohen sie und Demonstranten, Kollegen, die »keine Arbeitsmoral haben«, und Nachbarn, die »alles verkommen lassen«, weil die Hecke nicht penibel geschnitten und der Bürgersteig nicht picobello gefegt ist. Gegen sie muß mit der ganzen unnachgiebigen Härte des Gesetzes vorgegangen werden. Das Böse muß nicht nur draußen bleiben, sondern mit Stumpf und Stiel ausgemerzt werden.

Auch wenn die Schlüssigkeit wissenschaftlich nicht hieb- und stichfest bewiesen ist, Untersuchungen weisen darauf hin, daß bei Infarktpatienten wie Tims Vater »Ärger« und »Feindseligkeit« wichtige Prädikatoren sind. Zum Persönlichkeitsbild eines solchen Infarkt-Menschen gehört auch, daß er Symptome kaum registriert und nicht darüber spricht. Das Verhalten signalisiert allerdings unmißverständlich, daß die anderen schuld sind, wenn das Herz dem Ärger nicht standhält. Tim hat verinnerlicht, daß er dem Vater das Leben schwermacht.

Seine Versuche, dem Vater entgegenzukommen, mehr auf seine Wünsche und Vorstellungen einzugehen, führen Tim jedoch in eine unerträgliche symbiotische Enge mit den Eltern. Er erstickt in der extrem begrenzten Welt, die ihm keinerlei Raum läßt, sich zu entfalten. Sein Bewegungsspielraum ist ebenso eingeschränkt wie sein Verhaltensspielraum. Ihm wird vorgeschrieben, was er zu essen hat, was er anziehen soll, Äußerungen werden zurechtweisend kommentiert. Sich von zu Hause und damit aus dem Einflußbereich des Tat-Kranken zu entfernen, ist bei Menschen wie Tims Vater oft erst nach dramatischen Ablösungskämpfen möglich und belastet den jugendlichen Schuld-Partner mit nicht selten lebenslang währenden Schuldgefühlen.

Je mehr die moderne Medizin das Herz auf seine Funktion als rein mechanische Pumpe reduziert hat, desto stärker rückt die psychotherapeutische und psychosomatische Betrachtungsweise von Herzbeschwerden seine einstige Bedeutung wieder in den Mittelpunkt. Angst steht Annas Mutter im Gesicht geschrieben, wenn sie einen ihrer Anfälle hat. Sie hat Angst, weil der Herzstillstand droht. Doch nicht das Herz ist für ihre Angst verantwortlich. Es sind die Ängste, die ihr Herz rasen lassen.

Selbst Sigmund Freud, der Vater der Psychoanalyse, hielt sich jahrelang für herzkrank. Bei seinem Biographen Ernest Jones ist in *Sigmund Freud. Leben und Werk* nachzulesen, daß er sein Leiden nach seinen eigenen Erkenntnissen als Angsthysterie hätte einstufen müssen. Statt dessen lebte er in dem Wahn, die Ärzte würden ihm die Diagnose seiner schweren organischen Herzkrankheit vorenthalten: »Er hatte Breuer und Fließ in Verdacht, sie verheimlichten ihm etwas Schlimmes. Gleichzeitig bezweifelte er, daß er einundfünfzig werden würde – das Alter, das ihm durch das Periodengesetz vorherbestimmt war –, und hielt es für wahrscheinlicher, daß er zwischen vierzig und fünfzig an einem Herzschlag sterben würde.« Freud starb im dreiundachtzigsten Lebensjahr! Für den griechischen Philosophen Platon war Herzklopfen bezeichnenderweise ein Alarmsignal,

das Meldung macht. »Doch dem Herzen, dem Kno-
tenpunkt der Adern und der Quelle des alle Glieder
mächtig durchströmenden Blutes«, heißt es im *Ti-
maios*, »wiesen sie die Stelle eines Wachtpostens an,
damit, sobald der Ungestüm des Mutes aufbrause bei
der Mahnung der Vernunft, daß von außen her oder
auch von den Begierden im Innern aus in den Glie-
dern etwas Ungerechtes geschehe, alles, was im Kör-
per für Ermahnungen und Drohungen empfänglich
ist, durch alle diese engen Gefäße hindurch, folgsam
werde und jede Richtung sich erteilen lasse und so
dem Besten alles zu leiten gestatte.«

Die seelische Seite dieses Alarms ist Angst, die körperliche Seite das Herzrasen. Schuld-Partner verwenden häufig viel Energie darauf, herauszufinden, ob
der Tat-Kranke tatsächlich krank ist oder nur so tut.
Ob er eine richtige Krankheit hat oder psychisch
krank ist. Ob man die Sache ernst nehmen muß oder
als eingebildet abtun kann. Doch wie man es auch
dreht und wendet – den Schuldgefühlen entkommt
der Schuld-Partner auch durch eine minuziöse Spu-
rensuche und Analyse nicht. Selbst wenn er sich noch
so intensiv einredet, sein Gegenüber habe eigentlich
nichts – die Schuldgefühle stellen sich immer wieder
ein. Denn es ist unerheblich, welcher Art die Krankheit ist. Für die ärztliche Behandlung ist eine genaue
Diagnose selbstverständlich vonnöten. Den Schuld-
Partner entlastet sie nicht. Im Gegenteil. Tat-Kranke
ziehen oft triumphierend mit Argumenten des Arztes
in neue »Du-bist-schuld«-Schlachten. Ein »Der Arzt
hat auch gesagt, ich soll mich schonen und darf keine
Aufregung haben« untermauert die eigene Einstellung, die anderen mögen durch ihr Verhalten gefälligst dafür sorgen, daß es einem gut geht. Liefert der
Arzt gar explizit das Argument, die Krankheit sei
eine psychosomatische, sitzen Schuld-Partner beson-

ders tief in der Falle. Sie übernehmen die Verantwortung für das psychische Befinden der Mutter, des Vaters, des Ehemannes: Würde man dem anderen nicht zusetzen, ihm Ärger bereiten oder ihn Konflikten aussetzen, wäre er gesund. Ein gründlicher Irrtum. Der Tat-Kranke wird immer wieder neue Krankheiten haben, die den Schuld-Partner an die Kette des schlechten Gewissens legen. Denn dessen Schuldgefühle sind nicht an ein bestimmtes Krankheitsbild gekoppelt. Es reicht der Reiz »Mir geht es nicht gut«, egal, ob dieser Reiz ein handfester Beinbruch, ein per EKG nachgewiesener Herzinfarkt, ein diffuses Nervenleiden, eine depressive Grundstimmung, ein hysterischer Anfall oder ein ins Unerträgliche aufgebauschter Kopfschmerz ist.

Quälgeist schlechtes Gewissen

Der Schuld-Partner ist darauf fixiert abzuwehren, was die Krankheit des anderen in ihm auslöst. Er sucht nach Wegen, den Quälgeist Schuldgefühle abzuschütteln: Er versucht, den Tat-Kranken davon zu überzeugen, daß er nicht schuld ist, geht ihm aus dem Weg, um nicht mehr mit der Krankheit konfrontiert zu sein, versucht, sich ein dickes Fell zuzulegen. Ohne Erfolg. Denn der Quälgeist ist in ihm. Der Quälgeist ist das eigene Gewissen.

Doch wenn wir uns umschauen, werden wir feststellen, daß nicht jedes Gewissen gleichermaßen quält. Dem einen setzt es sehr zu, dem anderen gar nicht. Woher rührt ein gutes oder schlechtes Gewissen? »Wir nehmen an, daß die Kinder die Normen ihrer Eltern übernehmen, so viel zeigt uns die Erfahrung. Kinder puritanischer Eltern haben Schuldgefühle, wenn sie am Sonntag im Kino sitzen, andere genießen den Film mit völlig ruhigem Gewissen. Die Beziehung zwischen Eltern und Gewissen ist tatsächlich nicht zu übersehen«, schreibt P. C. Kuiper in seinem Buch *Die seelischen Krankheiten des Menschen*.

Das Kind fühlt sich sicher, wenn es die Liebe spürt, es fühlt sich bedroht, wenn es merkt, daß die Eltern sein Verhalten ablehnen. »Deswegen richtet es sich nach ihren Geboten und Verboten, auch wenn dies ein Opfer bedeutet. Kurz gesagt, die Angst vor Liebesverlust ist für das Kind das Motiv, um Rücksicht zu nehmen auf die Forderungen der Eltern, und dies führt zur Bildung des Über-Ichs.« Das Über-Ich, eine Entdeckung Sigmund Freuds, übernimmt wichtige Elternfunktionen. Es beobachtet, führt und straft. Was gut, was böse ist, entscheiden die Eltern. Das Kind hat sich an die vorgegebenen moralischen Maßstäbe zu halten. Je unsicherer die Eltern sind, desto energischer bestehen sie darauf, daß sich das Kind ihrer Autorität unterwirft. Das Kind lernt, sich anzupassen. Seine ersten Autoritätspersonen sind die Eltern. Dr. Jens Schiermann: »Jeder Mensch beginnt sein Leben in absoluter Hilflosigkeit und Abhängigkeit. Er lernt als Säugling langsam, aber stetig, Verhaltensmuster zu entwickeln, die ihm helfen, seine Bedürfnisse zu befriedigen. Aber je mehr er haben will, desto öfter wird ihm etwas verwehrt, ohne daß er den Grund dafür verstehen kann.« Die Eltern belohnen und strafen, die Kindergärtnerin belohnt ein bestimmtes Verhalten und bestraft ein anderes, die Lehrer belohnen und strafen.

Viele Vorschriften sind irrational. Warum soll das Kind die Ellenbogen vom Tisch nehmen? Weil »man« das nicht tut. »Man« tut vieles nicht. »Man« ist eine mächtige Autorität, die diktiert. Dem Kind ist das unverständlich, und es kann nicht einsehen, warum man ihm dieses oder jenes abverlangt. Es paßt sich nicht freiwillig an, sondern aus Angst vor Strafe. Sein Über-Ich, die »Summe« der Normen, denen es Folge zu leisten hat, sowie seiner Erfahrungen steht auf der einen, sein Ich auf der anderen Seite. Das ist ein normaler, notwendiger Vorgang, der nur dann zum Problem wird, wenn das Über-Ich ein zwanghaft überstrenges ist. Zur Entstehung eines quälenden Über-Ichs durch gehemmte, unschädlich gemachte aggressive Impulse schreibt Sigmund Freud: »Die Aggression wird introjiziert, verinnerlicht, eigentlich aber dorthin zurückgeschickt, woher sie gekommen ist, also gegen das eigene Ich gewendet. Dort wird sie von einem Anteil des Ichs übernommen, das sich als Über-Ich dem übrigen entgegenstellt und nun als ›Gewissen‹ gegen das Ich dieselbe strenge Aggressionsbereitschaft ausübt, die das Ich gerne an anderen, fremden Individuen befriedigt hätte. Die Spannung zwischen dem gestrengen Über-Ich und dem ihm unterworfenen Ich heißen wir Schuldbewußtsein; sie äußert sich als Strafbedürfnis.«

Der Kern unserer Persönlichkeit ist das Ich. Es macht uns zum Individuum: Jeder ist verschieden von jedem anderen. Dem Ich kommen entscheidende Funktionen zu. Es vermittelt zum Beispiel zwischen der Außenwelt und dem Über-Ich. Ein starkes Ich wird mit den Anforderungen, die die Außenwelt an uns stellt, fertig. Es kann auch die Konflikte zwischen den verschiedenen psychischen Instanzen lösen und sich der Realität anpassen. Ein Ich-starker Charakter, eine ausgeprägte Persönlichkeit, ist in sich rund. Das Bild, das sie von sich hat, stimmt mit dem Bild, das andere von ihr haben, überein.

Ein intaktes, gut angepaßtes Über-Ich ist keine strenge Knute. Es kann abwägen. Es stellt sich Gewissensfragen. Um ein einfaches Beispiel zu nennen:

Ein Architekt, der zu viele Aufträge hat und Arbeit an freie Mitarbeiter vergibt, kann sich überlegen, ob er diesen Auftrag an eine Kollegin gibt, von der er weiß, daß sie dringend Geld braucht, oder an eine andere. Erstere arbeitet schlecht, letztere sehr gut. Das Gewissen könnte appellhaft verordnen: Natürlich mußt du der Frau in Not helfen. Es kann ihm aber auch die Freiheit lassen, sich gegen das Mitleid und für die gut arbeitende Kollegin zu entscheiden. Wer wirklich erwachsen ist, kann sich vom anerzogenen Normensystem lösen und sein eigenes entwickeln.

Ein besonders strenges, ein tyrannisches Über-Ich erläßt noch strengere Gebote und Verbote, als die Eltern es einst taten. Wut macht es so feindselig. Wut, die das Kind hat, aber nicht gegen die Eltern ausleben darf. »Du sollst Vater und Mutter ehren, auf daß es dir wohl ergehe und du lange lebst auf Erden« ist der Knüppel-aus-dem-Sack, wenn Anna Anzeichen von Wut zeigt. Schon Widerworte gelten als Angriff auf die Eltern. Dann ist Anna »nicht mehr ihre Tochter«. Dieses Verhaltensmuster – keine Wut zeigen zu dürfen, weil das die Eltern sehr verärgert und dem Kind der Liebesentzug droht – ist der Stoff, aus dem sich ein tyrannisches Über-Ich entwickelt. Das Kind reagiert mit Abwehrmechanismen und richtet die Wut gegen sich selbst. Es wird sein eigener strengster Zuchtmeister.

Schuld-Partner sind häufig Opfer ihres eigenen tyrannischen Über-Ichs und haben es häufig mit einem Gegenüber zu tun, dessen Gewissen in den Kinderschuhen steckengeblieben ist. Die Psychoanalyse nennt es das »infantile Über-Ich«. Es urteilt nach dem Prinzip: Nicht ich bin schuld, sondern die anderen. Ein Mensch mit infantilem Über-Ich zieht schonungslos über andere her, ist rigide in seinen Urteilen. Er ist ein intoleranter Hardliner und häufig ein

Befürworter der Todesstrafe sowie drakonischer Maßnahmen gegen jeden, der dem eigenen Weltbild nicht entspricht. Das infantile Über-Ich ist Schutz vor Selbstkritik und Selbstbestrafung. Weil man sich unsicher fühlt, muß niedergemacht werden, was Unsicherheit verursacht. Am Stammtisch, im Sportverein, im Korps fühlt man sich gut aufgehoben. Die soziale Kompetenz reicht darüber nicht hinaus.

Der Schuld-Partner reagiert auf Krankheit automatisch, appellhaft. Ihm bleibt scheinbar kein Entscheidungsspielraum. Ihm wird diktiert, was er tun soll. Das ist eine Verhaltensweise, die in die völlige Abhängigkeit führen kann. Die Anstrengung, die Wünsche und Bedürfnisse anderer zu erraten und sie möglichst schon zu erfüllen, bevor sie geäußert werden, nimmt einen völlig in Anspruch. Im Extremfall führt diese Haltung dazu, daß die eigenen Wünsche und Bedürfnisse nur noch über die anderer definiert werden können. Sollte der andere eines Tages dieser Fürsorge überdrüssig sein, muß die Lücke durch ein neues Opfer, um das man sich kümmert, gefüllt werden. Schuld-Partner hängen oft regelrecht am Tat-Kranken, weil sie damit besser umgehen können als mit positiven, freien Bindungen und Gefühlen. Warum dem so ist – der Blick auf die Mechanismen dahinter wird dem Schuld-Partner durch seine Verstrickung verstellt. Der Schuld-Partner glaubt, seinem Gewissen zu gehorchen. Daß sein Gewissen ihn aber nicht positiv leitet, sondern straft, bleibt im Dunkel des Unbewußten.

In der Tat hat das Über-Ich raffinierte Methoden, sein Wirken zu verschleiern. Erstens ist es als Instanz nicht auszumachen. Das Über-Ich scheint mit mir, mit dem Ich, identisch zu sein. Ich darf, sagt es mir, nicht untätig zuschauen, wenn die Mutter leidet. Ich muß gehorchen, ich muß ein besserer Mensch werden, damit es ihr besser geht. Tue ich das nicht, muß ich bestraft werden. Zweitens straft das Über-Ich durch Selbstbestrafung. Diese Selbstbestrafung basiert auf dem Erfahrungsmuster: Die Mutter hat das Recht, mich zu bestrafen, doch sie sieht davon ab, wenn ich schuldbewußt und reumütig bin. Das Kind hat eine Lektion gelernt, die da lautet: Ich entgehe der Bestrafung durch andere, indem ich mich sühnend selbst bestrafe.

Daß und wofür sich der gewissensgeknebelte spätere Erwachsene bestraft, ist ihm ebensowenig gegenwärtig wie die Ursachen dafür. Und selbst wenn das Über-Ich als Instanz erkannt wird, wird es nicht abgelehnt, weil seine Autorität akzeptiert ist. Was würde meine Mutter dazu sagen, ist eine Frage, die viele höchst erfolgreiche Manager anspornt. Das tyrannische Muttergewissen puscht sie, wie Karlheinz, auf der Karriereleiter nach oben. Die Kehrseite, daß es in selbstquälerischer Weise straft, wenn den mütterlichen Wünschen nicht entsprochen wird, scheint eine angemessene, verdiente Strafe zu sein. Karlheinz kommt nicht ein kritisches Wort zu seiner Mutter über die Lippen. Er hat sich ihr vollständig unterworfen.

Ein strenges Über-Ich erlaubt keine Freude, erlaubt nicht, Erfolg zu genießen. Da hat man endlich den langersehnten beruflichen Aufstieg geschafft, hat endlich den Liebespartner gefunden, nach dem man sich gesehnt hat, doch statt Zufriedenheit und Glück stellen sich Melancholie, gar aggressive Gereiztheit ein. Anna hat das mit zwei Männern, die ihr sehr viel bedeutet haben, erlebt: »Bei beiden fing ich nach einer kurzen glücklichen Zeit an zu bohren. Plötzlich paßte mir alles mögliche nicht. Ich war zikkig und habe aus jeder Mücke einen Elefanten gemacht. Es hat meist nur einige Monate gedauert, bis ich es geschafft hatte – er ging. Danach war ich sehr unglücklich, aber auch auf seltsame Art erleichtert.«

Anna hatte ihr Ziel erreicht: Sie hat zerstört, was ihr guttat, und sich dadurch für ein vermeintlich unverdientes Glück bestraft. Und sie ist der Angst vor weiteren mütterlichen Krankheitsschüben entkommen. Denn keiner der Männer hätte Gnade vor deren moralischen Argusaugen gefunden. Da Annas Mutter inzwischen »tatsächlich« krank ist, medizinisch hieb- und stichfest, fühlt sich die Tochter mehr denn je ihrer Schuld-Partnerschaft verpflichtet. Ihre zeitweise entlastende Trotzhaltung »Sie hat ja nichts Ernstes, also muß ich mich auch nicht erpressen lassen«, war nicht sicherer, rettender Boden, sondern brüchiges Eis.

Die Faktoren Zeit und Abstand bringen, auch wenn viele Schuld-Partner ihre Hoffnung darauf setzen, keine Schuld-Abrüstung, sondern eine weitere Schuld-Aufrüstung. Die gemeinsame Vergangenheit ist neue Munition für den Tat-Kranken. »Daß du dich über allen Anstand hinweggesetzt hast, hat mich damals schon krank gemacht, das kann ich nicht noch einmal ertragen« oder »Hättest du dich damals nur etwas um mich gekümmert« sind Treffer, die alte Wunden aufreißen. Zu den aktuellen Appellen an das schlechte Gewissen des erwachsenen Kindes (Eine Mutter hört nie auf, sich Sorgen zu machen) kommen die auf die Vergangenheit weisenden Appelle, die Schuldgefühle verursachen. Egal, wie der Schuld-Partner sich auch bemüht, immer wird er an vergangene Missetaten erinnert. Ändern kann er jetzt nichts mehr. Er wird nur weiter manipuliert.

Manipulation, wie zum Beispiel der Versuch, mit Tränen etwas zu erreichen, ist Gift für jede zwischenmenschliche Beziehung. Wer mit dieser Absicht auf die Tränendrüse drückt, sät und erntet Mißtrauen.

Gerade in engen Beziehungen. Je näher einem ein Mensch steht, desto wichtiger ist es, seine wahren Gefühle auszudrücken und desto schwerwiegender sind die Folgen, wenn Gefühle als Mittel zum Zweck mißbraucht werden.

Den Schuld-Partner zieht sein Mißtrauen gegenüber dem Kranken noch tiefer in den Strudel des schlechten Gewissens. Anna erfährt von ihrer Schwester, daß die Mutter wieder in ärztlicher Behandlung ist, diesmal wegen ernsthafter Probleme. Anna wischt die Nachricht als altbekannten Versuch, sie gefügig zu machen, vom Tisch. Dann erfährt sie von der Chemotherapie, der sich die Mutter unterziehen muß. Es geht ihr wirklich schlecht, und sie braucht Hilfe. Anna ist wie gelähmt. »Ich konnte sie nicht besuchen, und ich konnte sie auch nicht trösten. Ich wollte nur noch, daß sie aus meinem Leben verschwindet. Jeder erwartete von mir, daß ich positive Gefühle ihr gegenüber habe. Jetzt doch wohl, wo es ihr richtig schlecht geht. Jetzt müßte ich sie spüren lassen, daß alles vergessen ist. Gespürt habe ich nur meine Wut auf sie und daß ich sie loswerden will.«

Die Liste der »Vergehen«, die Anna sich vorwirft, wird erneut länger und erdrückender. Da hat sie nach langen inneren Kämpfen mit sich endlich einige Schuldpunkte abgehakt, hat sich mit der Erkenntnis, daß die Mutter sie für ihre Zwecke benutzt, entschuldet. Und fühlt sich nun erst recht mit Haut und Haaren in der Schuld der Mutter.

Schuldgefühle als Selbstbestrafung zu erkennen, ist ein erster wichtiger Schritt, sich aus einer Schuld-Partnerschaft zu befreien. Wer sagt mir eigentlich, was ich tun und lassen soll, ist die Frage, die Schuld-Partner auf den Weg zu sich selber führt. Die Antwort geben einem, wenn man sich genau zuhört,

Selbstgespräche, wie sie jeder kennt. Steht eine Entscheidung an, die einem nicht leicht fällt, beginnt ein innerer Dialog. War das Verhältnis zu den Eltern gut, wird es ein konstruktiver Dialog. Die Interessen der anderen werden in die eine Waagschale gelegt, die eigenen in die andere. Die Gewissensprüfung orientiert sich an Fragen wie: Füge ich einem anderen viel oder unnötig Leid zu? Stehe ich überhaupt für die Sache ein, um die es geht, oder bestimmen versteckte persönliche Motive mein Tun? Das gesunde Über-Ich-Gewissen fragt und hinterfragt. Um zu guten Lösungen zu kommen, braucht es jedoch ein Ich, das ehrlich zu sich selber ist.

Es sind oft schwierige Entscheidungsprozesse, die zu einer guten Gewissenslösung führen, doch der Mühe Lohn ist innere Freiheit und innere Harmonie. Menschen mit einem gesunden Gewissen sind auch nicht frei von Schuld. Doch der erwachsene, reife Mensch kann ein gewisses Maß an Schuldigwerden ertragen. Jeder hat schon mal Hilfe verweigert, eine Situation falsch eingeschätzt oder einem anderen weh getan. Das gesunde Gewissen bestraft dafür nicht. Ein Mensch mit gesundem Schuldgefühl bedauert, einem anderen etwas angetan zu haben, und versucht, Unrecht im Rahmen seiner Möglichkeiten wiedergutzumachen.

Schuld-Partner wie Anna, Tim und Elke bestrafen sich selbst. Weicht man nur einmal von den Forderungen seines tyrannischen Gewissens ab und erfüllt sich eigene Wünsche, geißelt das Gewissen mit heftigsten Schuldgefühlen. Schuld-Partner überfordern sich permanent. Die Angst vor dem Liebesentzug durch die Mutter kann so weit führen, daß man sich selber schweren Schaden zufügt, krank wird, das private Glück zerstört, beruflichen Erfolg verhindert.

Es verlangt Mut, sich dem Diktat des schlechten Gewissens zu entziehen und selbstbestimmt zu agieren. Wie es gelingen kann, wird in Teil IV ausführlich dargestellt.

Ehepaare quälen sich oft jahrzehntelang, indem sie sich wechselseitig Lieblosigkeit, Versäumnisse, Kränkungen und Ungerechtigkeiten vorwerfen. Die Lebensgemeinschaft wird zur Leidensgemeinschaft. Ständige Begleiter sind Krankheiten wie Migräne, Kopfschmerzen, Herz- und Kreislaufbeschwerden.

Der Fall Michael C.

Das Haus steht zum Verkauf. Die fünfzehnjährige Tochter ist drogenabhängig, der sechzehnjährige Sohn bereits zweimal wegen aufsässigen Verhaltens von Privatschulen geflogen. Der offene Scheidungskrieg tobt seit einem halben Jahr. Und Michael (46) scheint alles dranzusetzen, das Zerstörungswerk perfekt zu machen. Er wütet: »Ich hole mir die Kinder, wenn es sein muß, mit der Polizei. Bei ihr bleiben sie nicht. Und von dem Geld für das Haus kriegt sie keinen Pfennig. Jahrelang habe ich ihre Zicken ausgehalten. Wenn ich mit ihr schlafen wollte, hatte sie Migräne oder wollte ihre Ruhe haben, weil sie angeblich völlig fertig ist.«

Michael steht unter Dampf. Minutenlang erzählt er unbeteiligt gleichmütig, dann in schneidend bitterem Ton. Das Drama seiner Ehe reduziert sich zunächst auf seinen sexuellen Frust. »Es war doch wohl nicht zuviel verlangt, daß sie mal mit mir schläft, aber Madame hatte es im Kopf, im Bauch, im Magen. Irgendwas hatte sie immer. Kaum waren wir ein paar Jahre verheiratet, ging es los. Seit sieben, acht

Jahren läuft praktisch nichts mehr zwischen uns. Aber von allem anderen konnte sie nicht genug kriegen. Jede Woche ein neuer Fummel. Die Wohnung war nicht groß genug, dann war das Haus nicht groß genug. Wäre ich ihr Friseur, hätte ich heute eine 20-Zimmer-Villa, soviel Geld hat sie da hingetragen.

Wenn wir uns abends wegen ihrer ewigen Migräne stritten, lief sie heulend aus dem Schlafzimmer und schlief im Gästezimmer. Sie warf mir immer wieder vor, es ginge mir gar nicht darum, mit ihr zu schlafen, sie wäre mir völlig gleichgültig. Es würde mir nur darum gehen, mich als Sexprotz zu bestätigen. Gott sei Dank bekam ich eines Tages ein Jobangebot aus Frankfurt. Als wir getrennt lebten, und ich nur alle zwei, drei Wochen nach Hause kam, hielten sich die Streitereien in Grenzen. Es war mir inzwischen egal, ob sie Kopfschmerzen hatte oder nicht. Ich wollte nichts mehr von ihr.«

Michael stürzt sich in Affären. Er antwortet auf eindeutige Anzeigen, läßt, da viel auf Dienstreisen, von Berlin bis Bangkok kein Bordell aus. Er weiß, daß seine Frau etwas ahnt, aber sie sagt nichts. »Ich sollte sie in Ruhe lassen«, beruhigt Michael sein schlechtes Gewissen, »ich habe sie in Ruhe gelassen. Basta. Dauernd hatte sie ein Wehwehchen, auf das man Rücksicht nehmen mußte. Wenn es nicht die Kopfschmerzen waren, hatte sie Bauchkrämpfe vor und während ihrer Tage, oder ihre Mutter war ihr auf den Magen geschlagen. Bei der wollte sie sich ausheulen, aber die ist eisenhart. Die sagte ihr nur: ›Du hast den Kerl gewollt, sieh zu, wie du mit ihm klarkommst.‹«

Es verschafft Michael Genugtuung, daß seine Frau auch bei der Mutter kein Gehör findet. »Die war genauso durch das Gejammere genervt wie ich.« Die »Wehwehchen«, wie Michael die Beschwerden seiner Frau nennt, provozieren ihn. Das Gespräch gerät zur genüßlichen Schilderung seiner sexuellen Ausschweifungen und gipfelt in der provokanten Feststellung: »Sex ist das beste Mittel gegen Kopfschmerzen, hätte meiner Frau viele Tabletten erspart.«

Über die ersten Jahre seiner Ehe hat Michael im ersten Gespräch noch kein Wort verloren. »Soll ich etwa mit dem Kopf unter dem Arm rumlaufen, weil ich das Leben meiner Frau und vielleicht auch noch das meiner Kinder ruiniert habe?« ist im zweiten Gespräch die überraschende Antwort auf die Frage, wie er seine Frau kennengelernt hat. Sie ist schick, kokett, kapriziös und überschwenglich, als Michael sie auf einem Ball zum Tanzen aufforderte.

»Gemessen daran, ist sie heute ein Schatten ihrer selbst. Ich habe ihr das Leben zur Hölle gemacht, sagt sie. Die Kopfschmerzen fingen an, als sie sich eine Halbtagsstelle suchte, weil das Geld nicht reichte. Von da an gerieten die Dinge außer Kontrolle. Sie brauchte ständig neue teure Kleider, weil sie ja eine repräsentative Aufgabe hatte. Für die Kinder war nur das Beste gut genug, sie kamen in einen teuren französischen Kindergarten und anschließend in ein für uns eigentlich unbezahlbares Internat in der Schweiz. Weil für die Kinder doch nichts gut genug sein konnte. Wo meine Frau doch schon auf so vieles verzichtete. Die Kinder sollten es besser haben. Ich kam jahrelang abends nach einem Zehn-Stunden-Tag nach Hause und arbeitete dort bis nachts um eins weiter, damit unsere Rechnungen bezahlt werden konnten.

Ich sagte lange nichts zu ihrem unbezahlbaren Lebensstil und erwartete auch nicht von ihr, daß sie sich einschränkte. Anfangs machte ich ihr noch kalte Umschläge gegen die Kopfschmerzen, kochte für die Kinder, es wurde eine Putzfrau gesucht, um meine

68

Frau zu entlasten – aber nichts war genug. Und nichts war ihr recht. Weil ich dauernd arbeiten mußte, ging ich kaum mit ihr aus und brachte sie um ihr Vergnügen, wie sie mir vorwarf. Sie kriegte Kopfschmerzen wegen der Kinder, die im Internat mit den anderen nicht mithalten konnten, weil sie nicht genug Taschengeld hatten; sie machte Schulden, die sie mir verheimlichte, und wenn ich sie darauf ansprach, verschwand sie mit Migräne im Bett. Irgendwann war ich nur noch aggressiv. Vor allem nachts, wenn ich neben ihr lag und sie nicht anrühren durfte, hätte ich sie würgen können.« Die schicke, kokette, kapriziöse und überschwengliche Frau ist nach wenigen Ehejahren zur kränkelnden, bitter enttäuschten geworden.

»Ich bin nun mal nicht ihr Vater«, sagt Michael und stößt die Tasse auf die Untertasse, daß der Kaffee überschwappt. »Sie war zweiundzwanzig Jahre, als wir uns trafen, und Papas Prinzessin. Papa hatte viel Geld und überschüttete seine einzige Tochter mit Geschenken. Sie flog, wenn ihr danach war, von Düsseldorf nach Monte Carlo zum Friseur. Sie war spontan und leichtsinnig, daß mir schwindelte. Ich bin ziemlich das Gegenteil, ich brauche zwei Netze und doppelte Böden als Sicherheit. Natürlich war sie umschwärmt, und ich war schwer von mir angetan, daß ich alle Konkurrenten aus dem Feld schlagen konnte. Sie wollte mich! Ihr Vater starb ein Jahr nach unserer Hochzeit. Die Mutter erbte das Vermögen, meine Frau bekam hunderttausend Mark, aber die hatte sie in wenigen Monaten für Möbel und Garderobe durchgebracht. Von da an ging es bergab. Die Mutter hockte auf dem geerbten Geld und rückte nichts mehr raus. Und ich erlebte meine Frau nur noch in zwei Rollen: Sie gierte nach großen Auftritten, die sie einige Male im Jahr auf Bällen hatte, zu

Hause war sie unzufrieden und kränkelte. Ich ging ihr, seit meinem Umzug nach Frankfurt, möglichst aus dem Weg. Ich war es leid, mich abzustrampeln und wenn ich heimkam auf Migräne und schlechte Laune zu treffen. Ich hatte mir mein Leben auch anders vorgestellt. Mit dreißig Jahren, davon war ich als Jugendlicher überzeugt, bin ich ganz oben und Millionär. Es klappte nicht. Ziel verfehlt. Bei Klassentreffen zu erleben, daß einige, die in der Schule kaum was drauf hatten, mit dem Porsche oder Jaguar vorfuhren, war ziemlich bitter. Vielleicht wollte ich mich mit meinen Affären bestätigen. Wenigstens auf einem Gebiet, im Bett, war ich gut. Es machte mich rasend, daß meine Frau mauerte und mich im Regen stehen ließ. Geld ranschaffen durfte ich, rangelassen hat sie mich nicht.«

Der Fall Sarah M.

Sarah ist dreißig, seit einem Jahr geschieden und als freie Maklerin gut im Geschäft, als sie den vierzehn Jahre älteren Mann kennenlernt, der ihr Leben sieben Jahre lang beherrscht. »Es war eigentlich eine sieben Jahre dauernde Trennungsgeschichte«, sagt Sarah. »Als ich ihn kennenlernte, fand ich ihn nicht mal sonderlich attraktiv, äußerlich jedenfalls. Aber er war ungemein charmant, lud mich zum Essen ein, und ich sagte zu. Er war ein verdammt talentierter Verführer. Schon nach dem ersten Essen, als er mich nach Hause brachte, klingelten bei mir sämtliche Alarmglocken. Wir standen uns auf der Außentreppe gegenüber, er eine Stufe unter mir, mit dem Gesicht genau auf der Höhe meines Gesichts. Ich fühlte mich dermaßen angezogen, daß ich ihn am liebsten umarmt und geküßt hätte. Das hat er auch genau gespürt. Er lächelte, drehte sich um, ging beschwingt ein paar Schritte den Vorgartenweg runter und sagte: ›Ich melde mich.‹ Weg war er. Unterschwellig lauerte ich darauf, wieder von ihm zu hören. Nach zwei Wochen kam der Anruf. Wir gingen wieder essen, ich bat ihn, aus meinem Leben zu verschwinden, denn irgend etwas in mir warnte mich vor ihm – und verabredete mich dennoch. Dann ging er für einige Wochen auf eine Dienstreise. Als er zurückkam, war ich selig. Ich bereitete ein schönes Essen vor, es war ein wunderbarer Abend, und es knisterte, daß ich es kaum mehr aushalten konnte.

Dann kam's. Er schaute mich an, mit tiefernstem Gesicht, und erzählte seine Geschichte. Daß er geheiratet hatte, weil seine Frau schwanger war. Daß er sich von ihr scheiden ließ, mit seinen Schuldgefühlen nicht zurechtkam und die Frau ein zweites Mal heiratete. Daß auch das ein Fehler war. Er wollte sich trennen. Doch als er sich endlich zu der Entscheidung durchgerungen hatte, kam die Diagnose: Seine Frau hat Krebs. Sie wurde operiert, überstand alles soweit gut, aber die Gefahr ist nicht gebannt. Noch weiß man nicht, ob sich weitere Metastasen bilden.

Ich war geschockt, denn wenn ich auf etwas nicht gefaßt war, dann darauf, daß er verheiratet ist. Aus der Ferne kannte ich ihn bereits ein gutes Jahr, ich kannte auch einige seiner Kollegen, man hatte sich bei diesem und jenem Anlaß, bei dem auch Ehefrauen mit dabei waren, getroffen. Nach seinem Verhalten und seinem Auftreten war ich sicher, daß er mit niemandem zusammenlebt. Auch die Kollegen sprachen nie von einer Frau. An diesem Abend begann, trotz seines Geständnisses, das Verhältnis. Verhängnis ist das bessere Wort. Was er sagte, schaffte keine Kluft, vielmehr entstand eine Nähe,

eine Innigkeit, eine Spannung, die sich in einer über-
wältigend sinnlichen Nacht entlud.«

Sarah kann die Gewissensqualen ihres Freundes
nur zu gut verstehen. Natürlich wird er seine Frau
jetzt nicht verlassen. Daß ihnen passiert ist, was passierte – wer kann schon seine Gefühle kontrollieren.
Sie vertraut seiner Bitte, daß man die kommende
schwere Zeit gemeinsam durchstehen muß. Man
wird nicht gemeinsam auftreten können. Sie wird zunächst seine heimliche Geliebte sein. Genau das, was
Sarah nie im Leben sein wollte. Es beginnt eine Ach-
terbahnfahrt, die sie in eine tiefe Depression führt.

»Er kündigte an, daß er kommt, kam aber nicht.
Und wenn ich ihn erreichte, erklärte er verzweifelt-
aggressiv, daß seine Frau angerufen hatte, daß es ihr
nicht gut ging, daß er bei ihr sein mußte, daß ihn die
Schuldgefühle fertigmachten. Dann saß ich da. Ich
kämpfte mit der Sehnsucht nach ihm und mit meinem eigenen schlechten Gewissen. Nein, sagte ich
mir, so kann es nicht weitergehen. Ich bin die Dritte
im Bunde und darum ebenso verantwortlich wie er.
Mir ging ständig der Satz aus meiner Kindheit durch
den Kopf: ›Was du nicht willst, das man dir tu, das
füg auch keinem anderen zu.‹ Ich versetzte mich in
die Lage seiner Frau und fand schrecklich, was ich
tat. Ich suchte nach Gründen, die mein Verhältnis
rechtfertigen könnten. Liebe? Lust wohl eher. Ich
hatte mit ihm die erotischste Beziehung, die ich je
hatte. Einem sehr kranken Menschen deswegen weh
tun, das konnte ich beim besten Willen nicht vor mir
rechtfertigen. Seine Frau brauchte ihn. Also mußte
ich Schluß machen.

Doch jedesmal, wenn ich mich in schlaflosen
Nächten bis zu diesem Punkt durchgerungen hatte,
rief er von irgendwo an. Er war in Budapest auf
Dienstreise, in Paris, in München. Und er schaffte es

immer wieder, daß ich alles stehen und liegen ließ, mich ins Flugzeug setzte und zu ihm flog. Er hatte Stil. Wir wohnten in den wunderbarsten Hotels, ich wurde auf Händen getragen, und die Tage vergingen wie im Rausch.

Doch kaum waren wir zurück, und ich wollte ihn sehen oder nur mit ihm sprechen, holte mich die Krankheit seiner Frau ein. Vor allem, wenn ich ihm sagte, daß es so nicht weitergeht, daß ich mich von ihm trennen will. Er hatte dann gerade einen Bericht gelesen, der ihm noch deutlicher klarmachte, wie wichtig die Psyche für die Heilung eines Krebskranken ist. Wie egoistisch mußte ich doch sein, daß ich ihm abverlangte, mehr Zeit mit mir zu verbringen, seiner Frau die Heilungschancen zu nehmen. Und wie wenig liebte ich ihn! Liebte ich ihn, wüßte ich, daß er viel mehr leidet als ich. Wie gerne würde er seine Frau verlassen, aber er könne doch nicht.

Ich fühlte mich wie eine Spinne im Netz. Seine Schuldgefühle machten mich fertig und meine eigenen dazu. Beide konnte ich nicht abschütteln. Ich träumte seine Frau ins Grab, ich hatte Angst einzuschlafen, weil ich diese Träume nicht ertragen konnte. Ich rebellierte gegen ihn, warf ihm vor, daß er derjenige ist, der fremdgeht. Daß ich nichts dafür kann, daß seine Frau krank ist. Er konterte, daß er doch alles nur auf sich nimmt, weil er mich liebt. Daß wir das gemeinsam durchstehen müssen, wenn ich ihn wirklich liebe. Ich haßte meine Sehnsucht nach ihm, meine Lust, mit ihm zu schlafen, ich haßte mich für die Schwäche, daß ich nicht mit ihm Schluß machen konnte. Dann wurde ich schwanger. Ich rief ihn an, sagte es ihm, und seine ersten Sätze waren: ›Das kannst du nicht machen, das kann ich meiner Frau nicht antun, das gibt ihr den Rest. Selbstverständlich‹, hängte er noch an, ›bezahle ich die Abtreibung.‹

Nach diesem Telefonat ließ er sich von seiner Sekretärin verleugnen. Die Wochen danach waren die Hölle. Ich wollte das Kind und bekam panische Angst, daß ich schuld wäre, wenn die Krebskrankheit seiner Frau sich verschlimmern würde. Die Angst war größer als alles andere. Ich ließ das Kind abtreiben. Natürlich ›vergaß‹ er auch, die Kosten zu übernehmen.«

Zwei Monate danach fällt Sarah in ein tiefes Loch. Sie kann nicht mehr unter Menschen sein. Sie verläßt die Wohnung nicht, hockt den ganzen Tag lang vor dem Sofa auf dem Fußboden und starrt die Wand an. Einmal wöchentlich kommt die Putzfrau und versorgt sie mit dem Nötigsten. Freunden, die klingeln, macht sie nicht auf. Es kommt kein Geld mehr rein, weil sie nicht arbeiten kann. Sie verbringt gut sieben Wochen auf diese Weise.

»Eines Tages ging ich doch ans Telefon. Ein Kollege war dran und fragte, was mit mir los sei. Da rührte sich was. Ich weinte und weinte. Er diktierte mir wie einem Kind: ›Du nimmst jetzt einen Stift, schreibst eine Telefonnummer und eine Adresse auf, rufst dort an, und ich schicke dir ein Taxi. Dann fährst du zu der Adresse.‹ Ich tat, was er mir sagte, und kam zu einem Akupunkteur. Der vollbrachte mit den Nadeln und unterstützender Massage ein Wunder. Es ging mir schon nach der ersten Behandlung soviel besser, daß man meinen könnte, er hätte mir eine Portion Energie gespritzt. Er verordnete mir, alle Gedanken, Nöte, Probleme in eine Schublade zu pakken. Ich sollte mal für kurze Zeit an nichts denken, täglich spazierengehen und jede Woche zur Behandlung kommen. Es funktionierte. Drei Wochen später holte ich die ersten konkreten Probleme aus der imaginären Schublade, konnte meine desolate finanzielle Situation bei der Bank regeln und auch erste berufliche Hürden nehmen. Ich faßte wieder Fuß. Und beschloß, meine Zelte abzubrechen und in eine andere Stadt zu ziehen. Ich dachte, ein Sicherheitsabstand von einigen hundert Kilometern würde mir helfen, mich auch innerlich von dem Mann zu trennen. Ich hatte ihn einige Monate nicht gesehen, und er hatte nichts von sich hören lassen, aber ich ahnte, daß er eines Tages kommen würde, und ich ahnte auch, daß alles wieder von vorne anfangen würde.«

Er steht, kaum daß Sarah umgezogen ist, wieder vor der Tür. Sarah glaubt, daß es ihr hilft, wenn sie mit ihm redet, wenn sie bei ihm loswerden kann, was sie bedrückt. »Er wollte nicht reden, aber er schaffte es, mich rumzukriegen – und alle vergrabenen Schuldgefühle kamen wieder ans Licht. Er streute Nachrichten wie die, daß seine Frau Fieber hat, daß es gar nicht gut aussieht. Er ließ alles sehr geschickt offen. Sie konnte eine Erkältung haben oder Metastasen. Durch die Entfernung sahen wir uns selten, aber ich war eine Dauergefangene in dieser Beziehung. Eines Tages bat ich seine Sekretärin, ihm auszurichten, er möge zurückrufen. Er tat es nicht. Als ich ihn erwischte und fragte, warum er sich nicht kurz gemeldet hat, fuhr er mich an wie eine Furie. Er warf mir maßlosen und unerbittlichen Egoismus vor. Nicht nur seine Frau sei krebskrank, er habe in diesen Tagen auch seine Tochter mit Krebsverdacht ins Krankenhaus gebracht.

Die Tochter? Das war zuviel. Mir war schon länger klar, daß er sehr geschickt die Fäden zog und genau wußte, wie er die Krankheit seiner Frau für sich nutzen kann. Er wollte ein paar schöne Stunden mit mir, aber nur, wenn es ihm paßte und er Lust dazu hatte. Wenn ich etwas von ihm wollte, griff er zur besten aller Waffen: Die krebskranke Frau, die soll er im Stich lassen, nur weil ich mich ein bißchen einsam fühle, weil ich einen Partner brauche, um meine lächerlichen kleinen Alltagssorgen mit ihm zu besprechen? Meine Probleme waren nichts im Vergleich zu seinen Nöten und denen seiner Frau.

Nach der Geschichte mit seiner Tochter, einer erwachsenen Frau, die schon seit Jahren in einer anderen Stadt studierte, glaubte ich ihm kein Wort mehr. Daß sie nichts hatte, bekam ich von Bekannten bestätigt. Ob seine Frau krebskrank war? Ich weiß es nicht. Es war auch nicht mehr wichtig. Wichtig war, daß ich mich endlich von ihm lösen konnte. Es half mir sehr, mit anderen Frauen zu sprechen. Das war gar nicht so leicht, denn ich fühlte mich nicht nur enttäuscht und gedemütigt, sondern kam mir einzigartig dumm vor. Ich schämte mich. Bis ich erlebte, daß andere Frauen ähnliches durchgemacht haben.

Es gibt nicht wenige Männer, die mit der Nummer ›Ich kann mich doch nicht von einer kranken Frau trennen‹ lange Erfolg haben. Warum bin ich nicht früher ausgestiegen? Das war die Frage, die mich nicht mehr losließ, seitdem ich zum ersten Mal überall in der Wohnung, vom Badezimmerspiegel bis zum Telefon, Zettel mit dem Wort NEIN angeklebt hatte. Ich wollte mich zwingen, ihm aus dem Weg zu gehen: NEIN, ich rufe ihn nicht an, stand auf einem Zettel. NEIN, ich mache die Tür nicht auf. NEIN, ich will ihn nicht mehr sehen. Es war ein Alptraum. Ich erschrak bis ins Mark, wenn das Telefon klingelte. Ich war starr vor Schreck, wenn jemand an der Haustür war. Ich hatte Angst. Panische Angst.«

Der Fall Gerhard K.

Gerhard (42) ist seit neunzehn Jahren verheiratet. Als er seine Frau kennenlernt ist er aktiver Fußballer, Mitglied im Schützen- und im Kegelverein. Seine Eltern kommen, als er zehn Jahre alt ist, bei einem Autounfall ums Leben. Der Junge wächst bei einer Tante auf, die ihre Familie mit Schimpfen und Schlägen regiert. Gerhard: »Ich war heilfroh, als ich mit sechzehn Jahren die mittlere Reife hatte und eine Lehre als Drucker anfangen konnte. Ich zog zu Bekannten, aber da ging es ähnlich zu wie in der Familie meiner Tante. Es gab ständig Streit. Gott sei Dank war ich abends durch die Vereine viel unterwegs und kam erst spät, eigentlich nur zum Schlafen, zurück. Mit zwanzig lernte ich auf einem Fest meine spätere Frau kennen. Sie tanzte genauso gerne wie ich, hatte fünf Geschwister und einen ungemein lustigen, komischen Vater. Ich habe mich in der Familie sehr wohl gefühlt. Vor allem mit meinem Schwiegervater gab es viel zu lachen.«

Gerhard ist ehrgeizig. Er spart auf ein eigenes Haus, denn er will seiner Frau etwas bieten. Die beiden verloben sich, und zwei Jahre später, mit dem Spatenstich fürs Eigenheim, wird geheiratet. »In den ersten Monaten wohnten wir noch bei unseren Schwiegereltern. Meine Frau war schwanger, doch als unsere Tochter geboren wurde, waren wir in unser Haus eingezogen. Nach der Geburt des Kindes ging es meiner Frau gar nicht gut. Sie hatte dauernd Kopfschmerzen, war niedergeschlagen, hatte Magenbeschwerden. Sie war aufgebracht, wenn ich zum Fußball oder zum Kegeln ging und warf mir vor, betrunken zu sein, wenn ich nur zwei Bier gehabt hatte.

Als das Kind einige Monate alt war, konnte ich sie überreden, an einem Sonntagnachmittag mitsamt

Baby im Kinderwagen auf den Sportplatz zu kommen und sich ein Spiel anzusehen. Unglücklicherweise streifte sie ein Ball. Sie tobte: Es hätte sie umbringen können, es hätte das Kind umbringen können. Sie war kaum zu beruhigen und bestand darauf, daß ich mit dem Fußballspielen aufhöre und aus dem Verein austrete. Um des lieben Friedens willen habe ich auf den Sport verzichtet.

Seitdem hatte sie erst recht und noch häufiger Kopfschmerzen. Wenn Freunde vorbeikamen, konnte sie den Zigarettenrauch nicht ertragen; es kam auch bald niemand mehr, weil sie eine eisige Stimmung verbreitete. Wir durften nur halblaut lachen, nicht laut Karten spielen, nichts ging wegen ihrer Kopfschmerzen. Ich müsse begreifen, daß mein Junggesellenleben vorbei sei, sagte sie immer wieder, ich hätte eine Familie, und um die sollte ich mich kümmern. Einmal hatte ich tatsächlich ein Bier zuviel und mußte mich übergeben. Unsere kleine Tochter kam ins Badezimmer und fragte, ob ich krank sei. Meine Frau machte ein Drama daraus: Daß ich das Kind verderbe, daß ich die ganze Familie ruiniere. Sie sprach einige Tage lang nicht mit mir.«

Gerhard gibt schuldbewußt ein Vergnügen nach dem andern auf. Nach vier Jahren Ehe ist er aus allem raus. Aus den Vereinen und aus den Beziehungen zu seinen Freunden, die seine Frau nicht leiden kann. Nach fünf Jahren kommt das zweite Kind. Gerhard kümmert sich um den weiteren Ausbau des Hauses, das Dachgeschoß wird eingerichtet, der Familie geht es gut. Wären da nicht der ewige Zank und die dauernden Vorwürfe. »Meine Frau war regelmäßig bei Ärzten. Keiner fand was, sie sei übernervös, hieß es, ihre Beschwerden seien psychosomatischer Natur. Ihr war alles zuviel, und was immer ich tat – es war nicht genug.

Um noch dazuzuverdienen, was meiner Frau sehr recht war, denn sie hielt mir oft vor, daß sich die Nachbarn mehr leisten können als wir, hatte ich Abend- und Wochenendjobs als Maler angenommen. Ich bin handwerklich ziemlich geschickt. Kam ich nach Hause, meistens ziemlich geschafft, fing der Ärger an. Ich mußte genau berichten, wen ich getroffen hatte, mit wem ich gesprochen hatte. War da, wo ich renoviert hatte, nur die Frau im Haus, überschlug sie sich: Wieso war der Mann nicht da, hatte ich mit der Frau gegessen, Kaffee getrunken, worüber hatte ich mit ihr geredet, was hatte ich überhaupt mit einer wildfremden Frau zu bereden? Es wurde mit jedem Ehejahr unerträglicher. Ich traute mich kaum mehr, am Gartenzaun einige Sätze mit unserer Nachbarin zu wechseln. Bekam meine Frau das mit, mußte ich Wort für Wort wiedergeben, worüber wir gesprochen hatten. Wenn ich mich mehr um sie kümmern würde, ginge es ihr auch besser, hieß es. Ich hätte ja gern einiges mit ihr unternommen, aber sie wollte nicht. Es ging ihr nicht gut, sie mußte ihren Mittagschlaf machen. Wenn ich mit den Kindern zu Bekannten fuhr, während sie schlief, war das auch verkehrt: Wir amüsierten uns ohne sie und bestraften sie quasi dafür, daß es ihr nicht gut ging.«

Gerhard versucht zu vermitteln. Zwischen den Verwandten, denen das Theater auf die Nerven geht, und seiner Frau; zwischen Bekannten und seiner Frau. Es ist eine anstrengende und undankbare Sache, denn jeder wirft ihm vor, daß er nicht oft und heftig genug mit der Faust auf den Tisch haut. »Sie hat ja auch ihre guten Seiten«, sagt Gerhard, »und ich bin ihr sehr dankbar, daß ihre Familie mich aufgenommen hat, außerdem will ich der Kinder wegen nicht dauernd Krach im Haus. Aber manchmal denke ich, ich halte das nicht mehr lange aus. Sie gibt mir das Gefühl, daß ich abgrundtief in ihrer Schuld stehe und solange ich lebe kaum gutmachen kann, was ich ihr schulde. Manchmal hatte ich so einen Zorn, daß ich sie am liebsten aus dem Haus geworfen hätte. Aber dann ging ich lieber ein paar Runden joggen, um meine Wut loszuwerden.«

Gerhard weiß, daß die anderen ihn für einen Pantoffelhelden halten, der seiner Frau gestattet, ihm auf der Nase rumzutanzen. Soll er sich scheiden lassen und den Kindern die Familie nehmen? Nein, das kann er nicht, dafür hat Gerhard sich zu sehr nach einer intakten eigenen Familie gesehnt. Mit der Einstellung »So ist meine Frau nun mal«, versucht er auszuhalten, was er kaum mehr ertragen kann. »Vor allem in den letzten Jahren, und das macht uns allen zu schaffen, läßt sie sich immer mehr gehen. Sie stößt lauthals beim Essen auf, und wenn die Kinder angewidert reagieren, werden sie beschimpft. Sie braucht das, sagt meine Frau, weil sie Magendrücken hat und Sodbrennen, was ihr keiner von uns nachfühlen kann. Meine älteste Tochter hat mir vor kurzem gesagt, daß sie nicht mehr mit ansehen kann, wie ich mich von ihr runtermachen lasse. Sie weinte, und dann kam ganz leise: ›Ich wollte, sie wäre tot.‹ Das hat mich furchtbar erschreckt, und ich weiß beim besten Willen nicht, was ich tun soll.«

Unbewältigte innere Probleme

In der Begegnung mit den Eltern oder Geschwistern schauen wir schon mal zurück auf die Kindheit, auf den »Erfahrungsschatz«, den wir in der Familie angesammelt haben. Er gleicht einem Eisberg, dessen Spitze gelegentlich sichtbar wird. Man redet oder streitet mit dem Vater, der Mutter, den Geschwistern, Verwandte erzählen Anekdoten. Man sieht und erlebt sich gelegentlich wieder als Kind.

Kindheitserfahrungen sind in der Begegnung zwischen erwachsenen Menschen, die sich verlieben und zusammentun, kaum präsent. Es treffen zwei aufeinander, die sehr unterschiedlich geprägt sind, doch keiner weiß viel darüber, wie der andere »tickt«. Dr. Jens Schiermann: »Menschen erleben ihr Leben unterschiedlich – das ist selbstverständlich und unbestritten. Daraus ergeben sich aber auch unterschiedliche Erfahrungen. Da die Erfahrungen aber wiederum einen großen Einfluß auf unser konkretes Handeln haben, ist zu erwarten, daß sich verschiedene Menschen in der gleichen Situation nicht gleich, sondern unterschiedlich verhalten.«

Ein einfaches Beispiel verdeutlicht, wie Mißverständnisse und Ärger entstehen. »Es zieht«, sagt der Onkel. Die Nichte, die zu Besuch ist, nimmt es zur Kenntnis und bleibt gemütlich vor dem Fernseher sitzen. Der Onkel poltert los: »Ich sagte doch, es zieht. Würdest du gefälligst aufstehen und das Fenster zumachen!« Die Nichte fühlt sich zu Unrecht angegriffen, knallt das Fenster zu und giftet zurück, daß er sich gefälligst klar ausdrücken soll. Wenn er sie gebeten hätte, das Fenster zu schließen, hätte sie es auch getan. Was zwischen Onkel und Nichte nicht funktioniert, hat zwischen ihm und seiner Tochter stets geklappt. Als Vater ist er Autorität, und die spricht Bände. Er muß keinen Wunsch oder eine Bitte aussprechen, es reicht eine Feststellung, und die Tochter weiß, was sie zu tun hat. Auch der Nichte gegenüber fühlt er sich als Autorität, doch das Mädchen ist taub für seine autoritäre Kommunikation. Sie hat andere Erfahrungen mit ihren Eltern gemacht. Das erschwert die Verständigung mit dem Onkel.

Gravierende seelische Verletzungen sorgen in besonderem Maße für Ärger, unterschwellige Aggressionen und Mißverständnisse. Sie kommen oft gar nicht oder erst durch ein physisches Symptom ans Licht – durch schweres Asthma oder Panikattacken zum Beispiel. Sanftere Hinweise auf psychische Probleme wie eine stets und ständig gestörte Kommunikation werden ignoriert und mit »Es hat keinen Sinn, mit ihm/ihr reden zu wollen« abgetan. »Wir können uns nicht verständigen«, »Wir verstehen uns nicht« sind jedoch Äußerungen, mit denen wir oft zum Ausdruck bringen, daß wir uns selbst nicht verstehen. Was erhoffen, erwarten, wünschen wir uns zum Beispiel von einer Beziehung? Daß der andere uns glücklich macht? Weil wir, ohne es uns einzugestehen, unglücklich sind? Daß er uns Ängste nimmt, von denen er nichts ahnt und die wir uns selber nicht eingestehen? Wir wissen es selber nicht. Doch je größer die diffusen Vorstellungen, je stärker der Wunsch, die Liebe möge alles irgendwie zum Guten wenden, desto tiefer ist der Fall in den Abgrund der Enttäuschung und der Angst.

Michael und seine Frau haben die Kommunikation auf ein Minimum reduziert. Jeder hat sich eingeigelt, fühlt sich im Recht, sieht im anderen den Angreifer und bewertet sein eigenes Verhalten als berechtigte Schutzmaßnahme. Michael hat nie zuvor mit jemandem über sich und seine Frau gesprochen. Das ging niemanden etwas an. Ihre Krankheiten empfindet er als »Herumtrampeln auf meinem empfindlichsten Nerv«. Michael ahnt, daß er gegen die Migräne seiner Frau rebelliert, weil sie in seinem Inneren Saiten anschlägt, die ihm Schmerz bereiten.

»Warum habe ich mich sieben Jahre lang massiv erpreßt gefühlt?« ist eine Frage, die Sarah sich hundertemal gestellt hat. »Und obwohl ich spürte, daß es nicht stimmt, daß er der Buhmann war, der mit meinem sensiblen Gewissen spielte, hielt ich an dieser Version fest. Ich fand es nicht normal, daß ich mit dermaßen starken Schuldgefühlen reagierte und mir alles von ihm gefallen ließ, doch ich attestierte mir ein besonders feinfühliges Gewissen. Was andere sich durchgehen ließen, konnte ich mit meinem Gewissen nicht vereinbaren. Auf dieses extrem geschärfte Gewissen war ich stolz. Ich fand es auch völlig in Ordnung, daß ich eine nur von Lust bestimmte Beziehung ablehnte. Daß er meine große Liebe ist – Liebe ist ein gutes, hehres Gefühl –, hätte eine Entschuldigung dafür sein können, mit ihm trotz der Krankheit seiner Frau ein Verhältnis zu haben. Alles andere war verwerflich.

Also redete ich mir ein, daß ich ihn über alles liebe. Daß die große Liebe, die einem nur ein- oder zweimal im Leben begegnet, bei mir eine außergewöhnlich unglückliche ist. Daß wir zwei Königskinder sind, die ein schweres Schicksal nicht zusammenkommen läßt. Was mit mir los ist, darüber dachte ich erst intensiv nach, als mir ein Mann begegnete, der mich sehr mochte und der auch mir viel bedeutete. Er war nicht gebunden, es hätte sehr schön sein können. Aber mit ihm ging es im Bett überhaupt nicht. Meine Lust war dahin. Mit dem Mann, der mich miserabel behandelte und quälte, hatte es wunderbar geklappt.« Michael und Sarah wird langsam bewußt, daß die Blickrichtung nicht stimmt. Warum sie Schuld-Partner sind und sich martern, enthüllt nicht der Blick auf den anderen, sondern der in den Spiegel: Dort sieht man sich selbst und seine eigenen seelischen Nöte.

Wenn zwei sich finden, glauben sie zumeist an eine ideale Ergänzung oder sehen sich als ideale Gegensätze, die sich anziehen. Es sind Kräfte im Spiel, die sich der rationalen Betrachtung und Analyse entziehen. Das stimmt sogar. Nur sind es häufig Kräfte, die beider Schwierigkeiten, mit sich und mit anderen auszukommen, verstärken. Sich in Krankheiten zu flüchten und andere damit unter Druck zu setzen, ist ein verbreitetes Verhaltensmuster, solche Schwierigkeiten zu verschleiern. Mit der Tendenz, daß das Opfer (Schuld-Partner) eines Tages selbst zum Täter (zum Tat-Kranken) wird.

Je mehr Anna sich mit ihrer Mutter beschäftigt, desto klarer wird ihr, daß die Mutter bei ihr einklagt – in der direktesten Bedeutung des Wortes –, worunter sie selbst gelitten hat. Annas Mutter ist die Älteste von zehn Kindern, ihre eigene Mutter ist vierzehnmal schwanger und verbringt einen Großteil ihres Lebens kränkelnd im Bett. Annas Mutter versorgt mit vierzehn Jahren bereits eine achtköpfige Großfamilie. Sie ist damit hoffnungslos überfordert und muß auf vieles verzichten: Sie hat musische Talente, aber keine Chance, ein Instrument zu lernen. Sie hätte gern Abitur gemacht und studiert, aber auch das geht nicht. Als gehorsame Tochter opfert sie sich für die Mutter und die Geschwister. Der Opfergang ist mit der Gründung einer eigenen Familie nicht beendet. Als Annas Großmutter pflegebedürftig ist, nimmt keine der jüngeren Töchter sie auf, sondern die Älteste, Annas Mutter. Der liebe Gott würde es lohnen, damit wird sie getröstet und tröstet sich selbst.

Anna sollte es ihr aber schon auf Erden lohnen. »Daß du dich kümmerst, ist wohl das Mindeste, was man von einer Tochter erwarten kann«, wird ihr von der Mutter vorgehalten, wenn die sich nicht gesund fühlt und versorgt werden will. Anna soll auch ebenso gottergeben moralisch aufwachsen, wie es der Mutter abverlangt worden ist. Doch war Annas Mutter stets so moralisch, wie sie unablässig beteuert? Anna erinnert sich, daß Verwandte tuschelten, der Mutter sei etwas Schlimmes mit einem Mann widerfahren. Wenn Anna wüßte, was geschehen sei, würde sie die Mutter besser verstehen. War es etwas Schlimmes, das die Mutter nicht verwunden hat, oder hat sie sich vielleicht in einen Mann verliebt und die vor ihrem eigenen strengen Gewissen unverzeihliche Sünde begangen, mit ihm zu schlafen?

Anna ist über zwanzig Jahre alt, als sie ihr erstes sexuelles Verhältnis mit einem Mann hat. »Aber meine Mutter verfolgte mich mit Unterstellungen, seit ich zur Tanzschule ging. Kam ich mal zehn Minuten später als verabredet nach Hause, hatte ich was mit einem Mann gehabt. Als ich neunzehn war, schrie ich sie eines Tages an, daß ich keinen Menschen kenne, der eine so schmutzige Phantasie hat wie sie. Natürlich wurde jede Auseinandersetzung von einem Anfall begleitet, der sie mal wieder ›ins Grab brachte‹.«

Krankheit ist ein Symptom. Die Ursachen der Krankheit bleiben meist unentdeckt. Wir hadern mit dem Tat-Kranken, nicht ahnend, daß wir mit uns selber hadern. In einer Beziehung, in einer Ehe, finden sich oft zwei, deren in der Kindheit akkumulierte Probleme wie Schloß und Schlüssel ineinanderpassen. Nur sind sie sich über die Schließrichtung nicht einig: Will der eine den Schlüssel nach links drehen, um aufzuschließen, dreht der andere nach rechts, um abzusperren, damit verborgen bleibt, was verborgen ist. Aufgeschlossen werden soll nicht die eigene Gefühlskiste, sondern die des anderen.

Sarah versucht, ihrem Freund die Wahrheit darüber zu entlocken, warum er sich hinter der Krankheit seiner Mutter versteckt. Sie kämpft mit aller Energie gegen ein Gespenst: Krankheit scheint die Schranke zu sein, die ihr den Weg zum Glück versperrt. Welche Rolle spielt sie überhaupt in seinem Leben? »Eines Tages«, erzählt Sarah, »sagte er ziemlich unvermittelt, ich sei wie seine Mutter. Er war ungemein stolz auf seine Mutter – und ich fand sie furchtbar. Sie war eine gefühllose, raffsüchtige, egoistische Frau. Sie hatte einige Liebhaber und nahm sich, was sie haben wollte. Ihr Mann war ein aufgeblasen-selbstmitleidiger Typ. Wenn es darauf ankam, Schwierigkeiten zu meistern, mußte sie ran. Mein Freund liebte sie für ihre skrupellose Stärke. Ich weiß nicht, ob und was es mit seiner Mutter zu tun hat, doch zwischen uns durfte es keine Nähe geben. Er erlebte mit mir Anfälle von Leidenschaft – dann verschwand er. Seine Frau war die Heilige und sollte es bleiben, ich die Hure. So kam es mir, grob gesagt, vor. Er unterstellte mir auch dauernd, daß ich ihn betrüge und behauptete, genau zu wissen, daß ich mit anderen Männern ins Bett gehe. Das tat besonders weh, weil es viel Kraft kostete, allein zu sein, niemanden zu haben, nur für die wenigen Stunden mit ihm zu leben.«

Michael meint, die Ehe wäre gutgegangen, wenn seine Frau sich nicht ständig hinter ihrer Migräne versteckt hätte. Er will mit Provokationen und Wut das Schloß zu ihrer Migräne sprengen. Er schreit sie an, stellt sie vor anderen bloß, fällt sogar über sie her und zwingt sie, mit ihm zu schlafen. Sie läßt es stumm über sich ergehen, was ihn noch wütender macht. Sie bleibt eisern bei ihrer Verweigerung. Michael haßt es, die Kontrolle über sich zu verlieren. Warum seine Frau ihn dermaßen in Rage bringt, warum er sich nicht früher von ihr getrennt hat, darf nicht angesprochen werden. Das tut doch nichts zur Sache, winkt Michael ab. Gerhard hat das Gefühl, »daß meine Frau mich über ihre Krankheiten zwingen will, keinen eigenen Schritt mehr zu machen. Das macht mich wahnsinnig. Ich brauche Raum für mich.«

Sarah, Michael, Gerhard – jeder Schuld-Partner stellt tausenderlei Vermutungen zum Verhalten des Tat-Kranken an, hütet jedoch wie den heiligen Gral, was sich hinter der eigenen Fassade verbirgt – ebenso tief ins Unbewußte verdrängte Nöte. Tat-Kranke und Schuld-Partner sind ein perfektes Team, sich unglücklich zu machen: Je mehr der eine Partner versucht, seine Angst zu minimieren, desto größer wird die Angst des anderen. Hat die Frau zum Beispiel Angst, verlassen zu werden und klammert sich an ihren Mann, weicht er, wenn er seine Mutter als vereinnahmend und erdrückend erlebt hat, aus Angst vor der Umklammerung zurück. Seine Distanz verstärkt ihre Angst, sie klammert noch mehr, er geht noch weiter auf Distanz. Michael bekämpft die Migräne seiner Frau, ihre sexuelle Unlust mit Drogen, Sex-Affären und Alkohol. Ihm sitzt die Aids-Angst im Nacken, und der Suff hat ihm eine Abmahnung eingebracht. Schuld ist seine Frau: »Anders kann man den Frust doch wirklich nicht aushalten.« Sich wechselseitig unglücklich zu machen, ist eine Leidensspirale, die für beide das kleinere Übel zu sein scheint. An die Ursachen, ans Verdrängte zu rühren, würde unerträgliche Angst auslösen. Beim Tat-Kranken wie beim Schuld-Partner.

Der gefährliche Nutzen der Verdrängung

Der Tat-Kranke hat den Schuld-Partner im Griff, weil er ihn manipulieren kann und weil er zuläßt, daß er manipuliert wird. Warum ist der Tat-Kranke ein so erfolgreicher Manipulator? Weil der Schuld-Partner bereit ist, sich manipulieren zu lassen. Will ich das überhaupt, will ich, was ich auf Geheiß des Kranken tun soll? Schuld-Partner stellen diese eine entscheidende Frage nicht. Ihr Handeln ist fremdbestimmt. Kommt ihnen mal ein »Will ich das?« in den Sinn, wird der Anflug von Selbstbewußtsein als »gemein« zensiert. Die Verdrängungen, die sich hinter der Zensur verbergen, liegen weit zurück: in der Kindheit. Das Über-Ich, die psychische Instanz, in der die elterliche Macht und die fremden Normen weiterleben, macht den Tat-Kranken willfährig. Der entscheidende Mechanismus ist das Über-Ich oder die Verdrängung. Verdrängung und Über-Ich gehören untrennbar zusammen.

Was tun mit Regungen, mit Trieben, die verboten sind und einen ständig in Konflikt mit der Gesellschaft bringen? Sie müssen abgewehrt – verdrängt – werden. Sie müssen raus aus dem bewußten Leben. Anna erinnert sich, daß die Mutter ständig kontrollierte, ob die Hände der Tochter abends im Bett immer schön auf der Bettdecke waren und nicht darunter. Unter dem Druck einer extrem sexualfeindlichen Moral ist weder Raum für den Trieb noch für alle damit verbundenen Vorstellungen. Ein verdrängter Impuls ist nicht mehr vorhanden. Frigidität und Impotenz sind die drastischsten Folgen einer die Sexualität abwertenden Erziehung. Viele Ehen scheitern an den sexuellen Problemen eines Partners.

Aber auch aggressive Impulse werden häufig verdrängt: Man läßt alles mit sich machen und alles über sich ergehen. Der Schuld-Partner, der alle Verantwortung auf sich nimmt, sieht nicht, welchen Anteil der Tat-Kranke am Geschehen hat. Er spricht ihn frei und bezichtigt sich. Sich allein. Die Realität wird verzerrt wahrgenommen. Karlheinz ist der Prototyp des »Ich, nur ich bin an allem schuld«. Schuld-Partner geraten aufgrund dieser gestörten Wahrnehmung der Realität nicht selten mit den realistischeren Wahrnehmungen anderer aneinander. Außenstehende, Nicht-Verstrickte, sehen die Beziehung klarer, normaler. Karlheinz' Freundin charakterisiert die Mutter spontan als »Ziege«. Der Sohn hat die Mutter über alle Maßen idealisiert und sie dadurch einer adäquaten Betrachtung entzogen. »Du sollst Vater und Mutter ehren, auf daß es dir wohl ergehe und du lange lebst auf Erden« oder »Wer die Hand gegen seine Eltern erhebt, dem wird sie aus dem Grabe wachsen« – christliche Drohungen, die dem Schuld-Partner nur ein Leben in der Hölle des Über-Ichs erlauben. Eine Einsicht wie die, daß zum Beispiel eine das Kind quälende, überbesorgte Mutter über diese Erziehung feindliche Gefühle dem Kind gegenüber abwehrt, darf nicht zugelassen werden.

Abwehr äußert sich auf vielerlei Weise. Horst-Eberhard Richter beschreibt eine Variante, die Projektion – auch, aber nicht nur – durch sexuelle Impulse auslöst: »Impulse, die im Innern nicht bewältigt werden, wenden sich von außen gegen das Ich. Je strenger das Ich bzw. das Über-Ich diese Impulse zensiert, um so eher werden sie als grausam und quälerisch entstellt.« Daß die eigenen Gefühle auf eine andere Person verlagert werden, ist grundsätzlich ein normaler, positiver Vorgang. Wenn ein Mensch weint, sagen wir, daß er traurig ist; wenn die Katze schreit, schließen wir daraus, daß sie Schmerzen hat. Das ist alltägliche Projektion. Sie ist ein wichtiger Teil des Miteinanders. Zum Problem wird sie bei Menschen, die zwanghaft projizieren. Das kann so weit gehen, daß jemand glaubt, sexuell verfolgt zu werden, weil er oder sie mit den eigenen sexuellen Wünschen nicht fertig wird – obwohl der Beschuldigte nichts tut, was diesen Vorwurf rechtfertigt. Die Weltliteratur bietet berühmte Figuren, die durch die

Angst des Kindes zu einer anonymen, bedrohlichen Richtergestalt verklärt sind. Kafkas *Prozeß* zeigt, wie groß seine Angst vor dem Vater ist. Er wird durch das ständige Wechselspiel von Verinnerlichung und Projektion zur Allgewalt erhöht.

Krankheit als Fluchtburg, um Verdrängtes im Zaum zu halten; Krankheit als Peitsche, sich mit masochistischem Beigeschmack in Schuld und Selbstbestrafung zu verstricken – das Netz, in dem sich Tat-Kranke und Schuld-Partner verfangen, ist vielmaschig-dicht. Der französische Schriftsteller Gustave Flaubert begreift sein »Nervenleiden«, das de facto eine schwere Epilepsie ist, als Zeichen von Schuld, als Folge seiner jugendlichen Gelüste und Erregungen. Im Alter von zweiundzwanzig Jahren beschließt er, sein »aktives leidenschaftliches Leben« aufzugeben, hängt krankheitsbedingt auch sein Jurastudium an der Sorbonne an den Nagel und kehrt ins Elternhaus zurück. Dort lebt er keusch und in Seelenfrieden mit sich selbst – bis die leidenschaftliche Louise Colet auftaucht.

Sie, die skandalumwitterte Figur aus den Pariser Salons, versetzt ihn in Aufruhr. Die sexuelle Gier und seine Abhängigkeit von Louise faszinieren Flaubert und widern ihn an. Seine Liebe kann er nur leben, indem er sich die Geliebte vom Leibe hält. Flaubert flüchtet sich in die Vorstellung und in Briefe. »Weil ich Dich liebe«, schreibt er Louise, »gebe ich mich meiner Liebe nicht hin. Das Glück ist eine Ungeheuerlichkeit! Gestraft sind, die es suchen.« Flaubert kämpft acht Jahre darum, der »Süße Deiner Haut, die mir den Leib entflammt«, zu entkommen.

Sarahs Freund, ebenfalls Künstler, schreckt die Leidenschaft nicht weniger. Er fürchtet, daß sie ihn um seine künstlerische Potenz, gar um sich selbst bringt. Seine Vorstellung von der idealen Liebe ist, sich fern zu bleiben. Sarah: »Er sagte mir einmal, daß er schuldig wird, wenn er sich mit mir einläßt. Ich dachte, er fühlt sich wegen seiner kranken Frau schuldig, aber das ging tiefer. Manchmal hatte ich das Gefühl, daß er Angst hat, mich zu lieben oder daß er gegen seine Lust kämpfte, als gelte es, einen Feind zu besiegen. Es kam einige Male vor, daß er abrupt aus dem Bett aufstand, wenn wir uns gerade hingelegt und in den Arm genommen hatten, ging und sich hundert Meter von meiner Wohnung entfernt ein Hotelzimmer nahm. Dann schickte er mir Faxe und beschwor mich, daß wir uns wiedersehen müssen, daß es ihn wahnsinnig macht, an mich zu denken. Ich haßte mich dafür, wie er mich behandelte. Es war demütigend.«

Wäre seine Frau gesund, hofft Sarah, wäre die Beziehung zu ihm anders, würde er sie besser behandeln, wäre man glücklich miteinander. Ein Trugschluß. Denn erst die Demütigungen durch ihren Freund erlauben Sarah, sexuelle Gefühle auszuleben. Ihr strenges Über-Ich erlaubt sexuelle Befriedigung nur in der Rolle des unterdrückten Opfers. Freud spricht von »moralischem Masochismus« und beschreibt, wie der Teufel mit Beelzebub ausgetrieben wird: Einem von ihm als neurotisch eingestuften Masochisten ging es besser, als, so Freud, »die Person, die in das Elend einer unglücklichen Ehe geraten ist, ihr Vermögen verloren oder eine bedrohliche Krankheit erworben hat. Eine Form des Leidens ist dann durch eine andere abgelöst worden, und wir sehen, es kam nur darauf an, ein gewisses Maß an Leiden festzuhalten.« Karlheinz läßt sich alles nehmen, nur nicht das Leiden an seiner Mutter. Er hat sich zu Lebzeiten nicht mit ihr auseinandergesetzt, nach ihrem Tod fühlt er sich mehr denn je an sie gebunden. Anna, Elke und auch Sarah dagegen haben ein Ende des Fadens gefunden, der sie aus der Schuld-Partnerschaft heraus- und zu sich selber führt. Sie grenzen sich vom Tat-Kranken ab und beschäftigen sich intensiv mit sich selbst.

»Das Nachdenken«, erzählt Sarah, »begann während der unglücklichen Beziehung zu dem verheirateten Mann, doch bis ich den Mut hatte, mich genau anzuschauen, darüber vergingen Jahre. Mein Freund erinnerte mich immer öfter an meine Mutter. Wie sie es stets getan hatte, impfte auch er mir dauernd ein, daß ich einen miesen egoistischen Charakter habe, daß ich ihn fertigmache, daß ich nicht einmal Rücksicht auf einen schwer krebskranken Menschen nehme. Ich hatte, wie meiner Mutter gegenüber, das Gefühl, unablässig Buße tun zu müssen wegen einer Art angeborener Schlechtigkeit.«

Lange Zeit sind die Vorwürfe der Mutter, daß Sarah es unmoralisch-wild mit Männern treibt, ähnlich wie bei Anna und Elke, Unterstellungen. Irgendwann hat Sarah natürlich Beziehungen zu Männern. Zu einer ganzen Reihe von Männern. Diese Beziehungen und Affären scheinen eine Bestätigung der Vorwürfe der Mutter zu sein.

»Ich bin schlecht, mache andere krank und bringe ihnen nur Unglück – das saß tief in mir drin. So tief, daß ich den Heiratsantrag eines richtig netten, liebenswerten Mannes ablehnte. Ich heiratete kurz darauf einen Mann, der mich in zwei Jahren um fast sechzigtausend Mark brachte und mich ständig betrog. Ich ließ mich von ihm scheiden. Dann lernte ich den verheirateten Freund kennen. Als ich nach der Trennung von ihm eines Tages den Mann, dessen Antrag ich abgelehnt hatte, wiedertraf und er mich fragte, warum ich ihn nicht geheiratet habe, kam plötzlich die Angst in mir hoch. Mich packte ein Weinkrampf, als ich ihm sagte: ›Du hattest eine bessere Frau verdient.‹ Es war furchtbar, ich konnte überhaupt nicht mehr aufhören zu weinen.

Wir verließen das Restaurant, er brachte mich nach Hause und hörte zu. Stundenlang. Ich erzählte ihm zum erstenmal ausführlich von meiner Mutter, von meiner Angst, andere nur unglücklich zu machen, die mir in dem Moment bewußt wurde, als ich ihm sagte, er hätte eine Bessere verdient. Von einem guten Mann, hatte ich mir wohl innerlich geschworen, sollte ich lieber die Finger lassen. War das der Grund, warum ich mit meinem derzeitigen Freund, der auch ein ›guter‹ ist, Schwierigkeiten habe? Warum kann ich kaum Lust mit ihm empfinden? Mein Ex-Freund sprach aus, was ich nicht zu denken gewagt hatte: daß meine Mutter ein Problem hat. Daß sie vielleicht mal was mit Männern hatte und ihre Bigotterie an mir austobte. Daß sie auf mich projizierte, was sie getan hatte oder gern getan hätte. Einige Tage nach diesem Gespräch konnte ich meiner Mutter sagen: ›Ich lebe mein Leben, wie ich es für richtig halte, und du wirst dich aus meinem Leben heraushalten. Ein für allemal.‹ Seitdem geht es mir schon besser. Egal, was andere von mir denken oder halten, ich bin der Maßstab meiner Dinge. Wie ich finde, was ich tue, das ist die Frage. Es steht meiner Mutter frei, anderer Meinung zu sein. Das ist ihre Sache.«

Sexuelle Konflikte sind häufig der Grund dafür, andere zum Sündenbock zu stempeln. Es kann aber jede andere Eigenschaft, für die sich jemand haßt, auf andere projiziert werden. Je autoritärer die Erziehung des Tat-Kranken, je stärker die dem Kind aufgezwungene Triebunterdrückung, desto massiver wird projiziert – um die Wünsche und Gelüste abzuwehren, für die man sich selber haßt. Horst-Eberhard Richter berichtet aus seiner Praxis von »einem höheren Kriminalbeamten, der seine als Kind erlittenen massenhaften Bestrafungen so weit verinnerlicht hatte, daß er seine überstrengen Eltern idealisierte, dafür aber um sich herum nur potentielle oder manifeste Verbrecher erblickte, auf deren Entlarvung er zur eigenen Entlastung erpicht war. Frühere Heimlichkeiten mit Geld und eine fortbestehende Naschsucht wiesen auf Impulse hin, gegen die er außerhalb wie gegen eine mörderische Seuche ankämpfte.«

Auch Tim hat bei seinem Vater keine Chance: Es finden sich ausreichend Vorfälle, die den kriminell-verantwortungslosen Charakter des Sohnes bestätigen. Wehrt Tim sich gegen Eingriffe in sein Leben, listet der Vater seine »Vergehen« auf. Hat er den Sohn nicht mit einer Bierfahne am Steuer seines Wagens erwischt? Muß er nicht kontrollierend eingreifen, damit Tim nicht zum Mörder am Lenkrad wird! Hat der Sohn nicht bei einem Haftpflichtschaden falsche Angaben bei der Versicherung gemacht? Hätte der Vater nicht durch den ihm gut bekannten Versicherungsvertreter davon erfahren, der Sohn wäre zum Betrüger geworden. Daß der Vater falsch informiert ist – er läßt es nicht gelten. Die väterliche Kontrolle muß sein, damit der Sohn nicht auf Abwege gerät. Basta. Tim verliert immer mehr das Gefühl dafür, was stimmt und was nicht stimmt, was an seinem Verhalten richtig oder falsch, was eine angemessene oder unangemessene Reaktion des Vaters ist.

Schuld-Partner identifizieren sich mit der Projektion. Sie wissen nicht, aus welchem Grund und zu welchem Zweck sich der Tat-Kranke ihrer bemächtigt. Der Tat-Kranke wiederum braucht diesen unbewußten Abwehrmechanismus, um sich seelisch im Gleichgewicht zu halten. Sein Ich muß unvollständig verdrängte Empfindungen, Wünsche, Vorstellungen nach außen, auf einen anderen projizieren, um der ei-

genen Angst Herr zu werden. Die Angst wird abgewehrt, indem man den anderen bekämpft. »Negative
Identität« nennt die Psychoanalyse den Vorgang,
Aspekte, die man an sich selbst ablehnt und nicht
wahrhaben will, von sich abzuspalten. Als »Schatten« bezeichnet C. G. Jung die Seiten, zum Beispiel
eigene Verfehlungen, die bei der Projektion übertra-
gen werden.

Welcher Schatten wird dem Schuld-Partner zuge-
schoben? Nicht wenige Mütter lasten ihre eigenen
verdrängten Sexualwünsche der Tochter an. Elke
wächst mit der ständig wiederholten Warnung auf,
sie solle aufpassen, daß sie nicht »abrutscht«. Einmal
schreit die Mutter sie sogar an: »Du Hure.« Auch
Vorhaltungen wie »Bleib in dieser schrecklichen
Welt bloß anständig und werde kein Verbrecher«,
verschaffen einem Vater, der damit operiert, Entlastung von Selbstbestrafung. Bei nächsten Familienangehörigen ist dieser Kampf gegen die auf den anderen projizierten abgelehnten Seiten zugleich eine
unbewußte Verführung und Ersatzbefriedigung:
Scheitert das Kind tatsächlich, wie zeit seines Lebens
beschworen, und wird zum Verbrecher, hat man es
dahin gebracht, wohin man es – bewußt sicher nicht,
unbewußt aber doch – haben wollte.

Quälgeist Minderwertigkeitsgefühle

Hat ein Kind seine verschiedenen Erziehungsstufen
unter günstigen Bedingungen durchlaufen, konnte es
seine Entwicklungsmöglichkeiten nach und nach erweitern. »Bei der Entwicklung dieser Möglichkeiten«, so C. P. Kuiper, »wird ihm durch ein gesundes
Ich-Ideal der Weg gewiesen, durch ein Ich-Ideal, das
erfüllbare Forderungen stellt und das nicht zu sehr

gehemmt ist durch Gebote und Verbote eines übermäßig strengen Über-Ichs im engeren Sinn. Seine Bindung an die Mutter bereitet eine gesunde Haltung gegenüber dem anderen Geschlecht vor, es hat gelernt zu kämpfen, und es hat sich mit seinem Vater identifiziert.« Schuld-Partner sind ein »Produkt« ungünstiger Entwicklungsmöglichkeiten. Sie scheuen aus vielfältigen Gründen den Blick in den Spiegel. Einer der Gründe: ihre negative Identität. Gegenpol dieser negativen Identität, der positive Aspekt des Selbst, ist das Ich-Ideal – die Summe der in der Kindheit verinnerlichten Erwartungen. Ein Ideal kann Ansporn sein, das Beste in sich zu mobilisieren und aus sich rauszuholen. Ist das Ideal jedoch unerreichbar, kann es nicht mehr mit der eigenen Wirklichkeit in Einklang gebracht werden. Das Scheitern ist vorprogrammiert.

Ebenso wie das Über-Ich als Ausdruck der Gebote, Verbote und verdrängten Triebe die innere Balance des Menschen ins Wanken bringt und ihn zum idealen Kandidaten für eine Schuld-Partnerschaft macht, geht auch ein übersteigertes Ich-Ideal an die seelische Substanz. Leben wir nicht in Übereinstimmung mit unserem Ich-Ideal, fühlen wir uns nicht glücklich, nicht befriedigt, nicht gesund. Das strenge Über-Ich verurteilt, das überhöhte Ich-Ideal führt zu Minderwertigkeitsgefühlen. Der Wiener Psychoanalytiker Alfred Adler führt es vor allem auf zwei Erziehungsmuster zurück: auf Verwöhnung, die das Kind daran hindert zu lernen, mit Schwierigkeiten fertig zu werden, und auf Überforderung, die es dem Kind unmöglich macht, Erfolgserlebnisse zu haben. Michael hat beruflich stets mit höchstem Einsatz gepokert. Seine Arroganz und sein Größenwahn haben ihm viele Schwierigkeiten mit den Kollegen eingebracht. Beliebt ist er nicht. Er hat einiges erreicht,

aber der Sprung nach ganz oben ist ihm nicht ge-
glückt. Es treibt ihn um. Ruhe ist ihm ein Greuel, er
ist ständig unterwegs und mit irgend etwas beschäftigt. Hätte er sich nicht, wie er sagt, seiner anspruchs-
vollen Frau wegen abgestrampelt, er hätte andere
Gründe gesucht, sich Tag und Nacht in die Arbeit zu
stürzen. Michael glaubt alles zu können, besser zu
sein als jeder, der karrieremäßig an ihm vorbeizog –
und muß ohnmächtig zusehen, wie die anderen eine
Karrierestufe nach der anderen nehmen, während
sich seine Ambitionen in Luft auflösen. Es scheint
ihm eine Lust zu sein, jede Chance zu nutzen, nach
unten zu treten und zu schikanieren. Angeblich, um
den Ehrgeiz der Malträtierten anzustacheln.

Sein Schwiegervater, der von seiner Frau heißge-
liebte Vater, ist ihm ein besonderer Dorn im Auge.
Der Mann hat es geschafft! Ihn will er übertreffen. Er
wird ihn übertreffen, hat er seiner Frau großspurig
versprochen. Man muß die Trauben hoch hängen,
um viel zu erreichen, ist Michaels Lebensphiloso-
phie. Seine hingen stets zu hoch. Beruflich, nicht im
Bett. Da hat er sich auf Spitzenleistungen (inzwischen drei- bis viermal die Nacht) gesteigert. Er
prahlt: »Nur vor einer einzigen Frau mußte ich kapitulieren, die war eine absolute Nymphomanin.«

Michael will nicht wissen, was seine Frau be-
drückt, weil er Schlimmes befürchtet: daß er ein Versager ist und seine Frau ihn für einen Versager hält.
Was immer er ihr vorwirft, ihre Verschwendungs-
sucht, ihre Oberflächlichkeit, daß sie sich ihm im
Bett verweigert – er gibt ihr eigentlich recht. Er wäre
gern Krösus, wäre gern der tolle Hecht, der ihr alles
bietet. Die »Wehleidigkeit« seiner Frau ist ein Appell
an Michaels tief verwurzelte Angst, ein Nichts zu
sein. Er haßt sich für sein Versagen. Die Trennung
wirft ihn auf sich selber zurück. »Wie oft habe ich

schon Menschen angepfiffen: ›Stellt euch nicht so an‹, wenn sie sich nicht trauten«, sagt er am Ende des zweiten Gesprächs, »aber jetzt, mit über fünfzig, habe ich Angst. Ich weiß nicht mehr, wie es weitergehen soll.«

An der Persönlichkeit entscheidet sich die Frage, ob die Fesseln der Schuld-Partnerschaft gelöst werden können. Wer bin ich? Wie verhalte ich mich, was macht mich, mein Wesen und meinen Charakter aus? Wir lernen viel, wir wissen viel, aber herzlich wenig über uns selbst, über unsere Prägungen, Verletzungen, Kränkungen. Der Rückbezug auf die Kindheit sollte jedoch nicht als Generalabsolution (Ich kann eben nicht anders) instrumentalisiert werden. Es geht um Luthers »Hier stehe ich und kann nichts anders«: um den Weg zu selbstbestimmtem, nur dem eigenen gesunden Gewissen verpflichteten Handeln. Dazu bedarf es auch nicht der Psychoanalyse als Behandlungsmethode. Hilfreich ist jedoch die Freudsche Erkenntnis, daß nichts zufällig und ohne Grund geschieht.

Schuld-Partner sind nicht zufällig Schuld-Partner. Sie sind eine Schuld-Partner-Persönlichkeit. Ein autonomer, »produktiver Charakter« (Erich Fromm) kann andere akzeptieren, wie sie sind; er ist offen für Neues; er kann lieben, weil er sich selbst akzeptiert; er sucht nicht Verschmelzung, sondern bewahrt seine Selbständigkeit und Individualität. Schuld-Partner sind ihrer selbst weitgehend entfremdet. Sie urteilen nicht selbst über Gut und Böse, sie bleiben unter dem Einfluß der Ge- und Verbote aus der Kindheit, der Abwehrmechanismen gegenüber den Triebimpulsen und dem Über-Ich. Abwehr ist Angst: vor dem eigenen strengen Gewissen, dem krampfhaft überhöhten Ich-Ideal, vor den Trieben und den damit verbundenen Gefühlen. Des Schuld-Partners ständige Begleiter durchs Leben sind ein schlechtes Gewissen und Schuldgefühle. Was sie tatsächlich quält, ist Angst. Ängste gehören zu unserem Leben. Sie sind nicht aus der Welt zu schaffen. Sie haben auch nichts Bedrohliches – wenn wir uns mit ihnen auseinandersetzen.

TEIL II: DIE ÄNGSTE DES SCHULD-
PARTNERS

Schuld Partner unterwerfen sich, trotzen der Erpressung durch den Tat-Kranken, ziehen sich abrupt aus
der unseligen Verstrickung zurück, rebellieren gegen
die Schuldzuweisungen oder verbeißen sich aggressiv
in Auseinandersetzungen. Doch was immer sie versuchen, sie dringen selten zum Kern ihrer Abhängigkeit vor – zu den eigenen Ängsten. Angst lähmt. Sie
abzuwehren, kostet viel Energie. Aus Angst ziehen
wir unbewußt alle Register, um vor den Richterau-
gen der anderen bestehen zu können. Auch um den
Preis der extremen Einschränkung des eigenen Le-
bensspielraums.

Die Angst erkennen

Schuld-Partner sind gefangen in der Schuldgefühl-
Spirale, die sich ihnen enger und enger um die Seele
legt. Keiner der Interviewten, sofern sie überhaupt
Angst bei sich ausmachen konnten, sieht einen Zu-
sammenhang zwischen ihr und dem schlechten Gewissen. Die Angst, so die Selbstwahrnehmung, hat
nichts mit dem Verhältnis zum Tat-Kranken und mit
den Schuldgefühlen ihm gegenüber, sondern ausschließlich mit den eigenen Problemen zu tun – bei
Michael mit der scheidungsbedingten Existenzkrise,
bei Sarah mit der Einsamkeit, in die sie durch ihr Dasein als heimliche Geliebte geraten ist. Angst? In einigen Gesprächen folgt dem ersten eindeutigen »be-

stimmt nicht« Stille und schließlich ein erstauntes
»es stimmt, irgendwie habe ich Angst. Aber wovor,
das weiß ich beim besten Willen nicht.«

Was wäre wenn . . .? Wenn der Schuld-Partner
aussprächte, was er denkt? Schuld-Partner schlucken.
Bei jeder Begegnung mit dem Tat-Kranken und bei
jedem Gedanken an ihn. Sie schlucken und verbergen einen Ballast an Gefühlen, die, wenn sie aufkei-
men, sofort der Selbstzensur zum Opfer fallen. Was
verbietet sich der Schuld-Partner zu denken und zu
fühlen? Warum verbietet er es sich und mit welchen
Konsequenzen? Elke sagt an dieser Stelle im Inter-
view: »Entschuldigen Sie, ich schweife ab, aber mir
fällt gerade etwas anderes ein. Beruflich war ich immer in Übereinstimmung mit mir. Ich wußte, daß ich
gut war und hatte auch keine Probleme damit zu akzeptieren, daß ich manches nicht packte. Im Gegenteil. Ich fand es spannend, Neuland zu betreten und
herauszufinden, ob ich das Feld bestellen konnte
oder nicht. Manchmal gelang es, manchmal mußte
ich passen. Ich mußte einsehen, daß es andere gab,
die auf diesem Terrain besser waren als ich. Das zu
akzeptieren, war nicht schwer, denn oft ergänzten
sich die Talente im Team: Was ich konnte, konnten
die anderen nicht, was die gut packten, das konnte
ich nicht so gut.

Als Frau hielt ich mich allerdings immer für einen
Flop. Jetzt fällt mir wieder ein, daß meine Mutter oft
sagte: ›Wer wird dich schon wollen? Deine Schwe-
stern sind hübsch, na ja, du bist intelligent, damit
kommst du wohl auch alleine durchs Leben.‹ Mich
würde keiner wollen, das schien sicher zu sein. Nun
spüre ich zum erstenmal die Angst, die ich wohl mein
Leben lang hatte: Daß ein Mann, wenn ich länger als
ein oder zwei Tage mit ihm zusammen bin, mich
sieht wie meine Mutter mich sieht oder ständig

Höchstleistungen von mir erwartet wie mein Vater. Der war besonders erpicht auf Leistung. Wenn ich mal eine nicht so gute Schulnote hatte, war ich nicht mehr seine Tochter, er wandte sich enttäuscht von mir ab. Wenn ich gut war, gab er mit stolzgeschwellter Brust mit mir an. Ich erinnere mich, daß ich mir eine Zeitlang von ganzem Herzen gewünscht habe, er möge einmal sagen: ›Egal was ist, egal, ob du erfolgreich oder nicht erfolgreich bist, ich liebe dich.‹ In seinen Augen war aber wenigstens die Leistung etwas wert. Mein Vater hat mich stark ermutigt, auf eigenen Beinen zu stehen und Ehrgeiz zu entwickeln. In den Augen meiner Mutter war ein kluger Kopf für eine Frau eher hinderlich.

Liebhaben, war meine Angst, kann mich ohnehin kein Mann. Auf Sex flogen die Männer seltsamerweise bei mir. Ich war die ideale Geliebte: Ich stand auf eigenen Füßen, man mußte sich nicht um mich kümmern, und daß mich jemand wirklich lieben konnte und mit mir leben wollte, hielt ich für unmöglich. Ich war nicht liebenswert. Eine Zeitlang war ich überzeugt, daß ich auch gar nichts anderes sein will als eine Geliebte, weil ich die Männer von ihren besten, den charmantesten, großzügigsten, verwöhnendsten Seiten erlebte. Doch was immer ich mir ein- oder schönredete – unterschwellig hatte ich das Gefühl, ständig für irgend etwas, von dem ich nicht wußte, was es war, Buße tun zu müssen. Wofür nur? Ich habe dieses Gefühl heute noch und weiß nicht warum. Meiner Mutter bin ich dauernd ausgewichen, weil sie mir am meisten angst machte. Sie führte mich durch ihre ewigen Vorwürfe, sie, die arme kranke Frau, schäbig und herzlos zu behandeln, stets aufs neue als schlecht und unzulänglich vor. Es gab eine Zeit, da wünschte ich mir, meine Mutter würde sterben während ich auf einer Dienstreise bin. Ich müßte nicht zu ihrer Beerdigung, sie wäre einfach weg, wenn ich wiederkäme.« Elkes »Abschweifen« trifft den Kern – ihre Angst.

Auch Tim ist froh darüber, daß er sich dem Einfluß seiner Eltern so weit entzogen hat, daß er nicht mehr täglich die bittere Psychopille aus den Substanzen »Du-bist-schuld« und »Wir-meinen-es-ja-nur-gut« schlucken muß. Wohl ist ihm dennoch nicht in seiner Haut. Angst? Auch Tim bestreitet es vehement. Zwar ist er auf Distanz gegangen, überläßt dem Vater aber weiterhin die Kontrolle über seine Post, die Versicherungen, über einen großen Teil seines Lebens. Der Sohn könnte einen Nachsendeantrag stellen, die Post an die Adresse seiner Freundin umleiten lassen und dadurch dem Zwang, regelmäßig zu Hause auftauchen zu müssen, weil ja ein wichtiger Brief dabei sein könnte, entkommen. Er tut es nicht. Tim könnte sich selbst um seine Versicherungen kümmern, damit der Vater nicht länger mit Vorwürfen eingreift, wenn der Sohn dieses und jenes nicht geregelt oder einen Schaden verursacht hat. Tim rührt an nichts, »um den Vater zu schonen«. Es würde den Herzkranken zu sehr aufregen. Doch das ist, schwant Tim, allenfalls die halbe Wahrheit.

Tim hat Angst. Mehr vor sich selbst als vor seinem Vater. Hat er nicht die Scheune angezündet? Hatte er nicht eine Phase, in der er in wenigen Monaten ein kleines Vermögen in Spielhallen »verdaddelte«? Wäre er nicht vollends auf die schiefe Bahn geraten, wenn der Vater nicht darauf gekommen wäre, weil er von der Bank Auskünfte erhielt? War Tim nicht eines Tages dermaßen deprimiert, daß er alles liegen- und stehenließ, sich aufs Fahrrad setzte und davonfuhr, weil er nicht mehr leben wollte? Tim hat Angst, aus eigener Kraft nicht leben zu können. So belastend der familiäre Druck ist, für den Sohn sind die elterlichen Kontrollmaßnahmen Korsettstangen, die es ihm ermöglichen, halbwegs sicher auf eigenen Beinen zu stehen. »Was wir auch immer tun«, schreibt Horst-Eberhard Richter in seinem Buch *Umgang mit der Angst*, »hängt mit Angst zusammen, mit Ausleben, bewußtem Vermeiden, unbewußtem Verdrängen, mit Projektion, Überkompensation oder verarbeitender Überwindung von Angst. Um unser Verhalten im Alltag, in der Familie, in Gruppen genauer zu verstehen, müssen wir überall mit unserer Angst rechnen, mit unserer Angst vor Isolation, vor Versagen, vor Verletzung, vor Strafe, vor unserem Gewissen und vor dem Tod. Je hartnäckiger Angst geleugnet wird, um so eher bahnt sie sich mit Hilfe undurchschaubarer Mechanismen schädliche Wege.«

Ängste unter der Tarnkappe

Auch wenn wir meinen, anderen offen gegenüberzutreten, wir tun es nicht. Jeder zeigt nur mehr oder weniger viel von sich selbst. Wir zeigen, was der andere sehen soll, gelegentlich auch, unbeabsichtigt, was wir eigentlich lieber verbergen möchten. Was und wieviel wir von uns preisgeben, orientiert sich an der Vorstellung, die wir uns von uns selber machen. Entspricht diese Vorstellung unserem Selbst oder liegen Welten zwischen Wunschbild und dem, was mein Wesen ausmacht? Was werden die Nachbarn denken? Wie steht man vor dem Lehrer da, vor dem Chef, vor den Kollegen? Kaum jemand wächst ohne den massiven Druck auf, große Teile von sich selbst vor anderen verbergen zu müssen, um vor den anderen bestehen zu können. Diese soziale Angst, die Angst vor dem Richterauge des anderen, ist allgegenwärtig. Die Angst wirkt lähmend. Wir können davon ausgehen, daß jeder Mensch einen großen Teil seiner Energie und einen erheblichen Teil seiner Bemühungen im Umgang mit anderen darauf verwendet, diese Angst zu vermeiden und loszuwerden. Diese Anstrengung stellt einen wesentlichen Streßfaktor dar. Nicht die Arbeit macht uns fertig, sondern die dauernde Anstrengung, die Angst zu verdrängen. »Take it easy«, »Be cool« ist das Credo der modernen Gesellschaft. »Light« ihr Leitmotiv. Zum Light-Leben paßt keine Angst. Man hat sie nicht und hat sie nicht zu haben. Noch nie waren Strategien der Angstvermeidung so überlebensnotwendig wie heute, will man auf der Fit-frisch-fröhlich-Welle mitschwimmen. Alles ist machbar, Zweifel und Sorgen ruinieren das Winner-Image; Looser haben im unerbittlichen Optimismus-Zeitalter keine Existenzberechtigung. Angst ist tabu. Die Kaste der Winner bürdet ihre Schattenseiten gar in einem kollektiven Akt der Angstabwehr den Loosern auf: Gesellschaft und Welt sind zweigeteilt – den strahlenden Siegern stehen die Verlierer gegenüber. Nur bei ihnen ist Angst, Zweifel, Bedrücktheit, Tod. Woher kommen die Ängste und wie gelingt es, sie durch Abwehr zu »bewältigen«? Aller Angstanfang ist die Realangst des Kindes, seine Angst vor der elterlichen Strafe. Auch die Angst des Zweijährigen vor Liebesentzug ist noch eine ganz reale Angst. Im Prozeß der Erziehung reglementieren und verbieten Eltern die Befriedigung vieler kindlicher Bedürfnisse. Um der Angst vor der Strafe zu entkommen, verdrängt das Kind schließlich die unter Strafe gestellten Bedürfnisse. Es verschafft sich ein an den Geboten und Verboten der Eltern geschärftes gutes Gewissen, doch das Verdrängte ist weiterhin vorhanden – als innerer Quell der Angst (siehe Teil I, Der Weg in die Schuld-Partnerschaft). Denn im Gewissen, im Über-Ich, lebt die elterliche

Strafmacht weiter, als mehr oder weniger sprudelnder Quell von Schuldgefühlen, der von jedem angezapft werden kann: Waren ursprünglich allein die Eltern die strafende Richterinstanz, kann später jeder an die Stelle treten und die durch die Gewissensbildung bewältigt geglaubte Angst auslösen.

Das bringt das Kind und den späteren Erwachsenen in einen verborgenen, dauernden Konflikt mit seiner Umwelt. Versuchten wir eine Auflistung all der Wünsche und Bedürfnisse, die uns nicht gestattet sind – es würde uns nicht mehr wundern, daß wir angstvoll darauf bedacht sind, nur wenige Facetten unseres Wesens preiszugeben. Elke faßt ihre Schuld-Partner-Not in den Sätzen zusammen: »Alles, was mir Spaß machte, was mir wichtig war, wie ich fühlte und dachte, war falsch und machte meine Mutter krank. Ich wollte die Schuldgefühle, die ich ihr gegenüber hatte, nie wieder erleben. Vielleicht habe ich mich auch deswegen eingemauert. Ich versuchte herauszufinden, was mich gut, was mich unangreifbar macht. Der beste Weg, mich zu schützen, war, niemandem einen Blick hinter die Fassade zu gestatten. Um dieses Ziel zu erreichen, mußte ich mir ein tadelloses Image aufbauen. Meine Leistungen stimmten. Ich achtete auf ein makelloses Aussehen. Manchmal bin ich samstags nicht einkaufen gegangen, weil ich vor lauter Erschöpfung nicht die Kraft hatte, meine Haare zu waschen und mich zu schminken. Ich habe lieber die letzten Reste trockenen Brotes gegessen, als in nicht perfektem Aufzug auf die Straße zu gehen. Es hätte mich ja jemand sehen können.

Ich bin auch allen Situationen und Menschen, die ich nicht genau einschätzen konnte, aus dem Wege gegangen. Ich hatte den Ruf weg, distanziert, ausgesprochen diszipliniert und tüchtig zu sein. Dafür liebte man mich zwar nicht, aber beruflich war das von Vorteil. Ich hatte Erfolg. Die Kehrseite ist, daß ich mich seit einigen Jahren fühle, als wäre ich vom Leben durch eine Glaswand abgeschottet. Ich kann das Leben jenseits der Wand sehen, aber nicht spüren. Ich schaue auf mein eigenes Leben wie auf das eines Fremden. Ich war viel in der Welt unterwegs, habe viel gesehen und erlebt. Doch wenn ich davon erzähle, kommt es mir vor, als erzählte ich einen Film, den ich im Kino gesehen habe. Es hat nichts mit mir zu tun. Als hätte ich mein Leben lang einen Regenmantel angehabt, an dem alles abgeperlt ist.«

Menschen unterscheiden sich weniger dadurch, welche Ängste sie haben, sondern mehr durch ihre unterschiedlichen Strategien, die Angst abzuwehren. Die Ursachen von Angst exakt zu benennen, ist fast unmöglich. Manifester sind die Folgen der Angst – die Angstbewältigung. Viele Techniken der Angstbewältigung werden durchaus als Qualitäten bewertet: beispielsweise Rücksichtnahme gegenüber dem Tat-Kranken, aber auch Tugenden wie Bescheidenheit oder Ehrlichkeit. Wer sich aus Angst sexuell beschränkt, kein »ausschweifendes« Leben führt, steht gut da, denn er kann für sich das Banner eines moralisch einwandfreien Lebenswandels hissen. Wer aus Angst vor Menschen und Gefühlen die Rolle des »einsamen Cowboys« wählt, erntet dadurch die Bewunderung seiner Mitmenschen für den legendenumwobenen tapferen Ritt durchs Leben.

So unterschiedlich die Techniken der Angstbewältigung zu sein scheinen, grundsätzlich sind sie auf zwei Nenner zu bringen: Es geht darum, Unzulänglichkeiten zu verbergen und darum, die eigenen Vorzüge zu unterstreichen. Welche menschlichen Eigenschaften als Stärken oder als Schwächen eingesetzt werden, variiert von Individuum zu Individuum. Läßt man sich mal unter Freunden auf das Spiel ein, die starken und schwachen Seiten des Gegenübers zu benennen, kommt oft Erstaunliches ans Licht. Was der eine als seine größten Stärken empfindet und zu schätzen weiß, hält der andere für dessen größte Schwächen.

Vermeintliche Schwächen, Minderwertigkeiten zu verbergen, ist der Weg ins Schweigen und in die Passivität. Wer nichts sagt, kann nichts Falsches sagen. Wer nichts tut, macht keine Fehler. Dieser Rückzug ins eigene Schneckenhaus gelingt nur um den Preis der Verdrängung von Gefühlen und Bedürfnissen. »Er sagt nichts, er tut nichts, man kommt nicht an ihn ran«, klagen viele Partnerinnen über Männer, die den Mantel des Schweigens und der gezielten Passivität über die Angst vor ihren Unzulänglichkeiten legen. Es kostet viel Energie, die gebotene Verdrängungsarbeit zu leisten. Doch wohin mit den verdrängten Gefühlen und Bedürfnissen? Sie werden auf den Mitmenschen projiziert. Also beginnt der große Moralist seinen Kreuzzug gegen die Sexlüsternheit der anderen: Nicht er hat sexuelle Gelüste – die anderen haben sie. Der passive Mensch entrüstet sich über die Aggressivität und die Ellenbogen-Brutalität der anderen: Nicht er hat den Wunsch sich zu wehren – die anderen sind die Angreifer.

Kehrseite dieser Verschleierung der eigenen Unzulänglichkeiten ist die Demonstration von Stärke. Der in Wien geborene Arzt Alfred Adler, der einige Jahre in einer Studiengruppe mit Sigmund Freud arbeitete, bis es zum Bruch zwischen den beiden kam, sieht im Minderwertigkeitsgefühl ein zentrales Problem des Menschen. »Über den Ursprung des Geltungsstrebens sind wir durchaus nicht im unklaren. Die Dürftigkeit und Hilflosigkeit des Kindes führt regelmäßig zu einem Minderwertigkeitsgefühl, das nach Erlösung drängt. Das Kind findet in seinen ersten Jahren die Schablone für seine Stellungnahme zum Leben, entsprechend seiner Situation, der Umgebung, seinem Lebensmut und seiner Findigkeit. Im Trotz oder im Gehorsam, immer strebt es nach der Höhe.« Adler stellt fest, daß alle Nervösen entmutigte Ehrgeizige sind und daß neunzig Prozent der Menschen mehr oder weniger entmutigt sind. Entmutigt, weil das unreife Kind bei seinem ehrgeizigen Streben in der Einschätzung der Lage wie der Wahl des Ziels irrt. Und weil sich zwangsläufig im Laufe des Lebens Rückschläge, Konflikte, Niederlagen einstellen, mit denen der nach Macht und Überlegenheit Strebende nicht fertig wird. Eine der Hauptursachen dafür ist eine von der Mutter betriebene »Verzärtelung« des Kindes, die es ihm unmöglich macht, mit den Lebensanforderungen fertig zu werden.

Es ist gar nicht so einfach, dem Imponiergehabe eines Menschen auf die Schliche zu kommen. Es zeigt sich oft eher beiläufig. Da läßt man nebenbei einfließen, daß es interessant war zu hören, was jüngst der Vorstandsvorsitzende XY in einem privaten Gespräch kundtat, oder es wird beiläufig erwähnt, scheinbar ohne Absicht, daß man seinem Gegenüber nur zustimmen kann, es sei wirklich schwer, ein geeignetes Haus zu finden, man habe dieselben Erfahrungen in Nairobi gemacht. Die Botschaft »Seht her, wie bedeutend und weltläufig ich bin«, wird dennoch – beabsichtigt – gehört. Es macht sich auch gut, denn es gibt einem reichlich Gelegenheit, sich selbst darzustellen, das Gespräch auf ein Gebiet zu bringen, von dem man sehr viel, der andere aber nur wenig versteht. Oder locker aus dem Leben zu berichten. Gertis Freundin spickt jedes Gespräch mit Anekdoten aus Begegnungen mit Prominenten. Natürlich prahlt sie nicht damit, sie will damit nur sagen, wie bescheiden die wirklichen, echten Prominenten sind.

Angst frißt Seelen auf. Sie bringt einen auch um die Fähigkeit zu lieben. Wird der andere, wie von Elke beschrieben, als Bedrohung gesehen, als ein Mensch, vor dem man sein liebensunwertes Wesen verbergen muß, ist für Liebe kein Raum. Ebensowenig (siehe Versagensangst), wenn der Liebespartner Konkurrent ist. Dem anderen mit einer Charaktermaske gegenüberzutreten, bedeutet, ständig danach zu streben, ein bestimmtes Bild von sich aufrechtzuerhalten, sich anzupassen, Konflikte zu vermeiden oder im Konfliktfall zu Kreuze zu kriechen, um die Situation zu entschärfen. Je größer die Verstellung, desto größer die Angst, durchschaut zu werden. Desto größer auch die Unmöglichkeit, sich zu verstehen. Wie kann ich hoffen, daß mich jemand wirklich kennenlernt, eine Grundvoraussetzung für Verständnis, wenn ich mich völlig anders gebe, als ich bin?

Der angstgequälte Schuld-Partner steckt in einem Teufelskreis. Er arbeitet hart an den Maskeraden und bringt sich gerade dadurch um den Gewinn, den er sich von den Anstrengungen verspricht – die Liebe. Scheitert er mit einer Maske, wird das Repertoire um eine andere erweitert. Ein Weg, der die Angst vergrößert und immer weiter von der Liebe wegführt. Die Angst abzubauen und den Teufelskreis zu durchbrechen, gelingt allein um den Preis des »Risikos«, dem anderen entgegenzutreten wie man ist; das schließt ein, Mißverständnisse und Konflikte zuzulassen, auch Ablehnung oder Zurückweisung. Der Gewinn ist die Chance auf Liebe, auf das Glück, Ich zu sein und von dem anderen als Ich akzeptiert zu werden. Die Angst eines Schuld-Partners läßt sich nicht messerscharf sezieren und in einzelne, klar gegeneinander abzusetzende Ängste zerlegen. Angst ist vielgesichtig und bei niemandem auf nur eine, beispielsweise die Gewissensangst, zu reduzieren. Schuld-Partner leiden an vielerlei Ängsten. Als quälend erleben sie vor allem ihre Gewissens-, Trennungs- oder Versagensängste.

Die Angst vor Schuld

Gewissensangst – die Angst davor, schuldig zu werden – ist eine außerordentlich quälende Angst. Dieser Schuldangst (oder Über-Ich-Angst) ist nicht zu entkommen. Das Gewissen rührt sich selbst bei Menschen, die keines zu haben scheinen. Sogar beim Betrug bleibt es die Meßlatte. »Mit gutem Gewissen den Staat betrügen« preist ein Steuertrickexperte seine Schliche in einer renommierten deutschen Tageszeitung an und liefert ein halbes Dutzend beruhigender Argumente, warum die empfohlene Steuerhinterziehung »eigentlich« keine ist. Denn die positive Bewertung der Begriffe Gewissen und Gewissenlosigkeit hat auch im Zeitalter des »Abschieds vom Gewissen« nicht ausgedient. Der Aussage »Wer nach seinem Gewissen handelt, ist dumm« würden wohl viele zustimmen. Ebenso dem Umkehrschluß »Wer sich über sein Gewissen hinwegsetzt, ist clever«. Wären die Ergebnisse gleich, wenn die Feststellung lautete: »Wer auf sein Gewissen hört, ist ein schlechter Mensch« und »Wer nicht auf sein Gewissen hört, ist ein guter Mensch«? Die Gleichung Gewissenhaftigkeit = moralisch einwandfrei und Gewissenlosigkeit = moralisch verwerflich gilt nach wie vor im individuellen und öffentlichen Bewußtsein. Ungeachtet aller unterschiedlichen religiösen (das Gewissen als Stimme Gottes), philosphischen und psychologischen Betrachtungsweisen – als Kompaß mit den Polen Gut und Böse ist das Gewissen unumstritten.

Schärfste Gegenspieler des Gewissens sind die Aggressivität und der Egoismus des Menschen. Da niemand frei davon ist, sind innerliche Konflikte, nämlich Schuldgefühle, vorprogrammiert. Schuldgefühle sind Selbstbestrafungen. Das Kind hat im Verlauf seiner Sozialisation gelernt: Gut ist, wofür man geliebt wird; böse ist, was mit Liebesentzug bestraft wird, egal, ob das Böse nur gedacht oder getan wird. Vor dem Über-Ich kann sich nichts verbergen, auch der Gedanke nicht. Es ist eine ständige Quelle von Angst und Schuldgefühlen. Gewissensangst zeigt sich in vielen Varianten. Im Selbsthaß eines depressiven Menschen, in bestimmten Zwangshandlungen von Neurotikern, als moralischer Masochismus. Dem moralischen Masochisten kann gar das Schicksal zum Eltern-Strafersatz werden: Hinter der Aussage »Ich habe eben kein Glück im Leben« verbirgt sich häufig die Selbstbestrafung für den Frevel, ein von den Eltern nicht geliebtes Leben zu führen. Man unterwirft sich durch diese aufs Unglücklichsein ausgerichtete Lebensführung dem strengen Gewissen, um sich von Schuldgefühlen zu befreien. Je größer die Schuldgefühle, desto größer auch das Strafbedürfnis. Schuld-Partner laufen Gefahr, ihr Leben als permanente, leidvolle Selbstbestrafung zu gestalten.

Eine weitere häufige Angst ist die Trennungsangst. Kann die Mutter das Kind annehmen und lieben, als es geboren wird? Will sie es vielleicht nicht? Steckt die Beziehung in einer Krise und das Kind ist ein belastender Störfaktor? Ein Kind registriert mit großer Sensibilität, ob es willkommen ist und angenommen wird. Es unternimmt große Anstrengungen, es der Mutter, den Eltern, recht zu machen, um nicht abgewiesen und fallengelassen zu werden. Die Angst davor, wird sie nicht bewußt, sitzt ihm ein Leben lang im Nacken. Das von Trennungsangst geplagte Kind wird in seiner späteren eigenen Beziehung ebenso große Anstrengungen für den Partner unternehmen, um der Angst, verlassen zu werden, entgegenzuarbeiten. Horst-Eberhard Richter verweist auf die typische Herz-Fixierung des von Trennungsangst Geplagten hin: »Ich muß sehr vorsichtig sein und mich schonen, damit mein Herz nicht aussetzt. Das Herz wird psychologisch zu einer Art tyrannischer Instanz: Man fühlt sich von ihm bedroht; das Herz wird es übelnehmen, wenn man es ärgert. Das Bild des Herzens trägt meist deutliche Züge der verinnerlichten Mutter.«

Menschen mit Trennungsangst klammern sich nicht nur an den Partner oder die Kinder, sie hängen ebenso an ihrer Umgebung. Umziehen zu müssen, kann Panik auslösen. Sarah erzählt von einem Freund, der zwei hervorragende Jobangebote in einer anderen Stadt ausschlug, arbeitslos blieb und später eine bedeutend minderqualifizierte Stellung akzeptierte, nur um nicht umziehen zu müssen. »Ich bin in zehn Jahren siebenmal umgezogen«, sagt sie, »ich habe überhaupt nicht begriffen, was an dem Ortswechsel so problematisch ist. Er kam mit den lächerlichsten Ausreden, bis ich ihn angegiftet habe, daß ich dann auch keine Klagen mehr über seine Arbeitslosigkeit hören möchte. Er kam einige Wochen später wegen eines Magengeschwürs ins Krankenhaus. Da ist mir erst klar geworden, wie groß seine Angst ist.« Menschen mit Trennungsangst können sich auch von Tat-Kranken, beispielsweise von den Eltern, nicht trennen, selbst wenn sie nicht mehr in der Nähe wohnen. Sie bleiben der Beziehung verhaftet, auch wenn die familiäre Bindung als unerträglich erlebt wird. Gleiches gilt für die eigene Partnerschaft.

Ein »Produkt« der modernen Leistungsgesellschaft ist die Versagensangst. Leistungsgesellschaft und Versagensangst gehören untrennbar zusammen.

Denn erst die Leistungsgesellschaft fordert den rundum funktionierenden Menschen, macht Leistung zum vorrangigen Kriterium für die Beurteilung des menschlichen Werts, erhebt sie zum Fetisch. Wer nichts leistet, ist nicht allein als Arbeitskraft, sondern auch als Person entwertet. Der Leistungsdruck hat alle Lebensbereiche erfaßt, vom Büro bis zum Bett. Selbst Sex wird, wie bei Michael, zum Hochleistungssport, bei dem heute aufgestellte Rekorde am besten morgen schon wieder überboten werden sollen. Leistung ist ein wesentlicher Teil der Charaktermaske, denn sie ist ein kostbares Gut: Leistung verschafft einem Geld und Ansehen. Doch Leistung verbindet nicht, sie trennt. Jeder konkurriert auf allen Gebieten mit – und gegen – jeden. Der Mensch ist des Menschen Feind, Neid und Mißgunst treiben üppige Blüten. Denn Konkurrenz erzeugt Angst vor dem Verlust, vor dem Verlust des Wohlstandes, des Arbeitsplatzes, der Attraktivität, des Lebenspartners und der Liebe. Soll man dem anderen die Früchte des Erfolgs gönnen, wenn man selber ständig Gefahr läuft, sie zu verlieren? Niemand wird es zugeben, doch die innere Logik des Leistungssystems erzwingt geradezu ein unmenschliches Verhalten: dem Mitmenschen den Mißerfolg zu wünschen. Je schwächer der andere ist, desto besser stehe ich selber da. Angst, Versagensangst, ist die grassierende, unheimliche Kehrseite der Leistung. Sie peinigt, denn es steht nicht nur viel, es steht alles auf dem Spiel. Die alltäglichen Erfahrungen bestätigen es. Wer nichts mehr leistet, selbst wenn er unfreiwillig, durch Arbeitslosigkeit, aus der Leistungsgesellschaft hinauskatapultiert wird, findet sich im Abseits wieder. Leistungsdruck, Konkurrenzdenken, Feindseligkeit saugen viele Kinder bereits mit der Muttermilch ein. Sie werden vom Ehrgeiz der Eltern überfordert, als Ersatzpartner gegen ein Elternteil »eingesetzt« oder fristen ein Sündenbock-Dasein. »Ich will doch nur, daß du es mal besser hast als ich« ist der Knüppel, mit dem viele Eltern ihr Kind auf der Erfolgsleiter, die sie selber nicht erklimmen konnten, nach oben treiben. Und die vom Vater als Prinzessin verwöhnte Tochter sonnt sich in der Überlegenheit der Mutter gegenüber wie der von der Mutter bewunderte Pracht-Sohn in der Gewißheit, den Vater ausgestochen zu haben. Es schmeichelt dem Ego, Vaters oder Mutters Auserwählter zu sein. Besonders in einer Entwicklungsphase, in der sich die Beziehung zum andersgeschlechtlichen Elternteil herausbildet. Für ein Mädchen ist jedoch eine positive Identifizierung mit der weiblichen Rolle (Mutter) eine entscheidende Voraussetzung dafür, eine tragfähige Basis für die eigene Rolle als Frau zu finden. Ebenso braucht der Junge eine nicht von Konkurrenz bestimmte Beziehung zum Vater. Mutters Prinz und Vaters Prinzessin werden zwangsläufig als Erwachsene Opfer ihrer unreifen kindlichen Größenphantasien, weil eine gesunde Ausbalancierung des Selbstwertgefühls – zu lernen, mit seinen Stärken wie mit seinen Schwächen umzugehen – nicht stattfindet. Prinzessin-Tochter und Prinz-Sohn werden ihre späteren Liebesbeziehungen unter dem Druck gestalten, stets überragende Geliebte sein zu müssen. Sie laufen Gefahr, sexuell Schiffbruch zu erleiden. Doch nicht nur das: Da Schwächegefühle immer nur unterdrückt und kompensiert worden sind, fällt es dem auf Größenwahn getrimmten Menschen schwer, sich in der Realität nicht an Illusionen zu verlieren. Und jedes Erwachen aus der Illusion wird als schwere, das Selbst kränkende Niederlage empfunden.

Sarah ist ein Einzelkind und vom Tag ihrer Geburt an Papas Liebling. Sie ist es noch immer. »Unser Familienleben war ein dauernder, unterschwelliger Kampf, bei dem keinem der Beteiligten bewußt wurde, worum es ging. Ich erinnere mich daran, daß ich sofort auf meine Mutter losging, wenn sie nur ein einziges Wort gegen meinen Vater sagte. Er konnte noch so gemein zu mir oder ihr sein, ich hielt zu ihm. Mein Vater und ich, wir verstanden uns trotz aller Schwierigkeiten. Wir redeten miteinander, meine Mutter blieb meistens ausgeschlossen. Auch wenn mein Vater einen cholerischen Anfall hatte, was gelegentlich vorkam, tröstete ich mich mit dem sicheren Gefühl, es täte ihm leid, er verstünde mich und liebte mich dennoch. Die meisten Verwandten unterstützten mich darin, Partei für meinen Vater zu ergreifen, weil meine Mutter nur ein Thema hatte: ihre Krankheiten, ihre Krankheiten, ihre Krankheiten. Sie nervte jeden damit. Bei ihr war ich mir sicher, daß sie mich nicht leiden kann.

Je älter ich wurde, desto öfter warf sie mir vor, daß mir alles viel zu leicht gemacht wird, daß ich mir zu viel darauf einbilde, hübsch zu sein und mit den Gefühlen der Jungs in der Schule spiele. Daß ich meine Verehrer absichtlich leiden lasse, weil ich denke, daß jeder hinter mir her ist und ich jeden haben kann. Ich fand, sie war eifersüchtig auf meine Flirts und meine Bekannten. Als ich aus dem Haus war, fing mein Vater an, mir Briefe zu schreiben. Ich sollte ihm postlagernd antworten, damit meine Mutter nichts davon erfährt. Er klagte in jedem Brief, daß er es ohne mich bei seiner Frau nicht mehr aushält. Es ging eine Weile gut, dann ›gestand‹ mein Vater meiner Mutter seine Heimlichkeiten. Er konnte, wie er sagte, nicht länger mit dem schlechten Gewissen leben. Es war furchtbar. Meine Mutter lag wochenlang mit einem Nervenzusammenbruch danieder, sie schrie mich am Telefon an, was für ein elendes, hundsgemeines Luder ich bin. Wenn ich über meine eigenen Beziehungen nachdenke, fand ich es einerseits wunderbar, die tolle Geliebte eines Mannes zu sein, aber ich hatte, wie gesagt, auch ständig Angst, diese Rolle nicht lange durchhalten zu können und große Sehnsucht danach, von jemandem auch mit meinen anderen Seiten angenommen zu werden. Ich hatte stets das Gefühl, daß mich niemand wirklich versteht. Die Männer, deren Geliebte ich war, wollten mich schon gar nicht schwach erleben. Eine typische Szene: Eines Tages war ich sehr deprimiert, weil beruflich alles schiefging. Ich freute mich auf das Wochenende mit meinem Freund, weil ich mit ihm reden und seinen Rat wollte. Er kam, sah die ›Misere‹ und ging mit der Bemerkung ›Du hättest sagen sollen, daß du nicht gut drauf bist, dann hätte ich mir den Weg und die Lügen gegenüber meiner Frau sparen können; ich komme wieder, wenn du besser gelaunt bist.‹ Es kostete unsagbar viel Kraft, stark zu sein, alles mit sich selber abzumachen. Außerdem hatte ich in den letzten Jahren verstärkt das Gefühl, meine Mutter schlecht behandelt zu haben. Sie stand stets in meines Vaters und meinem Schatten. Beim Abtanzball, und mir fallen zahlreiche andere Begebenheiten ein, tanzte er ein einziges Mal mit ihr, sonst immer nur mit mir, wenn ich nicht gerade mit einem Partner aus der Tanzstunde auf dem Parkett war. Ins Theater ging er mit, wenn ich dabei war, sonst blieb er zu Hause, und meine Mutter mußte sich eine Bekannte suchen, die mit ihr ging. Sie hat sich wohl auf ihre Weise gerächt, indem sie sich mehr und mehr in ihre Krankheiten verbiß.«

Sarah hat das Gefühl, vor einem Scherbenhaufen zu stehen. Von den Männern hat sie sich zurückgezogen, weil sie Beziehungen, wie sie sie bislang hatte, nicht länger haben möchte. Sie hadert mit ihrem schlechten Gewissen der Mutter gegenüber und den inzwischen zwiespältigen Gefühlen für den Vater. »Meinem letzten Freund habe ich den Laufpaß gegeben, als ich erfuhr, daß er eine manisch-depressive Schwester hat, um die er sich kümmern muß, weil seine Mutter, sie ist Witwe, den Problemen allein nicht gewachsen ist. Ich komme mit mir selber so wenig zurecht, daß ich mit Krankheiten anderer und mit Anforderungen an mich nichts mehr zu tun haben will. Lieber bleibe ich allein. Ich habe vor allem Angst davor, jeden Tag mehr Angst zu haben.«

Familien in Angst

Tat-Kranke und Schuld-Partner sind das »Produkt« komplizierter, belastender innerfamiliärer Strukturen. Diese Strukturen setzen sich in unterschiedlicher Ausprägung über Generationen fort, wenn der »Psycho-Sumpf« nicht durch Verhaltensänderungen ausgetrocknet wird. Wie erlebt sich das Kind im Verhältnis zu seiner Mutter, später zu den beiden Eltern? Wie gestaltet sich seine Beziehung zu den Geschwistern? Wie wird mit seinen Wünschen und Bedürfnissen umgegangen, wie kann es seinen Charakter entwickeln? Nach innen und nach außen präsentiert sich eine Familie mit vertrauten Rollen. Die Mutter ist Mutter, der Vater Vater, das Kind Kind. Unsichtbar und unbewußt wirken jedoch andere, für die Psyche des Kindes entscheidende Rollenzuweisungen. Ich bin ich, du bist du. Wäre es doch nur so einfach! Es ist ein zumeist langer und schwieriger Prozeß, wenn er überhaupt in Gang kommt, zu erkennen, daß ich vom Ich genauso weit entfernt bin wie vom Du; daß Menschen, mit denen ich zu tun habe, Rollen zugewiesen werden, die mit diesem Du gar nichts zu tun haben. Anderen etwas zu- und unterzuschieben – du bist er, eine dritte Person, oder du bist ein Teil von mir, den ich nicht haben will und darum dir aufbürde – ist in Familien und Beziehungen weit verbreitet. Für Kinder ist diese Belastung eine Hypothek, an der sie oft lebenslang zu tragen haben.

Heil und harmonisch erscheinen viele Familien nur, weil sich einer auf Kosten des anderen entlastet. Horst-Eberhard Richter: »Paradoxerweise erscheint das Familienmitglied oft am gesündesten, dessen Druck einen Teil der Familie krank macht.« Einer befriedigt seine Bedürfnisse und beschwichtigt seine Angst, indem er den anderen einschränkt, ihm die Befriedigung seiner Bedürfnisse verwehrt und dessen Ängste verstärkt. Auf diese Weise erscheint der Kranke als normal, als gesund und der (krankgemachte) Gesunde – ich verweise auf Tims Eßstörungen – als nicht mehr normal, als krank. Schuld-Partner stammen häufig, wie Karlheinz, aus Familien mit einer dominierenden, überbesorgten Mutter, die sich verschlingend an das Kind klammert und es in ängstlicher, unselbständiger Abhängigkeit hält.

Elke erzählt, daß sie »mit Entsetzen« erlebt, wie ihre Schwester »immer mehr wie unsere Mutter geworden ist. Sie hat zwei Kinder, einen alkoholabhängigen Ehemann, ist in der Beziehung todunglücklich, aber eine Trennung kommt in dem kleinen katholischen Dorf nicht in Frage. Meine Schwester hat dauernd Kopfschmerzen, Kreislaufprobleme oder andere Beschwerden. Sie jammert jedem etwas vor. Am schlimmsten aber ist, was mit dem jüngsten Sohn passiert. Das Kind ist leicht entwicklungsgehemmt, könnte aber ein normales Leben führen, wenn meine Schwester den Jungen nur ließe.« Der Sohn ist in einer speziellen therapeutisch-schulischen Einrichtung, wird dort mit großem Erfolg selbständiger, doch zu Hause ist er, der Siebenjährige, das Baby, das von der Mutter gefüttert wird, dem die Mutter die Schuhe anzieht, der nicht einmal allein auf die Toilette gehen darf. »Meine Schwester wurde bereits einige Male zu Besprechungen gerufen, weil sie die Bemühungen der Therapeuten geradezu torpediert. Das Kind darf nicht von ihrem Rockzipfel weg, am liebsten würde sie es den ganzen Tag auf dem Arm tragen. Spielt der Junge draußen mal nicht in Sichtweite, wird er von der Mutter mit Panik überhäuft: Daß ihr der Kopf zerspringt, weil sie sich solche Sorgen macht; wie er Mama das nur antun kann, wo er doch weiß, daß sie keine Ruhe hat, wenn er zu weit wegläuft. Sie veranstaltet denselben Terror wie unsere Mutter.«

Die überbesorgte Mutter braucht das Kind und seine Zuwendung wie die Luft zum Atmen. Schritte des Kindes in Richtung Selbständigkeit werden mit Krankheiten quittiert, je weiter sich das Kind entfernt, desto mehr Schuldgefühle werden ihm aufgeladen. Gelingt es dem erwachsenen Kind, sich aus der destruktiven Mutterbindung zu befreien, folgt häufig der schlimmste Schlag: Die Mutter bricht zusammen oder wird schwer krank. Weil sie sich nicht mehr über das Kind entlasten kann, muß sie sich unentrinnbar ihren eigenen Konflikten stellen. Kinder wie Karlheinz sind zu dem Zeitpunkt jedoch bereits so sehr Schuld-Partner, daß ihre Abhängigkeit ihr Leben bestimmt. Gerade die wohlgeordnete bürgerlich-unauffällige Familie mit den braven, musterhaften Kindern erweist sich als Hort der Angst und der Angstabwehr auf Kosten der Kinder.

Eine wachsende Zahl von Familien lebt mit einer und durch eine verhängnisvolle »Übereinkunft«, die auf gemeinsamer Angstabwehr beruht. Haß, Schuldgefühle und Feindseligkeit werden je nach konkreter

Familiensituation zu einem Beziehungsfundament, das nur um den Preis der massiven, wechselseitigen Beschränkungen stabil bleibt. Tim erzählt von seiner Arbeit als Betreuer kirchlicher Jugendgruppen. Diese Freizeitbeschäftigung wird von den Eltern toleriert, denn die Kirche ist ein Garant für Moral und Ordnung. Doch ausgerechnet über die Kirche erlebt Tim erstmalig, daß es eine andere als die ihm vertraute, von Streit, Spannungen und Verboten geprägte Familienwelt gibt. Er ist Gast in weltoffenen, diskussionsfreudigen, harmonischen Pastorenfamilien und bei Eltern von Freunden, die ihn nicht unter Druck setzen, sondern ihm zuhören, Wert auf seine Meinung legen und ihm durch Theaterbesuche und Kunstausstellungen neue Welten eröffnen.

Tim kennt bis dahin nur Enge, Zwang und Zank. Den Zank zwischen seiner Mutter und der Großmutter, zwischen seinen Eltern und den Onkeln und Tanten. Jeder ist eines jeden Feind. Seine Mutter und ihre Geschwister streiten erbittert darüber, wer wieviel für die Großmutter aufbringt bzw. wem sie wieviel zukommen läßt. Nach dem Tod der Großmutter eskalieren die Auseinandersetzungen zum Kampf um jedes noch so wertlose Möbelstück. Solange Tim sich relativ klaglos in die zwanghaften familiären Strukturen einfügt, ist auch die Beziehung zu seiner Schwester einigermaßen im Lot. Als die Schwester einen von den Eltern als ordentlich und tüchtig eingestuften Mann kennenlernt, darf sie ausziehen, bleibt jedoch durch vielerlei kontrollierende Bande an die Familie gebunden. Ihr Wagen ist auf den Namen des Vaters angemeldet und versichert, jeder Strafzettel für falsches Parken oder gar Geschwindigkeitsüberschreitung führt zu schweren Vorwürfen; tägliche Telefonate sind selbstverständlich, ebenso, daß die Tochter ein- bis zweimal wöchentlich zu Besuch kommt. Nach der Trennung von dem Freund erobern sich die Eltern weiteres Terrain zurück. So wird die Achtundzwanzigjährige jeden Morgen von der Mutter telefonisch geweckt, damit sie nicht verschläft.

Seitdem Tim sich vom starren, eingeschränkten Weltbild der Eltern löst und von zu Hause ausgezogen ist, verschärft sich nicht nur die Krise zwischen ihm und den Eltern, sondern auch die zwischen Bruder und Schwester. Es knirscht im Familiengebälk, die altbekannten Beziehungen der Familienmitglieder untereinander geraten aus den Fugen. Die Schwester schürt Tims ohnehin noch starken Schuldgefühle durch Vorwürfe: daß er wirklich mehr Rücksicht auf den kranken Vater nehmen könne; daß er verantwortungslos sei und sich feige verdrücke; daß sie sich seinetwegen Streit eingehandelt habe, während er der Auseinandersetzung stets ausgewichen sei. Jetzt verstecke er sich hinter dem Rücken seiner Freundin; er habe es sich sein Leben lang leicht gemacht. Während sie, die Schwester, ausbaden müsse, daß die Eltern mit seinem Auszug und seinem Verhalten nicht zurechtkämen.

Tims Schwester wie Tims Eltern sind gleichermaßen aufgebracht, daß sie ihr abtrünniges Familienmitglied nicht länger erreichen. Tim ist fest entschlossen, den Weg in die Selbständigkeit weiterzugehen, auch wenn er jetzt mehr Angst hat denn je. Innerlich rechnet er täglich mit Hiobsbotschaften aus dem Elternhaus, bei seiner Freundin fühlt er sich freier, aber auch bedeutend unsicherer. Er hat Angst, verlassen zu werden und große Angst davor, sein Leben in die eigenen Hände zu nehmen. »Was ist normal?« ist eine Frage, die Tim sich immer öfter stellt. Ist es die Welt, wie sein Vater sie sieht und Tim sie lange durch die Brille seines Vaters gesehen hat? Wie steht es um des Vaters Vorstellungen von Recht und Ordnung? Welche Talente hat Tim, welche Vorstellungen vom Leben? Hat er je eine wirklich eigene Entscheidung getroffen? »Ich weiß eigentlich nichts über mich«, sagt Tim, »ich stolperte von einem Schuldgefühl ins nächste und versuchte, möglichst nicht anzuecken, um nicht eine weitere Lawine von Vorwürfen loszutreten. Wenn ich ehrlich bin, ich halte nicht viel von mir.«

Horst-Eberhard Richter unterscheidet zwischen familiären Systemneurosen (siehe die überbeschützende Mutter, die das Kind über das Druckmittel Krankheit in symbiotischer Abhängigkeit hält) und familiären Charakterneurosen, bei der Familien sich unterschiedlich geartete Schutzmauern gegen die Angst aufbauen. Bei der familiären Systemneurose wird ein Mitglied der Familie krank gemacht, ihm werden die ungelösten Schwierigkeiten aufgebürdet. Die übrige Familie verschafft sich über das Opfer Entlastung, es ist der Blitzableiter für die gruppeninternen Spannungen. »Man fühlt sich besser, stärker, gesünder – nämlich weil man die eigenen verleugneten Schuldvorstellungen, Ohnmachts- und Insuffizienzgefühle bei dem abgegrenzten Mitglied deponiert hat.« Kern solcher Familien ist häufig ein an nervösen Herzbeschwerden leidendes Familienmitglied (der Vater oder die Mutter). Die Familie wird auf Vorsicht, Harmonie und heile Welt getrimmt. Proteste gegen die Einschränkungen läßt der Tat-Kranke nicht zu. Dessen Vorwurf, man belaste rücksichtslos seine Gesundheit, bereitet den Familienmitgliedern Schuldgefühle und macht sie nachgiebig. Die Familie gestaltet sich um des Kranken willen zu einer Art Kuranstalt um.

Bei der familiären Charakterneurose verändert sich das »Kollektiv-Ich«, da sich die Familie als Ganzes vom Rest der Welt abgegrenzt und sich ihre eigene, eingeschränkte Sicht der Realität schafft. In solchen Familien gibt zumeist ein Elternteil den Ton an und bestimmt, welches Normensystem gilt. Den übrigen Familienmitgliedern ist nichts anderes gestattet, als diese Normen zu akzeptieren und ein Leben innerhalb dieser Norm-Mauern zu führen. Während in der angstneurotischen Familie ein Teil der Realität ausgeblendet wird, schafft sich also die »Festungs-Familie« eine eigene Realität. Tims Familie versteht sich als eines der letzten Bollwerke gegen Betrüger, Kriminelle und Drückeberger.

Jüngster Beweis dafür ist eine Asylantenfamilie, die in ein Haus auf der gegenüberliegenden Straßenseite einzieht. Auf dem Gehweg liegt ein Haufen Sperrmüll, der tagelang durchs Fenster beargwöhnt wird und Anlaß für eine Fülle von Behauptungen ist, die auch Tim trotz seiner Distanz zu den Eltern in den altbekannten Bann ziehen. Man ist sich einig: Denen ist nichts gut genug, die werfen die alten Möbel raus und bekommen auf unsere Kosten neue; die hängen den ganzen Tag rum, weil sie zu faul sind zum Arbeiten, und wir können dafür bezahlen; wozu gibt man denen neue Möbel, die lassen die Wohnung doch sowieso sofort wieder verkommen. Tims Mutter schreitet zur Tat und mobilisiert die Lokalzeitung, gegen den Skandal zu Felde zu ziehen. Tim kostet es einige Anstrengung zu erkennen, daß die Behauptungen der Eltern, die sich um den Sperrmüllhaufen ranken, auf böswilligen Vermutungen gegründet sind. In der Familie hat Tradition: Realität ist allein, wie die Eltern bestimmte Dinge sehen; davon abweichende Sichtweisen und Meinungen werden nicht zugelassen. Was hat es mit den Möbeln auf sich, wer sind die Asylanten, was bekommen sie tatsächlich vom Staat, dürfen sie überhaupt arbeiten?

Solche Fragen werden in Tims Familie nicht gestellt. Man weiß, daß man mit seiner Meinung recht hat. Kein Wunder also, daß der Vater ob der Bedrohungen herzkrank ist und einem weiteren Herzinfarkt entgegengeht, wenn er beim Schuld-Partner Sohn Recht und Ordnung entgegenlaufende Charaktereigenschaften entdeckt!

Tat-Kranke in der Arbeitswelt sind heimliche Saboteure. Ihre Macht ist am größten, wo Manipulation
das Arbeitsklima bestimmt. Ihre willigsten Schuld-
Partner sind Menschen, die ihnen nicht klar und entschieden entgegentreten, sondern selbst, aus Angst
vor der Konfrontation oder Versagen, nach Kräften
manipulieren.

Der Fall Vera S.

Vera (32) hat sich auf die neue Stelle in leitender Position gefreut. Sie zieht mit großen Erwartungen von
Hamburg nach München um – und vier Jahre später
wieder zurück: Vera hat vor zwei der ihr unterstell-
ten Mitarbeiterinnen »kapituliert«. Schon nach dem
ersten Jahr der Zusammenarbeit bekommt sie durch
den »Krankheitsstreß«, den ihr die beiden Frauen
aufbürden, solche Magenbeschwerden, daß sie täglich Tabletten schluckt. Nach zwei Jahren haben sich
die Magenprobleme zum Magengeschwür ausge-
wachsen. Doch Vera will nicht aufgeben. Sie nimmt
sich den Vorwurf ihres Chefs, daß eine Frau mit Füh-
rungsqualitaten einem solchen Problem gewachsen
sein muß, zu Herzen. Doch welche Führungsregister
sie auch zieht – die beiden dauerkranken Frauen
schaffen sie.

»Im dritten Jahr«, erzählt Vera, »kam mir der Rat
eines Bekannten in den Sinn. Der sagte mir einmal:
›Wenn du ein Problem nicht lösen kannst oder nicht
die Kompetenz hast, es zu lösen, dann mußt du dich

von dem Problem entfernen.‹ Im vierten Jahr reichte ich die Kündigung ein. Es ging nicht mehr, dabei fing alles so gut an. Mein Chef sprach im Einstellungsgespräch offen darüber, daß mein Vorgänger eine Reihe von Problemen hinterlassen hat. Er sicherte mir seine volle Unterstützung zu, die Schwierigkeiten zu überwinden. Der Job war hart, vor allem wegen des ständigen Termindrucks, aber mit acht Mitarbeitern, zwei Männern und sechs Frauen, wäre er gut zu packen gewesen – wenn da nicht der dauernde Krankheitsterror gewesen wäre. Meine Sekretärin meldete sich nach meiner ersten Woche zum ersten Mal zwei Tage krank. In den darauffolgenden zwei Monaten fehlte sie achtmal wegen Krankheit, immer tage- oder halbtageweise. Eine zweite Kollegin, für den Kundendienst verantwortlich, verhielt sich ähnlich. Sie meldete sich morgens bei einem Kollegen krank, der mir dann die Nachricht überbrachte.«

Vera führt die ersten Gespräche mit den Kolleginnen, die beide auf Posten sitzen, wo die Arbeit nicht einen Tag liegenbleiben kann. Fehlen sie, muß sofort ein anderer Kollege einspringen. Vera kann immer weniger Arbeit delegieren, weil eine Sachbearbeiterin im Schnitt jede Woche einen Tag für die Sekretärin einspringen muß und eine weitere für die kranke Kundendienstmitarbeiterin. Die Krankgemeldeten sind nie länger als zwei Tage krank und machen keineswegs einen maladen Eindruck. In den ersten sechs Monaten führt Vera mit jeder Mitarbeiterin lange Gespräche. Es ändert sich nichts, außer daß beide ihre Taktik verfeinern: Mal melden sie sich krank, mal rufen sie morgens an – nicht bei Vera, sondern bei der Sekretärin des Chefs –, um sich aus dem Stand einen Tag Urlaub zu nehmen.

»Ich versuchte zunächst herauszufinden, was die beiden hatten bzw. ob sie sich überfordert fühlten.

Die eine erzählte mir, daß sie einen nicht zu identifizierenden Darmvirus hat. Sie berichtete eine Stunde lang, bei welchen Ärzten sie war, welche Untersuchungen vorgenommen wurden, daß niemand Genaues finden konnte. Hätte ich nur nicht gefragt! Denn von Stund an kam sie regelmäßig, um mich über den neuesten Stand zu informieren. Ihre Arbeit blieb weiterhin liegen, sie fehlte wie gewohnt und hatte ständig Arzttermine.

Normalerweise konnte bei mir jeder jederzeit reinkommen, doch ich bat sie, einen Termin zu machen, nachdem ich mir einige Male vergeblich verbeten hatte, weitere Details aus dem Innenleben ihres Darms zu erfahren. Sie schreckte in ihren Schilderungen vor keiner Unappetitlichkeit zurück. Ihre Arbeitsleistung ging gegen Null, da sie einen Großteil des Tages damit beschäftigt war, von Zimmer zu Zimmer zu ziehen und den Kollegen vom aktuellen Stand ihres die Ärzte verblüffenden Falls zu erzählen.

Kein Arzt fand einen Virus, und sie fing an, Heiler, wie sie sie nannte, zu konsultieren. Die Krankengeschichte wurde um weitere abenteuerliche Kapitel bereichert. Sie bekam eine rigide Diät verordnet, die natürlich neue Schwierigkeiten mit sich brachte: Allergien. Ich arbeitete inzwischen vierzehn Stunden am Tag und beschloß, energischer durchzugreifen. Denn inzwischen hatte ich mich nicht nur mit den beiden Kranken, sondern mit allen anderen Kollegen herumzuschlagen, die vehement dagegen protestierten, die Arbeit anderer miterledigen zu müssen. Dazu erwiesen sich zwei der Kollegen als hoffnungslos inkompetent. Mein Chef packte mir immer mehr Arbeit auf den Tisch – und die wenigen guten Mitarbeiter, die ich hatte, waren angesichts der Situation kaum mehr zu motivieren. Ich wies die dauernd Kranken an, sich bei mir persönlich krankzumelden und auch Urlaub nur noch bei mir einzureichen. Ich teilte ihnen außerdem mit, daß ich Einzel-Urlaubs-tage nicht mehr genehmigen würde und daß ein Ur-laub rechtzeitig, mindestens einige Tage vor Antritt, anzumelden sei.«

Die Maßnahme zieht Kreise: Der Betriebsrat schaltet sich ein, empört, weil »bedauernswerte Mit-arbeiterinnen schikaniert werden«. Doch nicht nur der Betriebsrat, auch Veras Chef, obwohl in die Sa-che einbezogen und mit den Schritten einverstanden, reagiert aufgebracht. Er macht Vera zum Vorwurf, daß sie es nicht geschafft hat, die Sache »ohne daß jemand Aufhebens davon macht«, aus der Welt zu schaffen. Der Betriebsrat verteilt im ganzen Haus Flugblätter, in denen Veras »menschenverachtender Führungsstil« angeprangert wird. Beide Mitarbeite-rinnen haben einen herzzerreißenden Auftritt vor dem Gremium, bei dem sie mit tränenerstickter Stimme kundtun, daß sie doch nur Urlaubstage ge-nommen haben, um das Unternehmen nicht mit ihrer Krankheit zu belasten, daß es sie ungemein be-drückt, nicht voll arbeitsfähig zu sein.

Auch Veras direkte Mitarbeiter, die sich regelmä-ßig bei ihr über die Zusatzbelastungen beschwert ha-ben, tönen im Chor mit. Vera ruft sie zusammen und informiert sie, daß es, so die Geschäftsleitung, keine zusätzliche Planstelle wegen des regelmäßigen Aus-falls der beiden Kolleginnen geben wird. Daß sie nur die Wahl zwischen zwei Möglichkeiten haben: ent-weder weiterhin für die Kolleginnen einzuspringen oder sich mit ihr Gedanken darüber zu machen, wie den Frauen beizukommen ist. Die Stimmung kippt zu Veras Gunsten um. Hat man gerade noch im Be-triebsrat-Chor gegen sie gewettert, wird nun gegen die Kolleginnen vom Leder gezogen: Daß man das Krankheitsgetue leid ist, daß die beiden gefeuert gehören. Der Chef legt Vera »unter der Hand« nahe, den Frauen das Leben zur Hölle zu machen, damit sie von sich aus kündigen.

»Ich saß zwischen sämtlichen Stühlen. Mit den inkompetenten Mitarbeitern brauchte ich meinem Chef gar nicht erst zu kommen, er ließ mich ohnehin nur noch selten vor, weil ich ihn mit Dingen belästigte, mit denen er nichts zu tun haben wollte. Doch ich hatte weder die Befugnis, eine Abmahnung auf den Weg zu bringen noch Überstunden anzuordnen, um Termine einzuhalten. Ich konnte mich nur selber noch mehr ausbeuten, um das Pensum zu schaffen.

Eines Tages sah ich Land: Bei meiner Sekretärin schien ein Knoten zu platzen. Sie zeigte plötzlich guten Willen. Sie erzählte mir in einem Gespräch ihre ganze Lebensgeschichte, gestand mir, daß sie völlig frustriert sei, weil sie sich unterfordert fühlte, brachte ein, daß sie ein abgeschlossenes Studium hat, wegen der Kinder sechzehn Jahre nicht berufstätig war und darunter litt, daß sie nicht ihren Fähigkeiten entsprechend eingesetzt wurde.

Ich versprach ihr, mich dafür stark zu machen, daß sie eine Chance bekommt. Was sehr schwierig war, weil nur Stellen abgebaut wurden und ohnehin nur wenige gute Jobs in der Firma für sie in Frage kamen. Dazu arbeitete ich weiterhin zwölf bis vierzehn Stunden täglich und hatte in den fast zwei Jahren gerade mal drei Wochen Urlaub genommen. Doch es klappte. Die Geschäftsleitung machte ihr ein Bombenangebot unter der Bedingung, daß sie ein halbes Jahr Probezeit akzeptierte, damit beide Seiten herausfinden konnten, ob sie den Anforderungen gewachsen sein würde. Ihre alte Stelle sollte aushilfsweise besetzt werden, damit ihr ein sicherer Arbeitsplatz in der Firma blieb, wenn es nicht gut ging. Die Antwort meiner Sekretärin: Probezeit? Eine Unverschämtheit! Sie lehnte ab und wurde wieder regelmäßig krank.«

Während die Sekretärin, wenn sie denn da ist, jedem mit leidender Stimme den Tag verleidet, beflügelt die dauerkranke Kundendienstmitarbeiterin ihre Rolle als medizinisches Wunder. Ihre Darm-Odyssee ist beendet, es beginnt ein anderes Kapitel Krankengeschichte: Sie leidet am »noch weitgehend unerforschten chronischen Müdigkeitssyndrom« und läßt nicht locker, jeden über das Krankheitsbild, den Verlauf, die Symptome und ihre Beschwerden aufzuklären, sowie zu betonen, daß sie eigentlich krankgeschrieben sein müßte und sich nur herschleppt, weil sie die Kollegen nicht belasten will.

Ein männlicher Chef, wird sie nicht müde zu verkünden, kümmere sich ja nicht um das menschliche Wohl der Mitarbeiter; von einer Chefin könne man doch erwarten, daß sie Verständnis hat und einem den Rücken freihält. Als an einem Freitag keine Zeit für einen Termin ist, ruft sie am Sonntag bei Vera zu Hause an, um kundzutun, daß es ihr nicht gut geht. Als Vera das Gespräch nach wenigen Minuten beendet und darum bittet, es am Montag im Büro zu führen, schaltet sich erneut der Betriebsrat ein. Sie habe zwar mit der Mitarbeiterin gesprochen, dabei aber einen Satz gesagt, der ihre gnadenlose Einstellung Mitarbeitern gegenüber zeige, wettert der Betriebsratsvorsitzende lautstark, noch bevor alle auf den Stühlen sitzen. Und zwar den Satz: »Dies sei ein Arbeitsplatz und keine psychotherapeutische Beratungsstelle.« Vera verbittet sich den Ton, der Betriebsrat verläßt unter Androhung von Konsequenzen den Raum.

Vera ist wegen ihres Magengeschwürs in ärztlicher Behandlung. Ihr Chef wirft ihr offen vor, daß sie es nicht schafft, die Mitarbeiterin rauszuekeln. Als Führungskraft habe sie dafür zu sorgen, daß die Firma die Frau los wird, ohne eine Abfindung zahlen zu müssen. Außerdem habe sie ihre Abteilung nicht im Griff, ihre Leistungen ließen zu wünschen übrig. Vera: »Den Satz, daß dies ein Arbeitsplatz und keine psychotherapeutische Beratungsstelle ist, habe ich gesagt, nachdem die Mitarbeiterin in epischer Breite erläuterte, welches die psychosomatischen Ursachen ihrer Krankheit sind. Sie gab ein unverdautes Konglomerat aus Zeitungsartikeln wieder. Ich war es leid, die Show länger mitzumachen. Ich habe ein halbes Jahr mit mir gekämpft, bis ich mich entscheiden konnte zu kündigen. Da ich noch viel Urlaub hatte, mußte ich nicht auch noch das halbe Jahr Kündigungsfrist durchstehen. Ich konnte nach zwei Monaten gehen. Gott sei Dank.«

Der Fall Marita S.

Marita hat lange nach der richtigen Geschäftsidee gesucht, um sich selbständig zu machen. Jetzt ist es soweit: Sie will als Franchisenehmerin eine Agentur gründen. Die ersten Kontakte zum Franchisegeber sind geknüpft, das Unternehmen kann begonnen werden. Marita mietet eine zweigeschossige Wohnung, die untere Etage sind die Büroräume. Sie erzählt einem Kollegen, den sie seit zehn Jahren kennt, von ihrem Vorhaben. Er ist begeistert, finanzstark und möchte als 50-Prozent-Partner einsteigen. Marita hat den Kollegen in den letzten Jahren aus den Augen verloren. Sie baut darauf, daß man sich mal gut verstanden hat. Die Verträge werden unterschrieben, die Arbeit beginnt unter großem Zeitdruck, da nur fünf Monate zur Verfügung stehen, um ein erstes Großprojekt abzuwickeln.

»Mein Partner legte sich verbal mächtig ins Zeug. Er hatte mal einige Semester Betriebswirtschaft studiert und wollte die Bereiche Bank, Finanzen, Buchhaltung und noch einiges mehr übernehmen. Wir brauchten Kredite, doch schon beim ersten Gespräch mit der Bank tauchte er nicht auf. Ich saß allein mit zwei Herren da, und wir mußten uns vertagen, weil ich nur die Hälfte der Unterlagen hatte, die andere Hälfte wollte mein Partner von zu Hause aus mitbringen. Er erschien auch zum zweiten Termin dieses Tages nicht. Seine Ausrede: Er habe so lange im Stau gestanden, daß es sich nicht mehr gelohnt hätte, zur Bank zu kommen. Und zum zweiten Termin hätte ich ihm die Adresse nicht gegeben, was nicht stimmte. Mein Partner tauchte jeden Tag nur wenige Stunden im Büro auf, stapelte die Unterlagen unerledigt auf seinem Schreibtisch und ging wieder.

Nach den ersten Wochen führte ich die ersten Gespräche mit ihm. Er begründete seine Untätigkeit damit, daß er absolut urlaubsreif sei und fuhr für zwei Wochen in die Ferien. Nach dem Urlaub war er einen Tag anwesend und meldete sich dann zum ersten Mal krank. Nach drei Tagen erschien er wieder, saß stundenlang über Computerspielen und ließ die Arbeit an sich vorbeirauschen. Ich setzte mich alle paar Tage zu Besprechungen mit ihm zusammen, es wurde aufgelistet, was er erledigen sollte. Wenn ich Glück hatte, nahm er sich einen von zehn Vorgängen vor, der Rest blieb liegen. Es vergingen drei Wochen, in denen er sich an fünf Tagen krank meldete. Er vermutete, Herzrhythmusstörungen zu haben, und betonte, wie viele Männer in seinem Alter – Anfang fünfzig – an Herzinfarkt sterben. Ihm fiel jeden Tag ein anderer Kollege, ein anderer Bekannter oder ein Fall aus der Zeitung ein, der seine Befürchtungen bestätigte.«

Marita ertrinkt in Arbeit, sitzt bis tief in die Nacht im Büro, zahlt vieles von ihrem Privatkonto, weil die Kredite immer noch nicht genehmigt sind. Von dem Bankmanager erfährt sie, daß ihr Partner Unterlagen, die sie ihm mitgegeben hat, gar nicht eingereicht hat. »Nach einem weiteren Gespräch, in dem ich ihn zum x-ten Mal fragte, was mit ihm los sei, rief er am nächsten Tag kurz an, sagte, daß er krank sei, legte auf und erschien vierzehn Tage nicht. Er war auch zu Hause nicht zu erreichen. Da er allein lebte, hatte ich große Angst, daß er vielleicht tot in der Wohnung liegt. Ich fuhr zu ihm, sah Licht und ihn in der Wohnung auf und ab gehen. Als ich schellte, machte niemand auf. Ich rief an, er ging nicht ans Telefon. Ich wollte wütend auf ihn sein, aber stärker war die Angst, daß ich ihm unrecht tue und er kränker ist, als ich dachte. Durch seine Abwesenheit blockierte er wesentliche Geschäftsvorgänge, weil wir beide Geschäftsführer waren und wichtige Verträge von beiden unterschrieben werden mußten. Inzwischen hatte sich auch herausgestellt, daß er Unterlagen nicht an externe Mitarbeiter weitergegeben hatte, und ich fand Briefe, die er angeblich eingesteckt hatte, vergraben in den Papierstapeln auf seinem Schreibtisch. Es war eine Katastrophe.«

Marita spricht mit dem Firmenanwalt. Der rät zu einer Abmahnung, doch Marita sperrt sich. Sie kennt ihren Partner als verschlossenen Menschen, der nicht leicht etwas von sich preisgibt. Er muß in Behandlung, sagt sie, eine Abmahnung könnte ihm den Rest geben. Marita arbeitet, um den Großauftrag zu schaffen, mit dem die neue Existenz steht und fällt, zwanzig Stunden am Tag. Der Partner meldet sich nach vierzehn Tagen Abwesenheit per Telefon, sagt, daß es ihm noch immer sehr schlecht gehe und daß er Abstand von allem brauche.

»Er gab mir nicht die geringste Chance, mit ihm zu reden. Er legte den Hörer auf. Eine Unverschämtheit, gleichzeitig war ich fix und fertig vor Sorgen. Er klang merkwürdig. Ich hatte Angst, daß er sich was antun könnte. Meine Freunde hielten mich für hysterisch, aber irgendwie hatte er es geschafft, diesen Eindruck zu erwecken. Andererseits wurde ich täglich unter einer Lawine von Schwierigkeiten begraben: Die Kredite waren immer noch nicht durch, ich konnte keine Mitarbeiter beschäftigen, weil kein Geld in der Kasse war, ich kam nur noch jede zweite Nacht ins Bett. Ich arbeitete einen Tag, eine Nacht und den nächsten Tag bis Mitternacht durch. Dann schlief ich genau sieben Stunden und machte in dem Rhythmus weiter.

Der Anwalt riet mir nochmals zur Abmahnung, um etwas in der Hand zu haben, die Partnerschaft aufkündigen zu können. Doch ich war sicher, daß mein Partner krank ist und wollte erst abklären, was er hat und wie ihm geholfen werden kann. Als mein Partner wiederkam, gestand er mir, daß er von Psychopharmaka abhängig sei und dringend etwas dagegen tun müsse. Er kündigte an, in eine Klinik zu gehen. Sprach's, nahm seinen Mantel und verabschiedete sich mit dem Satz: ›Ich kann nicht mehr, ich melde mich.‹ Er unterschrieb beim Anwalt aber noch eine Erklärung, in der er seine Geschäftsführerschaft bis auf weiteres niederlegte, damit ich als alleinige Geschäftsführerin handlungsfähig war. Er hinterließ keine Telefonnummer und er sagte auch nicht, in welche Klinik er ging. Er blieb zwei Monate lang von der Bildfläche verschwunden. Dann kam die Nachricht – die Praktikantin war am Telefon –, daß er noch auf unbestimmte Zeit abwesend bleibt.«

Marita kommt all die Monate kaum mehr zum Schlafen und nur noch zu ganz dringenden Terminen mal aus dem Haus. Sie hat einen weiteren großen Auftrag akquiriert, der die Existenz der Firma für die nächste Zeit sichert. Nach dreieinhalb Monaten taucht der Partner wieder auf. »Was dann passierte, hätte ich mir in meinen schlimmsten Alpträumen nicht vorstellen können. Inzwischen waren die Kredite durch, doch das aufgenommene Geld reichte nicht, die Anfangsinvestitionen abzudecken. Da mein Partner ein Totalausfall war, mußte ich bedeutend mehr Geld als vorgesehen für freie Mitarbeiter ausgeben, um den Auftrag termingerecht zu erledigen. Mein Privatkonto war bis zum Anschlag überzogen. Mein Partner erschien und eröffnete mir ohne Vorrede und Umschweife: ›Du hast die Wahl zwischen zwei Möglichkeiten – ich lasse uns in Konkurs gehen, dann bist du mit einer Summe dabei, die du nie verkraften kannst, oder du überträgst mir die ganze Firma.‹ Er setzte hinzu: ›Ich kann verstehen, daß du verbittert bist, aber so ist das nun mal im Geschäftsleben. Denk genau darüber nach.‹ Er war braungebrannt, marschierte dynamisch, wie ich ihn nie zuvor gesehen hatte, aus dem Büro und fuhr davon.«

Marita bekommt vom Anwalt zu hören, daß der Partner mit seiner Erpressung durchkommt. Nach Lage der Finanzen hätten beide noch Geld in die Firma stecken müssen, um weiterhin liquide zu sein. Geschieht das nicht, ist Marita als alleinige Geschäftsführerin gezwungen, Konkurs anzumelden. Die Bank würde beider Sicherheiten kassieren. Marita stände nackt und ohne einen Pfennig Geld da. Sie hat alles, was sie in zwanzig Jahren Berufstätigkeit für das Ziel Selbständigkeit gespart und angelegt hat, zur Absicherung der Kredite eingesetzt. Bringt sie allein weiteres Geld in die Firma ein – die Eltern haben ihr angeboten, das Erbe früher auszuzahlen –, um den Konkurs abzuwenden, bleibt sie in einer

50:50-Partnerschaft mit einem Mann, der ihr offen den Vernichtungskampf angesagt hat. Marita, nach dem extremen Streß der vorangegangenen Monate ohnehin körperlich und seelisch am Ende, überträgt dem Partner die Firma, um wenigstens die Rücklagen zu behalten. Der Partner besteht auch auf sofortiger Kündigung des Mietvertrags, der zwischen Marita und der Firma für die untere Büroetage abgeschlossen wurde, so daß sie von einem Tag auf den anderen mit einer horrenden Mietbelastung und ohne Arbeit und Einkommen zurückbleibt. Ihre Existenz ist von heute auf morgen ruiniert.

»Wie ich inzwischen erfuhr, erkundigte er sich vorher genau, wie die Resonanz auf den Auftrag war, den ich allein abgewickelt hatte. Er telefonierte einen Tag lang offenbar ununterbrochen und bereitete die anderen Geschäftspartner auf den Bruch vor, indem er behauptete, daß dringender Handlungsbedarf bestünde, weil ich die Firma in Grund und Boden gewirtschaftet hätte. Meine Kompetenz konnte er nicht anzweifeln, denn ich hatte gute Arbeit abgeliefert, aber er behauptete, ich sei eine katastrophale Geschäftsfrau. Das Schlimmste war, er kam damit durch, weil ich ihn den meisten Geschäftspartnern gegenüber aus der Schußlinie rausgehalten hatte, indem ich seine Abwesenheit mit dringenden anderen Verpflichtungen entschuldigte. Ich wollte ihn nicht der Situation aussetzen, daß alle von seinen Schwierigkeiten erfuhren. Einige wußten davon, und von denen trennte er sich genauso abrupt wie von mir.«

Der Fall Bernhard K.

Als Bernhard (28) seine Stelle antritt, ist das Ressort, in dem er arbeitet, gerade eingerichtet worden. Es gibt ein klar umrissenes Aufgabengebiet, wie die Arbeiten im einzelnen aufgeteilt werden, bleibt jedoch ihm und einer Kollegin überlassen. Die beiden werden sich schnell einig, die Stimmung ist gut, Bernhard glaubt, einen Glückstreffer gelandet zu haben. Beide arbeiten an Projekten, die sich über einige Monate hinziehen. Zwischendurch wird bei internen Präsentationen eine Zwischenbilanz gezogen.

»Meine Kollegin schien alles im Griff zu haben. Wenn ich genauer nachfragte, ob sie ihr Pensum schafft, wurde sie sauer und warf mir vor, daß ich wohl alles kontrollieren muß und ihr nichts zutraue. Typisch männlich, hieß es dann. Also ließ ich sie weitgehend in Ruhe. Der erste Termin rückte näher, und sie klagte, daß sie sich gar nicht gut fühlt, daß sie sich wahrscheinlich eine Grippe eingefangen hat. Vier Tage vor der Präsentation kam eine Krankschreibung. Das kann passieren, mehr dachte ich mir nicht dabei. Ich wunderte mich nur darüber, daß nicht einmal die Hälfte ihrer Arbeit erledigt war. An der Präsentation führte kein Weg vorbei, darum arbeitete ich die wenigen verbliebenen Abende bis spät in die Nacht, um ein gutes Ergebnis vorlegen zu können. Sie tauchte am Tag vor der Präsentation auf, wir legten unsere Arbeit als gemeinsame Leistung vor, der Chef war hochzufrieden.

Danach wollte ich mit ihr reden, dachte aber, daß es besser sei abzuwarten, wie sich die Dinge entwickeln. Sie war ohnehin so empfindlich. Wir gingen in die zweite Phase des Projekts. Und sie bekam Kreislaufprobleme, die sie, aus der Rückschau betrachtet, einsetzte, wie sie es gerade brauchte. Sie ging früher nach Hause, kam morgens später, fiel mal einen, mal zwei Tage aus. Ihre Arbeit hätte sie trotzdem schaffen können, aber es ging nichts voran. Nach den Erfahrungen mit der ersten Präsentation bat ich sie zwischendurch um Ergebnisse, um meine mit ihren abzustimmen, was regelmäßig zum Krach führte. Sie drohte damit, sich beim Chef über meine ›kontrollierenden Eingriffe‹ zu beschweren. Und als ich antwortete, das solle sie ruhig tun, rückte sie doch mit einigen Sachen raus. Sie lag hoffnungslos zurück. Was mich mächtig aufregte, weil wir kaum mehr eine Chance hatten, den Wettlauf mit der Zeit zu gewinnen. Sie brach in Tränen aus, fand es ›unerträglich‹, daß ich ihr aus ihrer Krankheit einen Strick drehe‹ und rannte heulend aus dem Zimmer. Die Kollegen liefen zusammen, und ich war bei den Frauen der ›karrieregeile‹ Buhmann, der jede Gelegenheit nutzt, sich auf Kosten Schwächerer zu profilieren.«

Bernhard wird in die Mangel genommen. Zwei Kolleginnen klären ihn darüber auf, was die arme Frau hat erleiden müssen, und daß Frauen es ohnehin viel schwerer haben als Männer. Er erfährt, wie sehr die Kollegin unter ihrem autoritären Vater gelitten hat, daß der nie an sie geglaubt und stets prophezeit hat, die Tochter würde scheitern. Ein Mann könne nicht nachfühlen, wird Bernhard vorgehalten, was das bedeutet und wie schwer frau daran zu tragen hat. Statt sie zusätzlich unter Druck zu setzen, soll er ihr gefälligst helfen.

Bernhard hat tatsächlich das Gefühl, sich mies verhalten zu haben. Er legt wieder ein paar Nachtschichten ein und bügelt aus, was die Kollegin verbockt hat. Die Präsentation wird erstklassig, der Kunde ist zufrieden, beide werden gelobt, der (hübschen) Kollegin rollt man geradezu einen roten Teppich aus. Bernhard hat einiges zu schlucken.

»Meine Kollegin fuhr in Urlaub. Ich bekam keinen, denn einer mußte präsent sein. Und sie hatte ihn doch um so vieles nötiger. Hatte sie sich nicht, trotz ihrer gesundheitlichen Probleme, tapfer auf den Beinen gehalten und ihr Pensum geschafft? Der Chef war schwer beeindruckt, und sie ließ ihn in clever eingestreuten Bemerkungen wissen, daß sie sich bis an den Rand ihrer Möglichkeiten zusammengerissen hatte, um ihre Arbeit nicht zu vernachlässigen.

Beim nächsten Projekt ging das Theater wieder von vorne los. Sie fühlte sich nicht wohl, ihr wurde schwindelig, sie mußte früher gehen. Eines Tages setzte ich mich mit ihr zu einem Gespräch zusammen und fragte, was los ist. Ich wollte wissen, ob ihr alles zuviel ist, ob sie mit etwas nicht klar kommt und wenn ja, womit nicht. Es war eine Katastrophe. Sie ignorierte vollständig, wie das erste Projekt gelaufen war. Sie griff mich an, daß ich ihre Arbeit runtermache, um selbst besser dazustehen; daß ich es nicht ertragen kann, mit einer erfolgreichen Frau zu arbeiten; daß ich sie psychisch terrorisiere, um sie aus dem Weg zu schaffen. Sie wurde so laut, daß jeder mitbekam, was sie sagte und auch, daß ihr unter Tränen schwindelig wurde. Der Krach drang bis zum Chef durch.« Bernhard wird zum Rapport zitiert. Er wird aufgefordert, der Kollegin keine Steine in den Weg zu legen. Bernhard sitzt da und weiß nicht, was er sagen soll. Seine Kollegin hat es geschafft, ein völliges Zerrbild der Realität zu vermitteln, und Bernhard hat kräftig daran mitgewirkt. Er hat nie mit dem Chef über die alltäglichen Schwierigkeiten gesprochen. »Das war auch niemandem begreiflich zu machen. Ich hätte sie nur auflaufen lassen können. Dazu hätte ich am Anfang ein Protokoll machen müssen, in dem festgehalten worden wäre, wer wofür zuständig ist, und dann hätte ich sie mir ihrem viertelfertigen Teil zur Präsentation antreten lassen sollen. Nun hatte man sie in den Olymp der besonderen Talente gehoben, und dabei sollte es bleiben. Meine Kollegin hatte ihren guten Ruf weg, ich meinen schlechten. Sie war das fragile Wesen, das sich aber trotz seiner konstitutionellen Schwäche voll einsetzte. Ich war der gemeine Hund. Wenn sie auftauchte, erkundigte man sich voller Anteilnahme nach ihrem Befinden. Sie hatte dauernd Arzttermine. Einer vermutete hinter ihren Schwindelanfällen gar einen Tumor, wodurch sie noch mehr zum beklagenswerten Subjekt wurde. Es war aber kein Tumor. Dann schien es ein angeborener Herzfehler zu sein. Auch das bestätigte sich nicht. Es war mir unbegreiflich, warum niemand ihre Show durchschaute.«

Bernhard nervt Freunde und Bekannte mit seinem Bürostreß und schlägt sich mit Schlafstörungen herum. Dann geschieht ein kleines Wunder. Zu Projekt Nr. 2 hat man schriftlich eine Aufgabenverteilung festgehalten. Bernhard hat danach eine Reihe arbeitsintensivster Statistiken zu erstellen. Seine Kollegin bietet ihm an, sie zu übernehmen – als Ausgleich für ihre gesundheitsbedingten Ausfälle. Bernhard nimmt das Angebot hocherfreut an und hofft auf ein entspannteres Arbeitsklima. Er macht endlich ein paar Tage Urlaub. Als er zurückkommt, nimmt ihn der Chef ihn Empfang. Er droht ihm mit Kündigung wegen seines »abgrundtief verachtenswerten Verhaltens«.

»Ich verstand nichts«, erzählt Bernhard, »erst langsam wurde mir klar, was passiert war. Meine Kollegin war zusammengebrochen und hatte gekündigt. Angeblich, weil sie meinen Terror nicht länger ertragen konnte. Ich hätte sie gezwungen, die Statistiken zu machen. Sie hätte darüber ihre eigentliche Arbeit vernachlässigt und sei meinem Psychoterror nicht mehr gewachsen.« Bernhard sieht in der Firma keine Chance mehr für sich. »Mir ist schlecht, wenn ich morgens wach werde. Das halte ich nicht mehr lange aus. Wenn der Arbeitsmarkt nicht so kritisch wäre, hätte ich längst gekündigt. Die Kollegin war angeblich nicht zu erreichen, weil sie zunächst im Krankenhaus und dann zur Kur war. Von einem Kollegen habe ich erfahren, daß sie einen Job in einer anderen Stadt antrat und sich dort als armes Mobbing-Opfer präsentierte, das von einem Chauvi-Kollegen in eine Nervenkrise getrieben wurde.«

Die heimlichen Saboteure

Heimliche Saboteure existieren nicht im luftleeren Raum. Konfliktvermeidung ist der Nährboden, auf dem sie gedeihen. Der heimliche Saboteur ist das Resultat der Art und Weise, wie täglich miteinander umgegangen wird. Vera erzählt, daß ihr im Verlauf der Auseinandersetzungen in ihrer Firma klar geworden ist, daß sie keine Chance gegen den Führungsstil des Chefs hat. Seit er da ist, regt sich jeder über jeden auf, gibt es den ewig gleichen Ärger, wird getratscht, rennt mal die eine, mal der andere zum Chef, um deutlich zu machen, daß es so nicht weitergehen kann. Der Chef bestätigt jeden in seiner Überzeugung – es ändert sich nichts.

Vera erfährt auch, daß ihre Sekretärin bei ihrem männlichen Vorgänger gut gearbeitet hat. Sie bedauert zutiefst, »daß der vorherige Chef uns verlassen hat«. Angeblich aus privaten Gründen. Vera vermutet jedoch, daß er sehr viel schneller als sie durchschaut hat, daß man auf dem Posten zerrieben wird. »Mein Chef gefiel sich in der Rolle, von unfähigen Mitarbeitern ›umzingelt‹ zu sein. ›Was ist nur los auf dem Arbeitsmarkt?‹ pflegte er zu klagen, ›es gibt einfach keine guten Leute mehr.‹« Da im Vorstand nicht unbemerkt geblieben ist, daß die Abteilung Leistungsdefizite hat, reagiert er ausgesprochen gereizt, wenn Vera ihre Personalprobleme mit ihm besprechen will. »Sie sind dazu da, mit Schwierigkeiten fertig zu werden«, ist sein Standardsatz. »Wozu sonst habe ich Sie eingestellt? Sie wurden mir doch als tüchtig verkauft – beweisen Sie es. Aber bitte mit Fingerspitzengefühl, ohne Porzellan zu zerschlagen.« Vera hat das Gefühl, gegen eine Wand zu laufen oder mit der Stange im Nebel zu stochern. »Kein Konflikt war faßbar. Versuchte ich, einen dingfest zu machen, kam er vom Hundertsten ins Tausendste und mußte schließlich zum nächsten Termin. Wir gingen ohne Ergebnis auseinander. Irgendwann begriff ich, daß die Abteilung keine Probleme zu haben hat.«

Auch Bernhard und Marita verlieren sich, wie Vera, im Nebel. Im Nebel der Manipulation. Und manipulieren selber kräftig mit: Sie setzen dem Tat-Kranken kein eindeutiges Verhalten entgegen, sondern lügen für ihn und bauen nach außen an einer Fassade mit, die den Blick auf das Geschehen verstellt. Die Gesprächsprotokolle von Vera, Bernhard und Marita zeigen eine Gemeinsamkeit: Vera spricht häufig von »Trick 17«, bei ihr ein Synonym für ein geschicktes, verdecktes Vorgehen, um etwas zu erreichen. Bernhard ist stolz auf sein »diplomatisches Geschick« und darauf, »den anderen in die Karten zu gucken, sich selber aber nicht reinschauen zu lassen«. Marita bemüht sich, ihren Partner »ohne daß er es merkt, dazu zu bringen«, daß er sein Verhalten ändert. Alle drei haben nie gelernt, klar, direkt, durchschaubar zu agieren. Sie sind davon überzeugt, nur hintenrum, durch Anwendung einer ausgefeilten psychologischen Taktik, zum gewünschten Erfolg zu kommen. Sie halten dieses Vorgehen für eine rücksichtsvolle wie besonders wirksame Art der Einflußnahme, der Motivation. Daß sie sich schon einige Male als Fehlschlag erwiesen hat, führt nicht zum Umdenken, sondern allein dazu, die Tricks zu verbessern, das Repertoire um neue zu erweitern, die Techniken auszufeilen. Manipulation à la Vera, Bernhard und Marita schafft immer ein Zerrbild der eigenen Person und der Realität. Nur ein innerlich unabhängiger, souveräner, seiner selbst sicherer Mensch kann Klarheit schaffen, Stärken und Schwächen abwägen, Konflikte erkennen, benennen und lösen, kann motivieren und dem Tat-Kranken als heimlichem Saboteur das Wasser abgraben.

Motivation per Manipulation verkehrt sich in ihr Gegenteil. »Einem Mitarbeiter das Gefühl zu geben, gebraucht zu werden«, so Dr. Jens Schiermann, »ist eine Motivationstechnik, die nicht funktioniert.« Der Mitarbeiter spürt genau, daß er dem Chef oder Kollegen völlig egal ist. Er wird den Manipulatoren nach dem Mund reden, sie gar in höchsten Tönen loben. Doch hinter vorgehaltener Hand und hinter deren Rücken wird vom Leder gezogen. Vera sagt der Kundendienstmitarbeiterin wiederholt das Gegenteil von dem, was sie eigentlich denkt: Sie bedauert sie und heuchelt Verständnis, obwohl sie die Frau nicht ausstehen kann. Vera laviert, eingekeilt zwischen dem konfliktscheuen Chef und der eigenen Angst vor einer Konfrontation.

Den richtigen Riecher für solcherart Manipulation entwickeln Menschen bereits in der Kindheit: Wem ein Leben lang unterstellt wird, er tue nichts, wenn ihm nicht gesagt würde, daß er es tun solle, ist irgendwann allem Verhalten gegenüber mißtrauisch, das er von den Eltern, Verwandten, Lehrern und Chefs kennt. Er wittert überall Manipulation und setzt Widerstand dagegen. Wenn ich nicht dauernd Druck gemacht hätte, daß sie ihre Schularbeiten macht, wäre nie was aus ihr geworden, ein Satz, der zum Standard-Manipulations-Repertoire vieler Eltern gehört. Irgendwann ist dieser Mensch, was man von ihm denkt – ein unmotivierter Drückeberger. Wer kennt das nicht von sich selbst: Man will durchaus freiwillig etwas tun, wird aber dauernd damit unter Druck gesetzt, daß man gedrängt werden muß, weil man es sonst nicht tun würde. Die Reaktion ist, daß man aus Protest nichts mehr anrührt. Dr. Jens Schiermann: »Viele professionelle Motivatoren sollten sich von klischeehaften, psychotechnischen Vorstellungen des Motivierens – oder Manipulierens – befreien und sich besser darauf einlassen, ihren Mitarbeitern als Mensch zu begegnen.«

»Früher hätte ich gesagt, daß ich lieber mit Frauen als mit Männern arbeite«, resümiert Vera ihre Erfahrung mit weiblichen Untergebenen, »inzwischen sind mir Männer jedoch bedeutend lieber. Männer sind längst nicht so schwierig wie Frauen.« Eine häufig gehörte Klage: Frauen sind von Frauen enttäuscht. Vera: »Krankheitsgetue habe ich mit Männern nie erlebt. Auch nicht diese ›Ich bin ja dauernd unterdrückt‹-Nummer. Wenn ich Besuch hatte und meine Sekretärin bat, uns etwas zu trinken zu bringen, passierte erst mal gar nichts, dann knallte sie die Tassen auf den Tisch. Als ich sie zur Rede stellte, giftete sie mich an, sie sei kein Dienstmädchen. Von den Kollegen erfuhr ich, daß sie für ihren früheren Chef immer ein halbes Dutzend Teesorten bereithielt und je nach Tageszeit bereitwilligst und unaufgefordert den Tee servierte, den der Herr gerade wünschte.«

Vera ist durchaus der Meinung, daß eine Sekretärin nicht als persönliche Bedienung »mißbraucht« werden soll. Aus diesem Grund hat sie eine Kaffeemaschine in ihr Büro gestellt und kocht sich morgens ihren Kaffee selbst. Vera findet es auch »albern«, erst die Sekretärin anzurufen, um sich von ihr eine Telefonverbindung herstellen zu lassen. Sie wählt selber. Ihr Vorgänger hat das anders gehandhabt: Er läßt seine Sekretärin springen. Und die springt. Sie kauft sogar für ihn privat ein, was sie mit besonderem Stolz erfüllt. Vera dagegen will ihre Mitarbeiterin »qualifiziert« einsetzen. Mit dem Ergebnis, daß sie von ihr quasi boykottiert wird. Vera versucht, in Gesprächen »von Frau zu Frau« um die Gunst ihrer Mitarbeiterin zu werben. Sie geht auf alle Ausreden und Wünsche ein – vergeblich. Es tritt eher das Gegenteil ein: Je weniger Vera als Chefin auftritt, desto willkürlicher springt die Sekretärin mit ihr um. Vera ist tief enttäuscht.

Was sie nicht begreift: Der Schlüssel zum Verhalten der Mitarbeiterin ist deren Ego. Für einen Mann zu arbeiten, verleiht Bedeutung. Da geht es der Sekretärin nicht anders als vielen Ehefrauen, die sich im Glanz der Position und der Erfolge des Ehemanns sonnen. Der männliche Chef wertet die Sekretärin auf. Und je mehr er sie für persönliche Belange heranzieht, desto besser fürs Ego. Für eine Frau zu arbeiten, ist für weibliche Untergebene häufig gleichbedeutend mit einem Verlust an Bedeutung, darauf kann man nicht stolz sein. Also werden der weiblichen Vorgesetzten Stolpersteine in den Weg gerollt. Sie wird sabotiert, um sie aufs Normalmaß zu beschneiden. Dieser Selbsthaß – das anerzogene weibliche Verhalten, sich einem Mann unterzuordnen – ist noch immer weit verbreitet.

Vera macht den Fehler, auf Verständnis und nicht auf Autorität zu setzen. Parallelen aus dem täglichen Leben belegen, warum: Einer Prinzessin Diana würden auch Frauen die Schleppe tragen, die Nachbarin dagegen, die ein bißchen mehr Erfolg und Wohlstand als man selber hat, wird heftig angefeindet. Auf gleicher Ebene beißt man sich weg, eindeutige Überlegenheit wird akzeptiert.

Den eigenen Motiven auf die Spur kommen

»Bin ich nett zu den Mitarbeitern, nutzen sie mich nur aus«, ist eine bei Führungskräften oft gehörte Klage. Vera wie Bernhard fühlen sich mißbraucht. Sie wollen anders sein als andere, als »böse« Kollegen oder Chefs. Sie wollen erst recht die Schwachen schonen – um selber geschont zu werden. Denn hinter dem rücksichtsvollen Verhalten verbirgt sich Unausgesprochenes, nämlich die Erwartung »Wenn ich nett zu dir bin, dann bist du nett zu mir und tust, was ich von dir erwarte.« Man will keine Konfrontation, aber sehr wohl, daß die Dinge laufen, wie man es sich vorstellt. Das ist keine bequeme, doch eine wichtige Einsicht, denn nur wer seinen persönlichen Anteil an Störungen erkennt, versetzt sich in die Lage, etwas zu ändern. Veras und Bernhards Freundlichkeit und Rücksichtnahme sind nichts anderes als eine gut kaschierte Schwäche. Aus Angst vor der Konfrontation. Die Mitarbeiter machen sich diese Schwäche zunutze wie Kinder schwacher Eltern, die genau wissen, welchen Knopf sie drücken müssen, um ihren Willen durchzusetzen.

Vera betont häufig, daß sie anfangs alles versucht hat, den Kolleginnen »schonend beizubringen, daß es so nicht geht«. Wie sollte es nach Veras Vorstellungen gehen? Hat sie klar und deutlich ausgeprochen, wie sie sich eine Zusammenarbeit vorstellt? Vera beschäftigt sich ausgiebig mit jeder Ausrede. Die Tatsache, daß es sich bei diesen Ausreden um vorgeschobene Krankheiten handelt, macht es ihr wie Bernhard erst recht schwer, sie als solche wahrzunehmen. Beider Problem ist jedoch, daß sie grundsätzlich Schwierigkeiten haben, Ausreden einen Riegel vorzuschieben.

Dr. Jens Schiermann: »Wer seine Wünsche direkt äußert, muß mit Ablehnung rechnen, wer sich jedoch nicht festlegt, kann hinterher sagen, ich habe es nicht so gemeint. Wer Wünsche oder Forderungen klar äußert, könnte später, wenn etwas schiefgeht, dem Vorwurf ausgesetzt sein: Sie haben es so gewollt. Wer sich da lieber raushält, kann einerseits weniger mitbestimmen, er braucht aber auch kein schlechtes Gewissen zu haben, wenn etwas schiefgegangen ist. Die Angst vor dem Mißlingen oder der Blamage lähmt die Entscheidungskraft.«

»Muß ich denn um selbstverständliche Dinge bitten?« sagen sowohl Bernhard wie Vera im Gespräch. »Man kann doch wohl erwarten, daß Menschen selbst darauf kommen, daß man sich nicht dauernd vor der Arbeit drücken kann.« Ein nur scheinbar gutes pädagogisches Konzept! Die Einstellung, jemanden zu nichts zwingen zu wollen, ist auch eine Art Zwang. Und zwar ein intensiverer, als jede direkte Einflußnahme. Durch den Appell an die Freiwilligkeit wird jeder Widerstand ausgehebelt. Man kann immer mit einer Bemerkung wie »Regen Sie sich doch nicht auf, ich zwinge Sie ja zu nichts« den Rückzug antreten. Einen Kranken unter Druck zu setzen, mehr zu arbeiten, macht einen in den Augen der anderen zum Unmenschen. Und nach der eigenen Einschätzung zu handeln, daß der Tat-Kranke ein Drückeberger ist, birgt die Gefahr in sich, daß der Beweis des Gegenteils angetreten wird: Der Tat-Kranke wird noch kränker, man steht erst recht als Menschenschinder da. Das macht angst und ein schlechtes Gewissen. Da ist es einfacher, das eigene schlechte Gewissen loszuwerden, indem man sich in der Fluchtburg Nettigkeit und Indirektheit verschanzt.

Doch an andere zu denken und Rücksicht zu nehmen, heißt nicht, an sich selbst nicht zu denken. Wer einem anderen Egoismus vorwirft – Vera und Bernhards Kollegen sind gute Beispiele dafür –, weiß sehr genau, was er vom anderen will und setzt es konsequent durch. Janice La Roche und Regina Ryan raten darum in ihrem Buch *Strategien für Frauen im Beruf* mit Nachdruck: »Nicht auf das Spiel ›Hilfloses Baby‹ einzugehen, gibt Ihrem Gegenüber zu verstehen, daß Sie sich nicht manipulieren lassen. Falls Sie sich sorgen, nicht als ›einfühlsam‹ zu gelten, seien Sie versichert: Es ist ›einfühlsam‹, Menschen wie verantwortliche Erwachsene zu behandeln.«

Auch die Gewissensangst lähmt die Entscheidungskraft. Marita wird erst nach der Trennung von ihrem Partner klar, daß er vertraute Ängste geweckt hat. »Mir fiel plötzlich wieder ein, wie ich als Vierzehnjährige vom Selbstmord meines Großvaters erfuhr. Er hatte sich aufgehängt. Meine Eltern und ich hatten eine Zeitlang bei den Großeltern gelebt. Die Großmutter war meines Vaters Stiefmutter, eine bitterböse wie im Märchen. Mein Vater hatte mir erzählt, wie er und seine Brüder unter der furchtbaren Frau gelitten hatten. Mein Großvater wollte nichts davon hören. Wenn die Kinder sich beklagten, wurde ihnen das Wort abgeschnitten. Zum Selbstmord kam es, als mein Großvater eines Tages Sparbücher der Großmutter auf den Namen der unehelichen Tochter dieser Frau fand. Es war eine Menge Geld auf diesen Sparkonten, das sie den Stiefkindern im wahrsten Sinne des Wortes vom Mund abgespart hatte. Meinem Großvater wurde in dem Augenblick

wohl bewußt, wie schlecht es seinen Söhnen tatsächlich gegangen sein muß. Sie hatten Hunderte Male
versucht, ihm zu sagen, daß sie nichts zu essen bekä-
men, weil die Stiefmutter die Schränke abschloß und
ihnen nur billigstes Essen in kleinen Rationen vor-
setzte; daß sie frieren mußten, weil nur ein kleiner
Raum, den die Kinder nicht betreten durften, im
Winter geheizt war. Man fand die aufgeschlagenen
Sparbücher – und meinen Großvater aufgehängt am
Strick.

Auch mein Vater drohte in den darauffolgenden
Jahren in kritischen Situationen immer wieder mit
dem Satz ›Dann bringe ich mich um‹. Zum Beispiel
als ich von zu Hause ausziehen wollte. Ich habe mich
darüber hinweggesetzt, aber ich hatte panische
Angst. Meine Schwester beugte sich dem Druck. Als
sie heiratete und die Rede von einer eigenen Wohnung war, drohte mein Vater täglich mit Selbstmord.
›Wozu‹, griff er sie an, ›habe ich mein Leben lang ge-
schuftet? Doch nur, um dieses Haus für meine Kinder zu bauen. Ich bringe mich um, wenn das alles
umsonst gewesen sein soll!‹ Meine Schwester wohnt
mit ihrer Familie noch immer im Haus meiner Eltern;
sie ist schwer migränekrank, das Zusammenleben ist
eine Katastrophe. Ähnliche Angst wie damals bei
den Suiziddrohungen meines Vaters hatte ich, als
mein Anwalt mir zur Abmahnung meines Partners
riet. Der war sehr geschickt darin, durchblicken zu
lassen, daß er über große Tablettenvorräte verfügt
und sie eines Tages schluckt. Heute kann ich spüren,
wie groß meine Angst war. Bei meinem Vater, so
mein Gefühl, war ich dicht dran, durch mein Verhalten seinen Selbstmord zu provozieren. Es war gutgegangen, obwohl ich mich ihm widersetzt hatte. Noch
mal, dachte ich, würde mir das Schicksal eine Rebel-
lion nicht durchgehen lassen.«

Gebrechlichkeit ist eine Waffe, die sich vortrefflich gegen Jüngere richten läßt, um alte symbiotische Abhängigkeitsverhältnisse aufrechtzuerhalten und den eigenen Lebensfrust wie die eigenen Lebenslügen zu Lasten anderer abzuwehren. Der Hinweis darauf, daß die Kinder spätestens am Grab ihr egoistisches Verhalten bitter bereuen werden, verfehlt zumeist nicht seine Wirkung: Man läßt sich in die Pflicht nehmen und zahlt den Tribut mit der Münze Dankbarkeit, mit gefälligem Verhalten. Die Tatsache, daß die Gesellschaft auf der Schwelle zum 21. Jahrhundert Menschen, die nicht mehr auf der Welle des Jugendwahns mitschwimmen können, gnadenlos ins Aus manövriert, macht auch Nicht-Angehörige anfällig für Erpressungen nach dem Muster »Wenn du selber alt bist, wirst du am eigenen Leibe erleben, wie das ist.«

Der Fall Gerti M.

Als Gerti ihre dreißig Jahre ältere Bekannte und spätere Freundin kennenlernt, ist die noch berufstätig, sehr tatkräftig, energisch, weltoffen. Gerti ist beeindruckt. Die Frau reist viel, hat international illustre Freunde, von denen sie erzählt. Sie hat immer allein gelebt, aber nicht, wie sie betont, weil es an heiratswilligen Männern gefehlt hätte, sondern weil sie nicht bereit ist, ihr Boheme-Leben aufzugeben. Die beiden Frauen leben in verschiedenen Städten, treffen sich gelegentlich in Restaurants, telefonieren viel.

Gerti lebt in den ersten Jahren der Bekanntschaft und Freundschaft in einer sehr unglücklichen Beziehung. Sie schafft es erst nach großen Anstrengungen, sich von dem Mann zu trennen. Und hat, als sie es endlich schafft, die ersten Konflikte mit ihrer Freundin. »Erstaunlicherweise war sie plötzlich ganz anders, obwohl doch gerade sie mich immer darin bestärkt hatte, daß es eine Beziehung ist, aus der ich mich dringend lösen muß. Mein Freund war ein ziemlich bekannter Mann, und sie erzählte mir dauernd, daß sie über ihn gelesen hat, daß er ein hochinteressanter Zeitgenosse ist, daß ihr zu Ohren gekommen ist, daß er eine neue Freundin hat. Wir waren gerade einige Monate getrennt, und mir tat weh, was sie erzählte. Sie streute Salz in die Wunden. Ich bat sie, nicht von ihm zu sprechen, weil ich Zeit brauche, darüber hinwegzukommen. Dann sagte sie Sätze wie: ›Du wirst nie darüber hinwegkommen, der Mann steckt dir im Blut, und so ein Mann wie er wird dir nie wieder begegnen.‹ Wir stritten und einigten uns schließlich darauf, das Thema zwischen uns zu streichen. Es wurde auch dadurch überlagert, daß meine Freundin am Rücken und an den Füßen operiert werden mußte.

Sie war achtundfünfzig Jahre, hatte die Operation gut überstanden, und entschloß sich, zum großen Erstaunen aller, die sie kannten, ihren Beruf aufzugeben. Sie handelte mit der Firma eine Vorruhestandsregelung aus. Von dem Zeitpunkt an ging es mit unserer Freundschaft bergab. Meine Freundin war nicht wiederzuerkennen. Erst dachte ich, das sind die Übergangsschwierigkeiten. Es ist nicht leicht, plötzlich nichts mehr zu tun zu haben und nach einem neuen Lebensinhalt zu suchen. Aber nach drei Jahren habe ich die Beziehung zu ihr abgebrochen. Ich konnte nicht mehr.«

Seitdem die Freundin im Vorruhestand ist, ruft sie täglich an. Es gibt nur zwei Themen: Ihre Operationen sind mißlungen, sie hat Rückenschmerzen, und sie wird von allen gemieden, weil niemand etwas mit einem alten Menschen zu tun haben will. Ein alter Mensch ist out, passé, altes Eisen. Sie geht kaum mehr vor die Tür, und auch Gerti wird mit subtilen Beschuldigungen überhäuft. Sie werden in Verständnis gekleidet: »Ich kann ja verstehen, daß du keine Zeit für mich hast, wer will sich schon mit einem alten, kranken Menschen belasten? In deinem Alter mußt du mit jungen, erfolgreichen Menschen zusammensein.« »Lange habe ich mich dadurch unter Druck setzen lassen«, erzählt Gerti. »Ich wollte ihr beweisen, sie davon überzeugen, daß dem nicht so ist. Stundenlang hörte ich mir ihre stets gleichen Geschichten über ihre gesundheitlichen Probleme an. Sie hatte täglich andere Ausreden, warum sie nichts tun und nicht unter Menschen gehen kann. Zum Beispiel weil sie es ›eine Zumutung für andere findet, mit orthopädischen Schuhen aufzutreten‹. Das wollte sie niemandem zumuten. Die früheren Kollegen schickten ihr Blumensträuße. Und sie war wütend! Sie fand es eine Unverschämtheit, daß nicht ›ordnungsgemäß‹ angerufen wurde, um zu fragen, ob es ihr recht sei, daß der Blumenbote kommt. Wenn sie zu Hause war und es klingelte, war sie sauer, ›überfallen‹ zu werden, sie wollte niemanden, auch keinen Blumenboten, unangemeldet vor der Tür haben. Wenn sie nicht da war und einen Zettel vorfand, sie möge sich im Blumenladen melden, man habe etwas für sie, war sie auch aufgebracht, weil sie ›gezwungen‹ wurde, sich wegen der Zustellung Gedanken zu machen. Ich fragte sie einmal, ob es ihr denn wirklich lieber wäre, wenn ihr niemand mehr eine Freude macht. Und erntete Zorn. Sie warf mir

vor, kein Verständnis für die zwischen Menschen gebotene Rücksichtnahme zu haben. Blumen ja, aber
bitte nach ihren Regeln und Vorstellungen.

Bei ihr zu Hause konnte ich sie nicht treffen, angeblich, weil ihre Wohnung nicht aufgeräumt war.
Darum versuchte ich, mich mit ihr im Restaurant zu
verabreden. Das geriet zum Staatsakt. Keines paßte,
weil überall Stühle waren, auf denen sie nicht sitzen
konnte, weil die Anordnung der Tische unbequem
oder das Restaurant zu fein war, da sie zu ihren guten
Sachen nicht mehr die richtigen Schuhe tragen
konnte. Wenn ich fragte, ob sie nicht auch der Meinung sei, daß es angenehmer ist, mit Schmerzen an
einem schönen Ort einen netten Abend zu verbringen als alleine zu Hause zu sitzen, zieh sie mich erneut mangelnder Sensibilität. Ihre Schmerzen konnte
ihr niemand nachfühlen!«

Den ersten tiefen Knacks bekommt die Freundschaft, als Gerti einen Mann kennenlernt, der zwölf
Jahre jünger ist als sie. Es hagelt Warnungen von der
Freundin. Sie kommt täglich mit anderen abschrek-
kenden Beispielen und schließlich mit einem aus
ihrem Leben: Ihre große Liebe war nur fünf Jahre
jünger und betrog sie nach knapp einem Jahr mit
einer fünfzehn Jahre jüngeren Frau. ›Männer‹, wütet
sie, ›wollen nur eines – junges Fleisch‹. Gerti beginnt
zu ahnen, daß die Freundin viel Bitterkeit in sich vergraben hat.

»Ich habe alles Mogliche versucht, sie aus der Isolation, in der sie lebte, rauszubekommen. Einmal
schien es mir zu gelingen. Sie nahm den Zug und kam
mich besuchen. Die Wochenendvisite war ein Drama.
Es begann damit, daß sie ihr Gepäck vorschicken
mußte, weil sie nicht viel tragen durfte. Mir war nicht
klar, warum sie für zwei Tage so viele Sachen
brauchte. Ich deutete das kurz an und erntete ein bö-

ses ›das ist doch wohl meine Sache‹. Da sie im Hotel wohnen wollte, weil sie in meinem Gästebett – das sie gar nicht kannte – wegen ihres Rückens nicht schlafen konnte, wurde das Hotel mobilisiert, dafür zu sorgen, daß die Pakete von der Bahn abgeholt wurden. Die machten das auch. Doch sie war noch nicht eine Stunde in ihrem Zimmer, da kannte sie jeder Angestellte, weil alle für sie springen mußten. Die Matratze war nicht in Ordnung und gehörte ausgetauscht; die Bettwäsche war allergieverdächtig, der Tisch zu hoch für ihren Rücken, an dem konnte sie nicht sitzen. Wegen der zwei Tage mußte das Hotelzimmer quasi neu möbliert werden, obwohl sie die meiste Zeit mit mir verbrachte und gar nicht drin war. Sie setzte jeden mit Schuldgefühlen unter Druck: Wenn man alt und krank ist, hieß es, wird man ausrangiert und fallengelassen. ›Du bist noch jung‹, bekam ich bei jedem Anruf zu hören, ›in ein paar Jahren wirst du selber erleben, wie das ist.‹

Ich habe mir große Mühe gegeben, sie so oft wie möglich zu besuchen. Obwohl ich keine Lust mehr dazu hatte, denn ich mußte mich bei allem, was ich tat, schuldig fühlen. ›Ja, ja‹, war eine ihrer Lieblingseinwendungen, wenn ich von einer Dienstreise erzählte, ›wenn man jung ist, hat man anderes im Kopf, dann will man sich nicht um ein Klappergestell wie ich es bin kümmern.‹ Ich wollte mich ja kümmern, aber ich hatte eben auch viel Arbeit. Eines Tages hatte ich mich zum nachmittäglichen Kaffee angesagt. Mir platzte ein Termin, ich war nur einen Tag in der Stadt und mußte umdisponieren. Ich rief meine Freundin an und schlug vor, daß ich zwei Stunden früher komme. Sie pfiff mich an. Wie ich dazu komme, einfach bei ihr reinzuschneien. Sie sei auf den Nachmittag eingerichtet und ich könne nicht einfach über ihre Zeit verfügen. Das war der Tropfen, der das Faß zum Überlaufen brachte. Ich habe mich nicht mehr bei ihr gemeldet und sie sich auch nicht mehr bei mir.«

Der Fall Martin K.

Schon als junge Frau hat Ingrid den Bogen raus und macht keinen Hehl daraus, daß sie ihren zunächst noch liebevollen und besorgten Ehemann Martin mittels Schmerzen und Krankheit manipuliert und terrorisiert. Symptomatisch ist folgende Episode, die ihre Schwester erzählt: »Wir verbrachten gemeinsam einen Urlaub an der Ostsee. Martin, schon immer ein lebenslustiger Typ, fand schnell Kontakt zu anderen Familien, plauderte, scherzte mit ihnen, spielte Federball mit den Kindern oder schwamm mit den jungen Vätern um die Wette. Ingrid saß im Strandkorb und nahm ihm den Spaß, den er hatte, sichtbar übel. Am dritten Tag klagte sie über angeblich unerträgliche Kopfschmerzen. Martin kümmerte sich rührend um sie, holte Tabletten und Wasser, massierte ihr den Nacken, brachte ihr Kompressen und Eis. Ingrid jammerte weiter. Als Martin wieder einmal losflitzte, um irgend etwas für ihr Wohlbefinden zu besorgen, fragte ich meine Schwester: ›Sag mal, sind denn deine Kopfschmerzen wirklich so schlimm?‹ ›Ach wo‹, erwiderte Ingrid ganz munter, ›aber man muß die Männer rechtzeitig dazu anhalten, daß sie sich um ihre Frau kümmern. Martin soll sich ruhig mal ein bißchen für mich anstrengen.‹« Ingrids »Leidens-Druck« auf ihren Mann, bald auch auf die beiden Töchter, wird im Laufe der Jahre immer stärker. Selbstredend hat sie alle einschlägigen Wehwehchen wie Kopf- und Magenschmerzen, Herzrasen und Kreislaufprobleme, am liebsten hat sie die Allerweltskrankheit vegetative Dystonie, mit der sie jeden ihrer Wünsche durchzusetzen versucht.

Aber Ingrid hat Pech. Zwar beugt sich die Familie eine Zeitlang, springt und sorgt sich, wie die Mutter es beabsichtigt hat, doch über die Jahre stumpfen der Ehemann wie die Kinder ab. Wenn Ingrid meint, im Bett bleiben zu müssen, bekommt sie zwar das Essen gebracht, aber keiner bedauert sie lautstark, keiner hält mehr Händchen, keiner sagt deswegen eine Verabredung ab. Die halbflüggen Töchter beginnen, ihre eigenen Wege zu gehen, Martin wendet sich seiner jungen Sekretärin zu.

Als Ingrid davon erfährt, macht sie den ersten Selbstmordversuch. Sie hat nicht nur reichlich Schlaf- und Beruhigungstabletten in der Schublade, sondern weiß auch, welche Wirkungen sie in wohldosierter Übermenge hervorrufen. Denn selbstverständlich ist dieser Suizidversuch nicht lebensgefährlich. Ingrid nimmt die Tabletten, als ihr Mann und eine der Töchter im Haus sind und torkelt mit dem Satz »Ich will nicht mehr leben« aus dem Schlafzimmer. Die Reaktion auf ihren Auftritt ist ganz in ihrem Sinne. Für einige Sekunden bricht Panik aus. Der Arzt wird gerufen, Ingrid kommt ins Krankenhaus. Doch der Arzt gibt Entwarnung. Sie hat zwar einige Tabletten zuviel genommen, aber sie kann nach wenigen Stunden bereits wieder entlassen werden. Daß sie versucht hat, die Familie mit einem vorgetäuschten Selbstmord unter Druck zu setzen, weist Ingrid energisch von sich. Ihre Erklärung: Sie muß Tabletten nehmen und hat einige mehr geschluckt, weil die Normaldosis nicht mehr ausreicht, sie in den Schlaf zu bringen. Schuld ist ihr Mann. Die große Verzweiflung ob seiner Treulosigkeit hat Herzflattern, Schlaflosigkeit und andere Symptome hervorgerufen, so daß sie gezwungenermaßen zu ihren Pillen greift.

Von nun an stimmt sie immer wieder das Lied an: »Ihr werdet auch noch erleben, wie es ist, alt und nicht mehr begehrenswert zu sein, verletzt und zurückgesetzt zu werden.«

Geschockt vom halben Suizidversuch, kümmert sich die übrige Familie aus schlechtem Gewissen wieder verstärkt um die scheinbar Lebensmüde. Jedenfalls für einige Wochen. »Aber letztendlich hatten wir ja auch unsere eigenen Probleme«, sagt Katrin, die jüngste Tochter, »mit unserem Beruf, mit dem Partner. Vater wandte sich karitativen Aufgaben zu, kandidierte fürs Bezirskparlament und kümmerte sich um die Integration von Ausländerkindern.« Ingrid kann das weder verstehen noch akzeptieren. Sie überwirft sich mit allen, weil sie »links liegengelassen wird«. Aber da zeigt sich ein Silberstreifen am Horizont: Katrin bringt Rainer als künftigen Schwiegersohn ins Haus. Ihr Vater Martin ist dem jungen Mann nicht sonderlich zugetan. Zum einen ist Katrin seine Lieblingstochter, die er nicht, jedenfalls noch nicht, verlieren will; zum anderen ist ihm Rainers soziale wie finanzielle Situation nicht gut genug für seine Katrin.

»Vater war immer völlig unverbindlich, so als sei Rainer lediglich eine vorübergehende Laune, ein harmloser Flirt, der sich von allein erledigte. Und wenn ich sagte: ›Vater, Rainer und ich wollen heiraten‹, dann schaltete er auf Durchzug.«

Rainer, der zu diesem Zeitpunkt noch nicht weiß, wie Katrins Familie »tickt«, sucht in Katrins Mutter eine Verbündete und geht bereitwillig auf alle ihre Forderungen und Wünsche ein. Er wird der große Kümmerer. Katrin: »Das ging so weit, daß Mutter ihn völlig vereinnahmte. Wenn ich dagegen opponierte, stimmte Mutter ihr Credo an: ›Wenn du mal alt und krank bist, wirst du schon sehen, wie sehr es schmerzt, beiseite geschoben zu werden.‹ Rainer nahm sich das sehr zu Herzen. Wenn ich versuchte, mit ihm über Mutters krassen Egoismus zu sprechen, warf er mir Undankbarkeit und Herzlosigkeit vor: ›Sie ist doch schließlich deine Mutter!‹ ›Aber sie hat doch nicht das Recht, mein Leben kaputt zu machen‹, sagte ich dann. Als er mir dann Hysterie und Überspanntheit vorwarf, wollte ich mich von ihm trennen, obwohl ich inzwischen schwanger war.«

Es kommt zu endlosen Diskussionen, zu immer stärker werdenden Spannungen zwischen den jungen Leuten. Trotz der Schwangerschaft droht die Beziehung zu scheitern. Aber das Kind, das Katrin zur Welt bringt, hat eine Anomalie am Herzen, zwar operabel, doch von nun an beansprucht dieses Baby alle Zeit, Aufmerksamkeit und Fürsorge der Eltern. Natürlich merkt Ingrid sofort, daß sie an Terrain verliert. Prompt wird sie krank und kränker, verläßt kaum noch ihr Bett, stößt jetzt auch bei Rainer auf wachsendes Unverständnis: »Mir tat meine Schwiegermutter zwar leid, aber das kleine, kranke Wesen hatte selbstverständlich Vorrang. Das mußte eine Großmutter doch einsehen.«

Die Großmutter sieht ganz und gar nicht ein, daß das Baby ihr den Rang abläuft. Zutiefst enttäuscht und gekränkt von ihrem Schwiegersohn greift sie zu dem bewährten drastischen Mittel, das ihr schon einmal Aufmerksamkeit zurückgebracht hat. Sie unternimmt einen zweiten Suizidversuch, wiederum getarnt als »große Sorge um mein armes, kleines Enkelkind. Ohne Tabletten kann ich ja nachts kein Auge mehr zutun.« Aber diesmal bleibt der erwartete Erfolg aus. Ingrid hat das Goodwill-Konto der Familie endgültig überzogen. Fortan ist es vor allem Rainer, der sein Kind vor den Manipulationen seiner Großmutter zu schützen versucht.

Die Tyrannei der Gebrechlichkeit

Isolation – oder auch nur die Angst davor – auf seiten der Alten, Unsicherheit und Zukunftsangst auf seiten der Jungen, das ist ein hochexplosiver Generationen-Mix, der in vielen Familien zu Aggression und Ty-rannei führt. Altersmäßig steht die Welt kopf, im Jahr 2030 wird jeder zweite Deutsche über sechzig sein. Horrorszenarien vom Generationenkrieg schü-ren die Angst auf beiden Seiten. Wie leben die Alten von heute, wie ist das Verhältnis zwischen alt und jung? »Die Alten werden immer jünger. Sie sind fit, vital und finanzstark wie nie«, ist ein Ergebnis der 1995er Generationenstudie des Instituts für Demo-skopie in Allensbach. Eine »Wahrheit«, die die psy-chische Not, alt zu werden und die Altersarmut völ-lig ignoriert. Allein fünfundsiebzig Prozent der Frau-enrenten liegen unter tausend Mark. Bilder von kreuzfahrenden, golfenden, luxuskurenden, fidelen Pensionären lenken den Blick auf einen Ausschnitt der Wirklichkeit, dem eine wachsende Zahl entmu-tigter junger Leute und Familien entgegensteht. Sie plagen Frust und Existenzangst, ein Resultat der Massenarbeitslosigkeit, der allgemeinen gesellschaft-lichen Verunsicherung, der wachsenden Steuer- und Abgabenlast. Das erzeugt auch Neid auf wohlsitu-ierte Alte, ›die nur noch an sich denken‹, ihr Leben un-beschwert genießen wollen. Und Abwehr gegenüber Alten, die sich aus ihrer Angst vor völliger Isolation, vor dem Verlust der letzten sinnvollen Einbindung ins Leben, an die Jungfamilie klammern.

Zudem ist Altsein angstbesetzter denn je, zeigen sich die Angstfolgen der massiven Verdrängung des Todes in aller Schärfe. »Forscher halten ein Leben ohne Grenzen für machbar«, schreibt eine junge Autorin in der auf den Jugendkult spezialisierten

Zeitschrift *Amica*. »Hundertzwanzig Jahre alt, fit wie ein Turnschuh und auf dem Weg zur Unsterblichkeit« ist die groteske Botschaft, die sie aus Las Vegas meldet, der Hauptstadt der Lügen und des Glücksspiels, dem Tagungsort der »Third International Conference on Anti-Aging Medicine & Biomedical Technologie«. Dem Tod das Kreuz zu brechen, ist das Wahnziel, und die Versammelten greifen zu jedem Mittel. Sie schlucken Deprenyl zur Steigerung von Laune und Libido, Vinpocetin zur besseren Sauerstoffversorgung des Gehirns, DHEA zur Lebensverlängerung – alles völlig unerforschte Substanzen, die nur unter der Hand zu kriegen sind. »Ich bin siebzig«, sagt William Regelson, Mit-Autor des Bestsellers *Melantonin Miracle*, »ich habe keine Lust zu sterben, ich muß jetzt was unternehmen.« Die Wirkung des Mittels Melantonin, das als Wunderwaffe gegen das Altern eine regelrechte Manie auslöste, ist an Mäusen zu bestaunen: Sie wurden zu angeblich glücklichen, uralten Sexmaniacs.

Vom Jahrmarkt des Jugendkults wird berichtet: »Im Ausstellungszelt am Rande der Konferenz, wo die Dealer ihre Stände aufgebaut haben, finden sich Stoffe, von denen die Wissenschaftler nebenan teils noch nicht einmal gehört haben: hochdosierte Vitaminmischungen wie der ›Life Extension Mix‹ mit vierundfünfzig verschiedenen Wirkstoffen, von dem vierzehn Kapseln täglich geschluckt werden müssen. Oder lebensverlängernde Kekse in den Geschmacksrichtungen Schokolade, Dattel, Erdnußbutter, mit Brokkolikonzentrat (gegen Krebs) und eingebautem Appetithemmer. Oder das Körperentgiftungsprogramm ›Cleanse/Detoxify‹, das zweieinhalb Monate dauert und einem mindestens zweimal täglich Stuhlgang beschert.« Ein neunundsiebzigjähriges Versuchskaninchen beschreibt dankbar die großartige

Wirkung: »Nach einem Monat Entgiftung habe ich endlich die Energie gefunden, die Garage aufzuräumen. Meine Frau ist begeistert.«

Die Versuche der Alten, dem Abstellgleis Altersheim oder der Einsamkeit zu entkommen, beschränken sich häufig auf den Griff zur Waffe Krankheit, um alte Macht- und Abhängigkeitspositionen der Kinder- und Enkelgeneration gegenüber zu zementieren. Horst-Eberhard Richter schreibt in *Patient Familie* zur »Tyrannei der Ohnmacht und Gebrechlichkeit«: »Das ist der Fall der alten Leute, die ihre Präsenz, unter Umständen sogar ihre dominante Rolle in der Jungfamilie durch Manipulation von Schuldgefühlen zu verteidigen verstehen. Unter fortgesetzten Hinweisen auf die eigene Kränklichkeit und Schwäche suggerieren sie ihren Kindern laufend Selbstvorwürfe als Strafe für deren Verselbständigungs- und Distanzierungswünsche. Fortgesetzt wird argumentiert, daß man sich als armer alter Mensch eben wehrlos herumstoßen lassen müsse, daß man ja ohnehin nur noch kurze Zeit leben werde und daß es den Jüngeren gewiß sehr recht sei, wenn sie diese Frist durch ihr unduldsames Verhalten noch weiter abkürzen könnten. Der Hinweis auf das Grab, an dessen Rand die Kinder vielleicht noch einmal ihren Egoismus bereuen würden, ist meist der letzte Trumpf dieser ebenso grotesken wie allzuoft noch effektiven Strategie.«

Mit der Waffe Krankheit lassen sich vielerlei eigene Nöte abwehren. Gertis Freundin weist immer wieder darauf hin, wie reich gesegnet sie in ihrem Leben mit Männern war. Der einzige Mann jedoch, der in ihrem Leben seit vielen Jahren vorkommt, ist ihr kranker Schwager. Den hat ein Unfall um den Verstand gebracht. Er hat Anfälle von Gewalttätigkeit, erkennt seine Frau nicht mehr und muß in einem

Pflegeheim untergebracht werden. Gertis Freundin bemächtigt sich seiner in einer Weise, die der gesundheitlich sehr angegriffenen Ehefrau keinerlei Chance läßt. Der Mann gehört jetzt ihr, der Schwägerin, sie opfert sich für ihn auf: »Ich kann doch keine Rücksicht auf mich nehmen und auch nicht auf meine Schwester, ich weiß doch wie es ist, alt, gebrechlich und ausgestoßen zu sein. Wenn meine Schwester ihren Mann nicht besuchen und sich um ihn kümmern kann, muß ich das tun.« Wäre man der Schwester dabei behilflich, könnte sie durchaus ihren Ehemann besuchen, doch sie wird rigoros von allem abgeschnitten und aus allem rausgehalten. »Du bist selber viel zu schwach«, wird sie in ihre Schranken verwiesen, »ich mach' das schon.« Als der Schwager stirbt, wird Gertis Freundin endgültig zur Dauer-Tat-Kranken. Sie klammert sich an den behandelnden Professor, dem sie ständig Inkompetenz und Kunstfehler vorwirft, läßt aber nicht von ihm ab. Andere Ärzte, so ihr Argument, sind auch nicht besser, es ist eben ihr unverdientes Schicksal, ein besonders hartes Alterslos tragen zu müssen. Erfolgreich verschleiert wird, daß der Professor zum unentbehrlichen Ersatzmann in ihrem Leben geworden ist. Je größer und belastender die eigenen Lebenslügen und Ängste sind, desto massiver sucht der Tat-Kranke nach Schuld-Partnern, um sie aufrechterhalten bzw. in Schach halten zu können.

TEIL III: WEGE AUS DER SCHULD-
PARTNERSCHAFT

Verantwortung ist das Schlüsselwort, der Tyrannei
des Tat-Kranken und der des eigenen schlechten
Gewissens zu entkommen. Verantwortung in zweierlei Richtung: Sie für sich selbst zu übernehmen
und den Kranken in seiner Verantwortung für sich
selbst ernst zu nehmen, sich nicht auf seine Spiele
einzulassen. Jeder kann sein eigenes, niemand das
Leben eines anderen ändern.

Welche Lebensprobleme stellen sich einem überhaupt? Es sind drei: Beziehungen zu anderen aufzunehmen, sich in den Arbeitsprozeß einzugliedern
und zur Liebesbeziehung fähig zu sein. Alfred Adler: »Das sind die drei Hauptprobleme, zu deren
Lösung ein lebendiges Gemeinschaftsgefühl gehört.
Alle Versuche zur Lösung dieser Probleme ohne dieses Gemeinschaftsgefühl müssen natürlich scheitern. Wir sagen nicht, daß solche Menschen schuldig sind. Sie sind nicht schuldig, aber sie fehlen
später, weil sie frühzeitig nicht gelernt haben, sich
anzuschließen, sich als Teil des Ganzen zu betrachten.«

Tat-Kranke wählen sich Krankheitssymptome,
um andere bei der Lösung aller drei Lebensprobleme für sich arbeiten zu lassen, um sie sich gefügig zu machen, um sich über sie zu entlasten. Sie
haben Angst und operieren mit Angst, damit andere
ihnen zu Diensten sind. Solche Frondienste erbringt
nicht mehr, wer seine eigene Angst überwindet und
sich der Manipulation verweigert. Er wird verant-

wortungsbereit – das heißt frei von schlechtem Gewissen und Schuldgefühlen.

Bestimmte Mechanismen der Angstabwehr, das Imponiergehabe zum Beispiel oder das Sich-totstellen als Ausdruck der Versagensangst, sind situationsabhängig. Das heißt, je nach Situation wird mal dieses und mal jenes Register gezogen. Demgegenüber stehen menschliche Wesenseigenarten, die – situationsunabhängig – das Verhalten bestimmen. Diese Grundstimmungen gehören ebenso unabänderlich zur Persönlichkeit wie die Haarfarbe oder die Körpergröße. Die Tiefenpsychologie unterscheidet vier Wesenseigenarten: die schizoide, depressive, zwanghafte und hysterische. Sich der Selbstbetrachtung vor dem Hintergrund dieser Klassifizierung zu öffnen, ist von großem Nutzen, wird aber dadurch erschwert, daß ihr psychische Krankheitsbilder entsprechen. Als krankhaft sind diese Wesenseigenarten jedoch erst zu betrachten, wenn sie ausschließlich als Zwanghaftigkeit gelebt werden; als Grundanlagen prägen sie in der einen oder anderen Weise die Psyche eines jeden Menschen.

Psychische Wesenseigenarten

1. Die schizoide Wesenseigenart

Sie zeigt sich als Bindungsangst, als Angst vor Nähe. Die schizoide Persönlichkeit will sich von nichts und niemandem vereinnahmen lassen. Bei ihr dominiert der Verstand eindeutig das Gefühl. Man möchte unabhängig bleiben, geht zu anderen auf Distanz, um seiner Angst vor Nähe auszuweichen, ist auf der Hut. Die Fähigkeit zu beobachten ist außergewöhnlich gut ausgeprägt. Da die schizoide Persönlichkeitsstruktur wenig Übung im Umgang mit Menschen hat und über eine nur gering differenzierte Gefühlspalette verfügt (Schwarzweiß-Sichtweise), wird sozialer Kontakt weniger von Individuum zu Individuum gesucht, sondern aus der Gruppe heraus. Im Beruf setzt die schizoide Persönlichkeit auf eine ausschließlich rationale Betrachtung der Dinge und nimmt für sich in Anspruch, nach rein rationalen Kriterien zu unterscheiden. Sie zeichnet sich durch strenge Wissenschaftsgläubigkeit aus. Jeder andere Ansatz wird ins Reich des Hokuspokus verwiesen. Man strebt nach Höherem und möchte alles stets fest im Griff haben.

Die Übergänge zwischen normaler schizoider Persönlichkeitsstruktur und schizoider Neurose sind fließend. Der Schizoide kann sich so weit von der Welt zurückziehen, daß völlige Einsamkeit die Folge ist, er ins dunkle Nichts fällt. Reicht es als Schutzhaltung nicht mehr, Distanz zu halten, können beim Schizoiden gefährliche Aggressionen frei werden. Die Fähigkeit des Schizoiden, Gefühle von sich abzuspalten, macht diese Aggressionen, da nicht durch Gefühle besänftigt, so gefährlich.

2. Die depressive Wesenseigenart

Sie zeigt sich als Bescheidenheit und als große Bereitschaft, für andere dazusein. Man erträgt und verzichtet, weil man aufgrund starker Minderwertigkeitsgefühle nicht an seine Möglichkeiten glaubt. Ein Mensch mit depressiver Persönlichkeitsstruktur kann sich nur schwer durchsetzen und bringt kaum ein Nein über die Lippen – denn er leidet an Verlustangst und Schuldgefühlen. Anders als dem Schizoiden, bedeuten ihm Nähe Sicherheit und Geborgenheit viel, er ist geradezu abhängig von Menschen. Der depressive Charakter tritt auch bereitwillig hinter seinem Partner zurück und ist für ihn da. Er ist sehr hingebungsvoll und liebesfähig. Die Kehrseite der Medaille: Er agiert mit dem Hintergedanken, andere abhängig zu machen und über Schuldgefühle in die Dankbarkeit zu zwingen. Ein Mensch mit depressiver Persönlichkeitsstruktur steht unter großem Druck, denn es fällt ihm schwer zu sehen, daß die Welt nicht nur aus belastenden Forderungen besteht, sondern auch leichte Seiten, Glück und Erfolg, zu bieten hat.

Die depressive Wesensart hat ihre Wurzeln in Verwöhnung oder Entbehrung. Häufig ist die Mutter des Kindes von gleicher Wesensart, hat selber starke Verlustängste und macht das Kind zum Nabel ihres Lebens. Sie steht quasi zwischen dem Kind und der Welt, nimmt ihm alles ab und verbaut dem Kind jede Möglichkeit, seine eigenen Fähigkeiten, Wünsche und Bedürfnisse zu entdecken und zu leben. Die Mutter tritt dem größer werdenden Kind mit Lebenstraurigkeit gegenüber, lehnt Freunde ab, um das Kind ganz für sich zu behalten. Sie verursacht schwere Schuldgefühle vor allem dadurch, daß sie ihm ständig vorhält, was sie nicht alles für das Kind getan hat. Diese Vorhaltungen martern zusätzlich zu den ohnehin häufig aus dem Haß gegen die Mutter entstandenen heftigen Schuldgefühlen.

Wird ein Kind dagegen viel zu früh überfordert – beispielsweise durch eine Mutter, die nur unregelmäßig und ohne liebevolle Zuwendung stillt, erlebt es sich, da es entbehren muß, was es von der Mutter braucht, als nicht liebenswert, als Versager. Aus dieser Erfahrung, abgelehnt zu werden, fällt es dem Kind und späteren Erwachsenen schwer, an seinen Wert zu glauben. Ein Mensch mit krankhaft depressiver Persönlichkeitsstruktur sieht sich von Forderungen umzingelt, denen er nicht gerecht werden kann, denen er sich nicht gewachsen fühlt. Er kann aufgrund der Fixierung auf den Berg von Forderungen in Resignation, Apathie oder in die Abhängigkeit von Drogen geraten. Zudem kann der Haß auf die Mutter zum Selbstmord führen: Weil die Schuldgefühle nicht mehr ertragen und auf sich selbst gerichtet werden.

3. Die zwanghafte Wesenseigenart

Sie zeigt sich durch eine starke Affinität zu Grundsätzen und Prinzipien. Ist, was ich tue, gut oder böse? Diese Schwarzweiß-Frage ist der Leitfaden durchs Leben. Man setzt auf Sicherheit und Versicherungen, in der Familie muß alles laufen, wie man es gewohnt ist. Man ist konservativ bis dogmatisch und hält strikt an seinen Einsichten, Überzeugungen und Ritualen fest. Größter Feind ist das Chaos, das man bereits bei kleinsten Veränderungen wittert. Der zwanghafte Charakter ist verläßlich wie ein Uhrwerk und zeichnet sich durch die als typisch deutsch empfundenen Eigenschaften Fleiß, Tüchtigkeit, Pünktlichkeit, Strebsamkeit aus. Oft neigt er zur Sammelleidenschaft. Was ihn dazu motiviert? Die Hoffnung, eines Tages etwas unveränderbar Fertiges vorweisen zu können. Anderen gegenüber nimmt er für sich in Anspruch, hart, aber gerecht zu sein. Er fordert anderen nicht mehr ab, als sich selbst, ist sein Argument.

Daß andere diese selbstkasteienden Abforderungen in die Verzweiflung und Resignation treiben können, ist ihm nicht einsichtig zu machen. Gnadenlose Disziplin und sein Hang, alles im Griff haben zu müssen, rechtfertigt er mit der Feststellung, daß sonst alles drunter und drüber geht. Spontan zu sein, ist dem Zwanghaften wesensfremd, Unvorhergesehenes fürchtet er wie der Teufel das Weihwasser. Seine Überzeugungen sind festgemauert und unverrückbar. Es geht ihm nicht um das Abwägen von Argumenten, sondern allein darum, wer recht hat. Für ihn gibt es das absolut Richtige – seine eigenen Grundsätze und Prinzipien. Sie schützen ihn davor, echte Selbstverantwortung zu übernehmen. Die drei zentralen Bestandteile seines Lebens sind Schuldgefühle, Hemmungen und der Mangel an Spontanität. Der Zwanghafte wurde in seiner Kindheit zumeist extrem eingeschränkt. Das lebendige, häufig übermotorische Kind, das starke Affekte und Aggressionen zeigte, wird in die Zwangsjacke der Reglementierung gesteckt. Die Eltern schimpfen, tadeln, bestrafen sein Verhalten mit Liebesentzug; es erlebt seine Neigungen als böse und gefährlich.

4. *Die hysterische Wesenseigenart*
Schillernd wie eine Feuerwerkskaskade gestaltet der Hysteriker sein Leben. Man ist ein Meister des Rollenspiels, nimmt – je nach Gegenüber und Umständen – heute diese, morgen jene Haltung an. Nur keine Festlegungen, ist die Devise; das Dasein soll stets aufregend neu, anders, abenteuerlich sein. Mit seiner Lebenslust zieht der Hysteriker andere in seinen Bann. Selbstbestätigung und Selbstwertgefühl wird aus dem Moment gezogen und aus der Bewunderung durch die Mitmenschen. Warum wählt man sich eine immer andere Rolle, eine unechte Haltung, die dem eigenen Wesen nicht entspricht? Aus Angst, abgewiesen zu werden. Hysteriker gehen davon aus, daß sie vor anderen nur bestehen können, wenn sie seine Farben annehmen; wenn sie sind, wie der andere sie haben will. »To be what we are not« hat Aldous Huxley genannt, was mehr und mehr ein Charakterzug der modernen Gesellschaft geworden ist. Der Schein zählt, nicht das Sein.

Infantilität und Egozentrik sind wesentliche Facetten des hysterischen Charakters – abzulesen an der kindlichen Erwartung, daß dem Wunsch die sofortige Wunscherfüllung folgen soll. Ist dem nicht so, macht sich Frust breit: Man zankt, schmollt, zieht sich zurück. Hysteriker verschwinden mit Vorliebe im Schlafzimmer und legen sich beleidigt ins Bett. Schon bei nur geringem Frust reagieren sie heftig und ohne Rücksicht auf andere. Der hysterische Charakter kann, in krankhafter Ausprägung, anderen viel Leid zufügen, da es ihm schwerfällt, sich auf Mitmenschen einzustellen. Mitzufühlen ist ihm oft unmöglich. Andere sollen liefern, was man braucht.

Der Hysteriker ist ein Nehmer, kein Geber. Ursache für dieses Verhalten ist die Abwehr von Triebimpulsen, weil deren Bewußtwerdung unerträgliche Schuldgefühle hervorruft. Eine häufig zu beobachtende Beziehungsszene: Die Ehefrau reagiert mißmutig-zickig auf ein Kompliment, das ihr Ehemann einer anderen Frau macht. Die Stimmung ist verdorben, sie zieht sich beleidigt zurück. Der Ehemann hat Mitleid mit seiner Frau, geht auf sie ein, versucht, sie zu verwöhnen. Da sich immer wieder ähnliche Szenen abspielen, werfen die Kinder dem Mann vor, der Mutter dauernd auf den Leim zu gehen. Sie wolle durch ihr Gezänk nur allen den Spaß verderben und die Aufmerksamkeit auf sich ziehen. P. C. Kuiper lenkt das Augenmerk auf das eigentliche Motiv: »Durch das infantile Verhalten ... wird oft die alte Gefühlsbeziehung mit der Mutter wiederholt. Freud hat darauf hingewiesen, daß der Mann die Gefühle des Mädchens ihrem Vater gegenüber zu erben hofft, dann aber entdecken muß, daß von ihm eine versorgende verwöhnende Mutterrolle erwartet wird.«

Eine hysterische Persönlichkeitsstruktur entwikkelt sich zumeist bei anlagebedingt lebhaften, spontanen, kontaktfreudigen Kindern, die auf einer Entwicklungsstufe, wo das Vorbild der Eltern eine große Rolle spielt, kein entsprechendes Leitbild-Verhalten erleben. Die Eltern geben dem Kind nicht die notwendige Orientierung, die Kinder sollen Rollen einnehmen (Partnerersatz), die nicht ihrem Wesen entsprechen. Sie sollen Kinder sein, auf die man stolz ist. Sie lernen, »lieb sein« zu spielen und sind auf ein Verhalten eingeschworen, das keine wirkliche Sicherheit gibt. Aufgrund dieser Prägung leidet der spätere Erwachsene an der Angst vor Einschränkungen, Festlegungen, vor Verboten. Der Hysteriker neigt auch zu starken Gewissenskonflikten – zum Masochismus. Das Ich unterwirft sich dem überstrengen Gewissen, um sich von großen Schuldgefühlen zu befreien.

Diese Beschreibung der vier Grundtypen soll dazu beitragen, menschliches Verhalten besser zu verstehen. Dr. Jens Schiermann: »Jeder hat – in unterschiedlichem Ausmaß – die geschilderten Grundstimmungen und Ängste erlebt und zeitweise vielleicht sogar Angst um seine psychische ›Normalität‹ empfunden. Wir können anhand dieser Beschreibungen sehen, daß jeder Mensch handelt, weil er so handeln muß; daß auch seine Freiheit des Handelns eingeschränkt ist, nicht stärker als unsere eigene, nicht schwächer, eben anders.«

Die Betrachtung der Grunddispositionen ist ein hilfreicher Ansatz zu sehen, wie Menschen ihre Lebensprobleme bewältigen. Schwierig wird es, wenn eine Persönlichkeit im extremen Randbereich angesiedelt ist. Beim Schizoiden im extremen Distanzbereich; beim Hysterischen, wenn er extrem auf Veränderung fixiert ist, beim Depressiven im extremen Bereich Nähe; beim Zwanghaften, wenn extrem an unverrückbaren Standpunkten festgehalten wird. Die Verhaftung im Extrembereich führt zu einem unflexiblen, stereotypen Verhalten.

Beleuchten wir die Beziehung zwischen Tat-Kranken und Schuld-Partnern vor dem Hintergrund dieser Typisierung, wird deutlich, daß sich vor allem ein »Paar« für diese Konfliktsituation anbietet: der Schizoide als Täter, als Tat-Kranker, der Depressive als Opfer, als Schuld-Partner. Viel gewonnen ist mit dieser Rollenzuweisung jedoch nicht. Bei genauerer Betrachtung erweist sich die Täter-Opfer-Perspektive sogar als Selbstbetrug. Hilfreicher sind Selbstbetrachtung und Selbsterkenntnis. Wie steht es um die eigene Seelenlage, um das eigene Täterpotential? Gefällt man sich in der Opferrolle?

Dr. Jens Schiermann: »Die meisten Menschen erwerben im Laufe des Lebens ein mehr oder weniger diffuses Wissen über die eigenen Veranlagungen, gepaart mit dem Wunsch, etwas zu verändern. Das ist auch möglich, denn Menschen sind lernfähig und können sich, wenn die Angst nicht zu groß ist, innerhalb bestimmter Grenzen entwickeln. Sie können sich nicht grundsätzlich ändern – das wäre auch sinnlos, da dann lediglich die Probleme ausgewechselt würden –, sie können jedoch lernen, mit einschränkenden Verhaltensweisen fertig zu werden.« Die Welt allein durch die Opfer-Brille zu betrachten, ist jedenfalls eine zur Ohnmacht verurteilende Einschränkung der Lebensperspektive.

Sich vom Täter-Opfer-Schema lösen

Auf den ersten Blick ist die Beziehung zwischen Tat-Krankem und Schuld-Partner eindeutig: der Tat-Kranke ist Täter, der Schuld-Partner Opfer. Zumindest aus seiner Sicht. Aus der Perspektive des Tat-Kranken stellt sich die Beziehung natürlich anders dar: Er ist das Opfer. Täter und Opfer – wie eindeutig ist die Rollenzuweisung? Was nützt sie und wer profitiert davon? Der Hinweis: »Du bist schuld daran, daß ich krank bin« oder der umgekehrte Fingerzeig auf den Tat-Kranken: »Du erpreßt mich mit deiner Krankheit«, hat zunächst einmal etwas entlastend Befreiendes. Hauptsache keine Schuld – danach zu streben, haben wir von Kindesbeinen an gelernt. Doch im Innern signalisiert ein gärendes Unbehagen, daß man sich keineswegs nur befreit und entlastet fühlt. Wir spüren den Stachel Schuldgefühle, denn die eigenen Ängste lassen sich durch Schuldzuweisung nicht aushebeln.

Schuld haben immer die anderen – diese Einstellung zieht sich wie ein roter Faden durchs Leben des Tat-Kranken wie auch häufig durch das des Schuld-Partners. Martina erzählt eine Begebenheit aus ihren beruflichen Lehrjahren: »Ich hatte einen sehr netten, gut sechzigjährigen Kollegen, der mich in meine erste wichtige Position als Vorgesetzte einarbeitete. Mir oblag auch die Endkontrolle einiger Projekte, das heißt, alle Korrekturen liefen bei mir zusammen und mußten von mir überprüft werden. Ich gab nach dem letzten Korrekturdurchgang das O. K. zum Druck. Eines Tages stand ein Kollege gleich zu Beginn der wöchentlichen Gesamtkonferenz auf, hielt triumphierend-vorwurfsvoll eine Seite hoch und tönte in die Runde: ›Schauen Sie sich das an, wie erklären Sie sich diese Sache?‹ Was sollten die anderen schon erklären, ich war gemeint. Der Chef guckte sich das Blatt an, sah den rot markierten Fehler und bat mich um eine Stellungnahme. Ich sagte: ›Es tut mir leid, das ist ein Schreibfehler, den ich übersehen habe, eine andere Erklärung gibt es dafür nicht.‹ Mein Kollege ereiferte sich, das dürfe nicht passieren, ich sei den Anforderungen der Position offensichtlich nicht gewachsen, doch mein Chef schnitt ihm das Wort ab. Nach der Konferenz kam der Mann, der mich einarbeitete, aufgeregt in mein Büro. Es sei völlig falsch gewesen, die Schuldzuweisung anzunehmen, erklärte er mir. Ich hätte dagegenhalten müssen, daß ich zunächst alle Unterlagen durchsehen muß, und daß ich mich erst dann zu dem Vorwurf äußern könne. Meinen Einwand, daß, selbst wenn jemand anders den Fehler begangen hat, ich dennoch verantwortlich bin, weil ich die letzte Kontrolle abzeichne, ließ er nicht gelten. Er quittierte ihn mit der gutgemeinten Bemerkung, darum gehe es nicht. ›Es reicht‹, wollte er mir als Rat fürs Leben mitgeben, ›Verwirrung zu stiften. Jetzt sind Sie eindeutig schuld, das unterminiert Ihre Position. Hätten Sie die Sache in die Länge gezogen, wäre wahrscheinlich Gras drüber gewachsen.‹«

Täter und Schuldige parat zu haben, ist ein Eckpfeiler unserer psychischen Stabilität. Das zeigt sich in allen Lebensbereichen. Seitdem das Schuldprinzip vor dem Scheidungsrichter keine Rolle mehr spielt, scheint vor und nach einer Scheidung massiver denn je auf Schuldzuweisung bestanden zu werden. Partner mobilisieren die Kinder, Freunde, Bekannte, Kollegen, um die Schuldfrage entschieden zu den eigenen Gunsten zu klären. Wenn das Gericht schon nicht mehr schuldig spricht, sollen zumindest die anderen dem Partner das Brandzeichen aufdrücken. Wieviel Zeit und Energie wird tagtäglich selbst bei Kleinigkeiten in Rechtfertigungen und Schuldabwehr gesteckt! Die Bemerkung »Die Katze braucht was zu fressen« könnte beantwortet werden mit »Dann gib ihr bitte was«. Häufiger sind Entschuldigungen wie »Tut mir leid, ich bin nicht dazu gekommen« oder ein aggressives »Schließlich hatte ich den ganzen Tag genug zu tun, du kannst dich ja wohl auch mal darum kümmern.« Die Wogen schlagen hoch, weil die Feststellung als Tatvorwurf empfunden wird, gegen den man sich wehren muß. Auch Ehepartner erleben immer wieder die gleiche Situation: Die Partner treten im Gespräch Lawinen von Vorwürfen los, die den anderen begraben – und zugleich die Beziehung, wenn die Konflikte nicht von einem anderen, auf Lösungen orientierten Standpunkt betrachtet werden.

Das Lösungsmodell Schuldzuweisung ist verlockend einfach: Ist ein Schuldiger ausgemacht, braucht er nur noch bestraft zu werden. Daß Strafe keine Lösung eines Problems ist, zeigt sich zumeist erst, wenn sich die Probleme erneut stellen, zum Beispiel in einer neuen Partnerschaft. Wenn meine Kollegen mich nicht dauernd schlecht gemacht hätten, wenn meine Mutter mich nicht ständig mit ihren Vorwürfen verfolgt hätte, wenn mein Mann mich nicht betrogen hätte – ja dann wäre mein Leben ganz anders verlaufen, dann wäre ich beruflich weitergekommen, hätte mehr Selbstbewußtsein, dann könnte ich einem Mann vertrauen. Wenn das Wörtchen wenn nicht wäre, dann wandelte sich ein Konjunktiv-Leben in ein Aktiv-Leben! Denn die Schuldfalle schnappt für beide zu: für das Opfer, das jemanden beschuldigt, wie für den Beschuldigten, den vermeintlichen Täter.

Beziehungen werden durch Schuldzuweisungen besonders belastet. Nicht selten wird ein Partner für ein Vergehen zu lebenslänglich verurteilt: »Wenn du mich damals nicht . . .« – ein solcher Vorwurf kann ein Eheleben lang aufs Tapet kommen, er läßt dem anderen keine Chance. Der Partner kann tun und lassen, was er will, er bleibt der Angeklagte. Tat-Kranke verfügen über ein unerschöpfliches Arsenal an Schuldfallen. Für ihre Schuld-Partner gibt es darum auch kein Entkommen. Haben sie sich aus einer befreit, zappeln sie in der nächsten. Vorwegzunehmen, welcher Untat man bezichtigt werden

könnte, ist ebenfalls ein hoffnungsloses Unterfangen,
denn jede noch so harmlose Begebenheit läßt sich als
Pfeil mißbrauchen, der ins Gewissensmark trifft.
»Amüsiere dich nur gut, ich bin ja daran gewöhnt,
allein zu sein«, kommentiert die Ehefrau die Ankün-
digung des Mannes, abends noch einen Essenstermin
zu haben, und weiß genau, was sie bewirkt. Der Ehemann ist hilflos und wütend. Rechtfertigt er sich,
erntet er scheinheilige Ausflüchte: »Ich will dich
doch gar nicht davon abhalten zu gehen, was hast du
eigentlich!« Wehrt er sich gegen den impliziten Vorwurf, trifft ihn eine zweite Welle Gekränktsein des
Opfers: »Nun bin ich schon bereit, deiner Karriere
wegen auf vieles zu verzichten, und muß mir auch
noch Vorhaltungen von dir gefallen lassen.« »Wenn
es mir schon schlecht geht«, ist die Logik des selbst-
ernannten Daueropfers, »bin ich wenigstens nicht
schuld daran.« Diese Haltung schützt dermaßen
nachhaltig, daß mancher gar keine Lust mehr hat,
überhaupt noch etwas zu unternehmen, um etwas zu
verändern. Alles Tun ist allein darauf gerichtet, das
eigene Unglück zu beklagen und zu rechtfertigen.

Gerti wendet sich nach drei Jahren von ihrer
Freundin ab: »Sie fand es bedeutend bequemer, ständig über ihr Altsein und ihr Alleinsein zu jammern,
als ihrem Leben interessante und angenehme Seiten
abzugewinnen. Mir war klar, daß sie Angst davor
hatte, sich auf Neues einzulassen, aber ich konnte ihr
nicht helfen, wir waren festgefahren. Wenn ich mit
ihr über die Dinge sprechen wollte, die mir Schwierigkeiten bereiteten, ließ sie mich nicht einmal ausreden: ›Du schaffst das‹, schnitt sie mir das Wort ab.
›Du bist robuster und hast es dadurch leichter, mit
allem fertig zu werden.‹ Für sie gab es zwei Schubladen: eine mit der Aufschrift ›Sensible‹, das war die
Schublade für Menschen wie meine Freundin, und

eine mit der Aufschrift ›Robuste‹ für Menschen wie mich. Robuste sind von Natur aus besser fürs Leben gerüstet, und als Ausgleich dafür, daß der liebe Gott sie besonders gut bedacht hat, müssen sie den Sensiblen, den Opfern, als eine Art Tankstelle zur Verfügung stehen.« Gerti ist es leid, Tankstelle zu sein und nach Gutdünken angezapft zu werden.

Wie kommt der sich als Opfer fühlende Tat-Kranke zu Schlüssen über andere Menschen? Bei unseren Mitmenschen kennen wir meist nicht die Gründe für ihr Verhalten. Uns erscheinen sie stark und frei von Zwängen. Wir bewundern an ihnen das, was wir bei uns selbst vermissen. »Gewiß«, sagt sich das Opfer, »auch sie haben ihre Probleme, aber sie werden besser damit fertig. Deswegen könnten sie sich uns gegenüber etwas mehr Mühe geben, wenn sie nur wollten. Wir wollen alles so gut machen, wie wir können, aber wir können es eben nicht besser.« Und die Schuld trifft nicht den, der nicht kann, sondern den, der nicht will. Gerti trennt sich von ihrer Freundin, doch die Schuldgefühle bleiben. Gerti: »Statt vor ihr rechtfertigte ich mich vor mir selber. Mir wurde erst viel später bewußt, daß zu dem Du-bist-schuld-Spiel zwei gehören, einer, der einem Schuldgefühle bereitet, und man selbst, der Mitspieler, der sich Schuldgefühle machen läßt.«

Wer ist schwierig? Der Partner, die Mutter, die Freundin, der Kollege? Oder ist es nicht in erster Linie die Person, sondern die Situation? Niemand existiert für sich allein. Leben ist Inter-Aktion, unter Partnern, in der Familie, im Berufsleben. »Die interaktionelle Betrachtungsweise von Problemen«, so Dr. Jens Schiermann, »hat positive Folgen. Statt einer Schuldzuweisung sind wir bereit, auch unseren eigenen Anteil am Mißverständnis zu sehen. Wir müssen nicht mehr die Schuld des anderen beweisen, sondern bemühen uns, die gemeinsame Situation auch gemeinsam zu bewältigen. Wenn Probleme nicht mehr als Charakterschwäche, sondern als Schwierigkeit im Umgang miteinander gesehen werden, lassen sie sich leichter anpacken. Wo kein Schuldiger gesucht wird, hemmt die Angst vor der Verurteilung nicht länger die Suche nach Lösungen.«

Vera erzählt, wie sie bei den Kollegen, mit denen sie einigermaßen gut zurechtkam, Zuflucht suchte, als sie vor Schwierigkeiten nicht mehr ein noch aus wußte: »Ich setzte mich mittags in der Kantine zu ihnen an den Tisch, aber kaum saß ich, verstummten die Gespräche, es wurde nur noch mühsam Small talk gemacht. Das war nicht viel anders, wenn ich zu jemandem ins Büro kam. Sie schienen froh zu sein, wenn ich wieder draußen war. Das hat mich schwer getroffen, und ich fand irgendwann alle unmöglich. Diese Einstellung habe ich wohl auch ausgestrahlt.

Erst nach der Kündigung dämmerte mir, daß es bei mir, bevor ich in die Chefposition kam, nicht anders war: Ich hatte es als störend empfunden, wenn ich locker mit Kollegen zusammensaß und sich der Chef dazwischendrängte. Zum einen hatte es gut getan, über ihn herzuziehen und auszuhecken, wie man ihn, wenn er uns geärgert hatte, auflaufen lassen konnte; zum anderen sollte er nicht unbedingt erfahren, mit welchen privaten Problemen wir uns rumschlugen. Als ich dann selber Chefin war, fand ich so ein Verhalten unmöglich. Und wenn ich ehrlich bin: Ich wollte mich wohl auch bei einigen Mitarbeitern anbiedern, um sie auf meine Seite zu ziehen.« Der Zündstoff liegt also vor allem in der Situation und dem daraus resultierenden Verhalten der Beteiligten. Löst man sich von der Betrachtung, daß einer der böse Täter (aus Veras Sicht die Mitarbeiter) und der andere das arme Opfer ist, wird Handlungsspielraum gewonnen, sich aus Verstrickungen zu befreien. Auch aus den Schuldgefühl-Fängen des Tat-Kranken.

Leicht ist es nicht, vom Täter-Opfer-Spiel zu lassen, denn man beraubt sich des nicht zu unterschätzenden Nutzens der Opferrolle. Kann die Schuldfrage nicht länger eindeutig beantwortet werden, indem man mit dem Finger auf den anderen zeigt, richtet sich der Blick notwendigerweise auf einen selbst. Ist der andere nicht mehr der Störenfried, sondern steht statt dessen die gemeinsame Beziehung auf dem Prüfstand, stellen sich Fragen nach der eigenen Rolle im Beziehungsgeflecht. Anna erzählt, daß sie sich nach einem gemeinsamen Besuch bei ihrer Mutter stundenlang mit ihrer Freundin stritt. »Es ging um einen lächerlichen Hackbraten. Meine Mutter hatte die fixe Idee, daß Hackbraten mein Leib- und Magengericht sei. Sie briet einen im Ofen, als ich mit der Freundin zu Besuch war, und wollte ihn mir unbedingt mitgeben. Wir sollten noch eine halbe Stunde warten, bis er fertig ist. Mir lief schon bei der Erwähnung des Hackbratens die Galle über, denn jedesmal, wenn meine Mutter aufrechnete, was sie alles für mich getan und wie sie sich meinetwegen aufgerieben hatte, tauchten Hackbraten in der Bilanz auf. Ich wollte keinen mehr. Nie wieder. Meiner Mutter standen, weil ich nicht auf den Braten warten wollte, die Tränen in den Augen. Wir trennten uns im Zorn. Und meine Freundin war wütend auf mich. Sie fand mich unmöglich. Ich hielt das über Jahrzehnte unmögliche Verhalten meiner Mutter dagegen, beschrieb, wie sie mir mit ihren dauernden Erpressungen das Leben zur Hölle gemacht hatte und geriet noch mehr in Rage. Plötzlich sagte meine Freundin: ›Ich habe nicht den Eindruck, daß sie heute noch so ist. Ich bin fest davon überzeugt, daß sich euer Verhältnis verbessern könnte. Aber solange du dermaßen vernagelt bist, wird sich nichts ändern.‹ In dem Moment wurde mir klar, daß ich tatsächlich nicht wollte, daß sich die Beziehung zum Besseren wendet. Ich wollte wütend auf meine Mutter sein und wütend auf sie bleiben. Wohl war mir seit dem Krach mit meiner Freundin jedoch nicht mehr dabei.«

Inzwischen muß Anna über die »Hackbraten-Affäre« lachen. Das Verhältnis zu der Mutter hat sich in den letzten zwei Jahren spürbar entspannt. »Ich war darauf erpicht, etwas mit ihr auszutragen und aufzuarbeiten. Sie sollte zugeben, daß sie sich furchtbar verhalten hatte. Ich weiß nicht warum, doch eines Tages brauchte ich ihr Schuldeingeständnis nicht mehr. Und ich stellte fest, daß sich auch bei meiner Mutter eine Wandlung vollzogen hatte, die ich lange Zeit nicht bemerkte. Sie ließ mich in Ruhe und wollte mir auf ihre Art – sie kocht und backt sehr gerne – etwas Gutes tun. Und genau das konnte ich nicht annehmen, schließlich war sie mein Buhmann. Meine Mutter sprach zwar nie darüber, aber sie hatte damit aufgehört, mich für das, was sie für ihr Unglück hielt, verantwortlich zu machen. Nun war es an mir, es ihr gleichzutun. An dieser Nuß hatte ich ganz schön zu knacken.«

Vom Opfer-Täter-Schema zu lassen, ist in der Tat ein Schritt, der einem einiges abverlangt. Denn es ist ungewohnt und schwierig, sich nicht ins Opfer-Schlupfloch zurückzuziehen, wenn es brenzlig wird, sondern selbstverantwortlich zu handeln. Es ist noch problematischer zu akzeptieren, daß man selbst auch Täter ist, ein Mensch, der andere schlecht behandelt, der Vorurteile hat, der andere kurzerhand ablehnt und ihnen dadurch das Leben vergällt. Dr. Jens Schiermann: »Doch wer sich vom Opfer-Täter-

Schema löst, wird auch etwas bekommen. Er wird die Welt realistischer sehen. Er wird Handlungsspielraum entdecken, wo es bisher nur Zwang und Anpassung gab, und er wird mit der Hilfe anderer mit seinem Schicksal besser fertig. Die Kraft nutzloser Rechtfertigung wird konstruktiv zur Verbesserung menschlicher Kontakte und zur Verwirklichung persönlicher Ziele eingesetzt.«

William F. Fry skizziert in *The Martial Context of the Anxiety Syndrom,* wie symbiotisch eine Verbindung zwischen dem Tat-Kranken und dem Schuld-Partner sein kann und wie eigene Probleme unter dem Deckmantel einer solchen Verbindung kaschiert werden können. Er beschreibt eine vom Kranksein der Frau bestimmte Ehe: »Die Symptome der Patientin versetzten sie als den leidenden Partner in die Lage, vom Ehemann zu verlangen, daß er immer in der Nähe ist und tut, was sie sagt. Der Mann kann nichts unternehmen, ohne vorher die Patientin zu fragen und ihre Zustimmung zu erhalten. Gleichzeitig wird die Patientin dadurch dauernd von ihrem Mann überwacht. Er muß zwar immer in der Nähe des Telefons sein, damit sie ihn sofort erreichen kann, doch andererseits kontrolliert er alles, was sie unternimmt. Sowohl die Patientin als auch ihr Mann behaupten oft, daß der andere immer seinen bzw. ihren Willen durchsetzt.

Die Schwierigkeiten der Patientin ermöglichen es dem Mann, viele Situationen zu vermeiden, in denen er Angst oder ähnliche Gefühle empfinden würde, ohne selbst ein Symptom zu haben. Sie stellt für ihn eine allumfassende Ausrede dar. Er kann sich gesellschaftlichen Verpflichtungen entziehen, da diese die Patientin angeblich stören. Er kann seine Arbeit einschränken, weil er sich angeblich um die leidende Patientin kümmern muß. Infolge seiner eigenen Neigung zur Absonderung und zu inadäquaten Reaktionen kommt er vielleicht schlecht mit seinen Kindern aus, doch die Annahme, daß die Schwierigkeiten mit den Kindern durch die Symptome der Frau bedingt sind, erspart ihm jede kritische Überprüfung seiner eigenen Beziehung zu ihnen. Er kann die Patientin sexuell meiden unter dem Vorwand, sie sei krank und daher nicht in der Lage, mit ihm sexuell zu verkehren. Einsamkeit mag für ihn schwer erträglich sein, da aber die Patientin Angst hat, alleine zu sein, kann er sie stets in seiner Nähe haben, ohne daß jemals zur Sprache kommt, daß er diese Schwierigkeiten hat. Im allgemeinen ist diese Ehe unglücklich, die Gatten stehen einander fern und sind unzufrieden, die Symptome aber halten sie zusammen.« Ein Fazit dieses Fallbeispiels: Beide, der Mann wie die Frau, sehen ihre Beziehung grundverschieden. Er ist der Meinung, daß sie ihm ihren Willen aufzwingt, sie der Ansicht, daß er seinen Willen durchsetzt. Er fühlt sich von ihr, sie sich von ihm abhängig. Und beide können das Wesen ihrer Beziehung nicht erkennen, da sie mittendrin stecken und blind sind für die Spielregeln. Das Verhalten eines jeden Familienmitglieds hängt vom Verhalten der anderen ab. Und alles Verhalten ist Kommunikation, beeinflußt andere und wird von den anderen beeinflußt.

TEIL IV: PROBLEMLÖSUNG DURCH KOMMUNIKATION

Handlungsspielraum zu schaffen und zu nutzen, setzt voraus, daß es gelingt, erfolgreich zu kommunizieren – sich mitzuteilen – und den anderen zu verstehen. Schuld-Partner haben, ohne daß es ihnen bewußt geworden ist, die Kommunikation mit dem Tat-Kranken zumeist gegen Null reduziert oder Kommunikationsmodelle entwickelt, die das Gespräch auf ausweichende oder abwehrende Floskeln einschränken. Vorherrschend ist die Taktik, zu tun als sei alles in Ordnung. Lösungen werden aus Angst vor der Konfrontation mit einem Problem gar nicht erst gesucht. Warum die Kommunikation nicht funktioniert, beschreiben die befragten Schuld-Partner, ohne zu ahnen, wie konstruktiv die beschriebenen Schwierigkeiten genutzt werden könnten. »Was ich sagte, war uninteressant«, »Wir redeten dauernd aneinander vorbei«, »Gar nichts zu sagen, war das Beste«, »Wie es mir ging, war unwichtig« sind die häufigsten Klagen.

Richtig miteinander reden

Aus den Klagen über die mißlungene Kommunikation läßt sich, in der positiven Umkehrung, ein Fünf-Punkte-Programm für eine gelungene Kommunikation ableiten:

1. Richtig zuhören
2. Sich genau ausdrücken

3. Manipulationen erkennen
4. Sich am Gespräch beteiligen
5. Sich in die Rolle des anderen versetzen

Das klingt einfach, und doch ist die konstruktive Kommunikation zwischen Menschen nicht selbstverständlich, denn sie ist ein vielschichtiger, subtiler Prozeß. Wie schwierig er ist, zeigt das folgende Beispiel: »Ich habe einen schönen Kaminofen gesehen«, sagt der Schwiegervater bei einem Besuch. »Mußt du dich ständig in unsere Familienangelegenheiten einmischen?« greift ihn die Schwiegertochter an.

Warum reagiert sie auf eine scheinbar rein sachliche Bemerkung dermaßen heftig? Weil es gar nicht um die Sache geht. Sachlich ist der Satz des Schwiegervaters für jemanden, der ihn allein auf der Sachebene versteht. Er wird vielleicht antworten: »Das ist interessant, ich suche auch gerade einen Kaminofen, wo gibt es schöne zu sehen?« Die Schwiegertochter reagiert auf einer anderen, auf der Beziehungsebene: Sie drückt mit ihrer Antwort aus, was das Verhältnis zum Schwiegervater belastet. Die junge Familie erlebt den Schwiegervater immer wieder als einen Mann, der es nicht lassen kann, ungefragt Gutes zu tun. Er rückt im Frühjahr an und bepflanzt den Garten mit Blumen, ohne mit der Schwiegertochter darüber zu sprechen, er besorgt Möbel und bringt sie ins Haus, ohne daß ihn jemand um einen Sessel oder ein Regal gebeten hätte. Um des lieben Friedens willen hat man sich die Übergriffe gefallen lassen. Die Kommunikation mit dem Schwiegervater mißlingt, weil die Beziehung zwischen der Schwiegertochter und ihm gestört ist.

Dr. Jens Schiermann: »Die Fähigkeit, über Kommunikation zu kommunizieren, stellt meist den ersten und wichtigen Schritt zu einem besseren Verhältnis dar. Wenn wir darüber reden, wie wir miteinander umgehen, haben wir zwangsläufig intensiven menschlichen Kontakt. Dies setzt die Bereitschaft voraus, die Ansichten und Einstellungen des anderen zu akzeptieren – nicht unbedingt zu übernehmen! – und unter Umständen das eigene Verhalten zu ändern. Dies nur vom anderen zu erwarten, löst keine Probleme. Damit ist die Metakommunikation, also über Kommunikation zu kommunizieren, nicht nur eine Technik, sondern vor allem eine Einstellung anderen gegenüber.« Denn zur Metakommunikation führt die Frage: Wie gehen wir miteinander um, und wie stehen wir eigentlich zueinander?

Die Grundpfeiler der Kommunikation sind leicht auszumachen: Ein Sender sendet eine Nachricht, der Empfänger empfängt sie. Doch jede Nachricht ist eine von Menschen für Menschen; sie enthält mehr, als die Buchstabenfolge des Wortes oder des Satzes bedeutet. Verstehen wir uns nicht, weil laute Musik das Hören behindert, ist eindeutig, worin die Störung besteht. Erfassen wir den Inhalt eines Satzes nicht, weil der Sender ihn mit Fremdwörtern gespickt hat, gestaltet sich die Kommunikation aus einer Reihe unterschwelliger Gründe als problematisch. Zum Beispiel, weil der Sender sich wichtig machen will, weil er mit dem Gesagten zugleich die Nachricht übermittelt, daß er allen anderen überlegen ist. Er will durch die Benutzung von Fremdwörtern Eindruck schinden, er will imponieren.

In allem, was wir sagen, steckt also nicht allein die Sachinformation. Wir sagen auch etwas über uns selber aus, wir stellen uns selber dar. Die dritte Ebene einer Nachricht ist die darin verpackte Aussage über das Verhältnis zu dem Angesprochenen. Vielleicht will der Sender sein Gegenüber durch die Verwendung der Fremdwörter verunsichern, weil er in ihm einen Konkurrenten sieht. Und viertens möchte er etwas bewirken: Seine Nachricht ist ein Appell, bestimmte Dinge zu tun, zu unterlassen, in der vom Sender beabsichtigten Weise zu denken oder zu fühlen. Solche Appelle werden offen oder versteckt – in manipulativer Absicht – gesendet.

Für den Empfänger einer Nachricht stellen sich bei der Entschlüsselung also vier nicht leicht zu beantwortende Fragen:

Was ist der Sachinhalt?

Was sagt der Sender über sich selbst aus?

Was sagt seine Nachricht über unsere Beziehung zueinander aus?

Wozu will der Sender mich veranlassen?

Reichlich Raum für Mißverständnisse! Zum Minenfeld gerät die Kommunikation, wenn keiner der Beteiligten mit offenen Karten spielt. Da gerät das Gespräch zum Pingpong-Spiel mit Bällen, deren äußerlich harmlos anmutende Hülle einen hochexplosiven Sprengsatz an Emotionen verbirgt. Nicht zuletzt machen auch noch Ton, Mimik und Gestik die Musik. »Mehr als alle Worte«, sagt Elke, »hat mich der Tonfall bei meiner Mutter aufgeregt. Wenn ich sie fragte: ›Wie geht es dir?‹, sagte sie: ›Mir geht es gut‹, aber sie sagte es in einem Ton, der genau das Gegenteil ausdrückte, nämlich daß es ihr furchtbar schlecht ging. Bei ihr wußte ich nie, woran ich war.« Solche inkongruenten Nachrichten, bei denen Gesagtes, Ton, Mimik oder Gestik nicht übereinstimmen, stürzen den Empfänger in größte Verwirrung.

Prof. Dr. Friedemann Schulz von Thun weist in seinem Buch *Miteinander reden* auf die Folgen hin: »Inkongruente Nachrichten wirken vor allem dann als Krankmacher, wenn der Empfänger vom Sender abhängig ist, der Situation nicht entfliehen kann und nicht zur Metakommunikation fähig ist; dies alles trifft vor allem auf Kinder im Elternhaus zu.« Elke

erlebt sich immer wieder in »verrückten«, gespalte-
nen Situationen: »Wenn ich meine Mutter bei einem
Besuch fragte, was sie hatte oder was sie von mir erwartete, antwortete sie: ›Geh du nur, du mußt an
dich denken, ich werde schon irgendwie mit meinen
Problemen fertig.‹ Ich rannte manchmal raus und
knallte die Tür, um meine Wut loszuwerden. Ging
ich, mußte ich Schuldgefühle haben. Es gab kaum
eine Begegnung, bei der sich nicht ähnliches ereig-
nete.«

Elkes Mutter hat zwei Seelen in ihrer Brust: Mit
dem ersten Teil des Satzes »Geh du nur, du mußt an
dich denken« signalisiert sie, daß die Tochter selbständig sein soll. Mit dem zweiten Teil »Ich werde
schon irgendwie mit meinen Problemen fertig«
drückt sie genau das Gegenteil aus: Die Tochter soll
sie nicht verlassen, sie soll für immer von der Mutter
abhängig bleiben, wie die Mutter von der Tochter
abhängig ist. Elkes Versuche, die Mutter auf eine
nicht doppelbödige Aussage »festzunageln«, scheitern, weil Eindeutigkeit verhindern würde, daß sich
die Mutter im nächsten Satz auf ein »So habe ich es ja
gar nicht gemeint« zurückziehen kann.

Kommunikative Verwirrspiele sind ein Hinweis
auf die Seelen-Befindlichkeit des Senders. Für ihn
sind die zwei Seelen in seiner Brust zu einer geworden. Das heißt für Elkes Mutter: Sie kann zwischen
dem Wunsch, daß die Tochter erwachsen und selbständig lebt, und dem Kummer, den die Abnabelung
ihr bereitet, nicht unterscheiden. Wäre sie in der
Lage, sich klar auszudrücken, könnte Elke ihre Mutter verstehen. Sie müßte nicht mehr aus Angst vor
Schuldgefühlen davonlaufen, sondern hätte eine
Chance, sich angemessen zu verhalten, zum Beispiel
Verständnis und Anteilnahme zu zeigen.

Mit dem Begriff »Doppelbindung« beschreibt eine

amerikanische Forschergruppe 1956 erstmals eine Variante zwischenmenschlicher Interaktion, die vor allem auf Personen zutrifft, die in einer lebenswichtig engen Beziehung zueinander stehen (vorrangig in Familien, zwischen Eltern und Kindern) sowie in Belastungssituationen (zum Beispiel bei Krankheit). Das von den Forschern als krankmachend beschriebene Wesen einer solchen Doppelbindung liegt in den sich zwischen den Personen entwickelnden paradoxen Beziehungs- und Kommunikationsstrukturen. Doppelbindung ist eine Gefangenschaft besonders schwerer Art. Denn Doppelbindung heißt: Es wird auf paradoxe Weise kommuniziert. Mit dem Ergebnis, daß der Empfänger keine Möglichkeit hat, sich logisch und konsequent zu verhalten. Der Aufforderung »Sei spontan« kann beispielsweise niemand entsprechen: Folge ich ihr und bin befehlsgemäß spontan, bin ich es nicht, denn ich handle nicht spontan, sondern befolge die Aufforderung.

Doppelbindungen sind von außen nicht durchschaubar, und es gibt für die Beteiligten kein Entrinnen. Aus sich heraus, durch eine Änderung der Spielregeln oder des Verhaltens, ist das System nicht zu sprengen. Was kann der Angeklagte tun, der vom Staatsanwalt gefragt wird: »Haben Sie endlich aufgehört, Ihre Frau zu schlagen? Antworten Sie mit ja oder nein, oder ich bestrafe Sie wegen Mißachtung des Gerichts.« Hat der Angeklagte seine Frau überhaupt noch nie geschlagen und antwortet wahrheitsgemäß: »Ich habe meine Frau niemals geschlagen«, droht ihm die angekündigte Strafe. Das genannte Beispiel hat den Vorteil, daß es durchschaubar ist: Der Staatsanwalt greift zu einem Trick, um den Angeklagten in die Enge zu treiben. Schuld-Partner-Einbeziehungen in Doppelbindungen sind zumeist nicht durchschaubar. Welchen Handlungsspielraum habe ich, wenn der Appell des Tat-Kranken lautet: »Hilf mir, aber ich lasse nicht zu, daß du mir hilfst«? Eine paradoxe, doch keineswegs seltene Verhaltensstruktur.

Paul Watzlawick/Janet H. Beavin/Don D. Jackson berichten in ihrem Buch *Menschliche Kommunikation, Formen, Störungen, Paradoxien* von einer Patientin, einer Frau in mittleren Jahren, die wegen anhaltend starker Kopfschmerzen in psychiatrische Behandlung überwiesen wurde: »Die Schmerzen hatten kurz nach einem Unfall begonnen, bei dem sie am Hinterkopf verletzt worden war; die Verletzung war aber ohne Komplikationen abgeheilt, und weitere Untersuchungen hatten keine Anhaltspunkte für ihre Kopfschmerzen ergeben. Vor ihrer Überweisung an den Psychiater war sie von mehreren Spezialisten in einer großen Klinik untersucht und behandelt worden. Das Studium des Falls überzeugte den Psychiater, daß in Anbetracht dieser Vorgeschichte ärztlicher ›Fehlschläge‹ jeder Hinweis auf die mögliche Wirksamkeit von Psychotherapie diese von vornherein zum Scheitern verurteilen würde. Er unterrichte die Patientin also, daß aufgrund der Ergebnisse aller früheren Untersuchungen und in Anbetracht der Tatsache, daß keine Behandlung ihr auch nur im geringsten geholfen habe, kein Zweifel bestehen könne, daß ihr Zustand irreversibel sei. Im Hinblick auf diese bedauerliche Tatsache könne er ihr nur helfen, mit ihren Kopfschmerzen zu leben. Die Patientin schien über diese Erklärung mehr verärgert als bestürzt und fragte ziemlich spitz, ob dies alles sei, was die Psychiatrie ihr zu bieten habe.« Der Psychiater wiederholt, daß keine Aussicht auf Besserung besteht. In der nächsten Sitzung erwähnt die Patientin sofort, daß sie in der letzten Woche weniger Kopfschmerzen gehabt habe. Der Psychiater beharrt auf seiner Feststellung, daß sie unheilbar seien, es handle sich nur um eine zufällige, vorübergehende Besserung. »Von dieser Sitzung an nahm die Behandlung einen etwas stürmischen Verlauf; der Psychiater zeigte sich immer skeptischer, da die Patientin die Irreversibilität ihres Zustandes nicht einsehen wollte, und die Patientin berichtete ärgerlich und sarkastisch über weitere Besserungen.« Große Teile der Behandlungszeit zwischen diesen Runden konnten aber für Gespräche über die zwischenmenschlichen Beziehungen dieser Frau verwendet werden. »Schließlich gab sie, weitgehend gebessert, auf eigene Initiative hin die Behandlung auf, da sie offenbar eingesehen hatte, daß ihr ›Spiel‹ mit dem Psychiater endlos weitergehen könnte.«

»Hilf mir, aber ich werde nicht zulassen, daß du mir hilfst«, das ist das Signal, das Kranke nicht selten über ihre Symptome senden. In diesem Fall ist der Psychiater erfolgreich, weil er den Beziehungsspieß umdreht: In der traditionellen Therapiesituation ist der Arzt, wenn seine Behandlung erfolgreich ist, in der überlegenen Situation. Ist er nicht erfolgreich, kehren sich die Dinge um: Der Arzt muß vor der nicht zu heilenden Krankheit kapitulieren, er ist in der unterlegenen, der schwächeren Position. Der Arzt läßt sich von dem Patienten in eine Doppelbindung hineinziehen – ein erfolgreiches Rezept bei Menschen, die eine Besserung nicht ertragen können, oder denen es wichtig ist, stets der Überlegene zu sein, egal, wieviel Leid und Schmerz dafür hingenommen werden muß.

Eine widersprüchliche Situation zwingt einem eine Entscheidung zwischen – möglicherweise – zwei Übeln auf, doch Widersprüchlichkeit läßt immerhin den Weg offen, sich zu entscheiden. Ich kann wählen, ob ich zum Beispiel weiterhin viel Eiscreme esse und zunehme, oder ob ich auf Eiscreme verzichte, schlank bleibe, mich jedoch um den Genuß bringe. Eine paradoxe Situation macht krank, weil sie ausweglos ist, bar jeder Entscheidungsmöglichkeit. Sie löst beim Schuld-Partner Angst aus, macht depressiv oder aggressiv, sie hat eine lähmende Wirkung. Der von Doppelbindung Betroffene gerät in eine ausweglose Situation, denn er sucht nach einer Lösung, die es innerhalb des in sich geschlossenen paradoxen Systems nicht geben kann: Er glaubt, daß er etwas übersehen hat; er wird unsicher, weil die Dinge aus der Sicht des anderen logisch erscheinen; er sucht verzweifelt nach dem Sinn, der doch da sein muß und schreibt es seiner Unfähigkeit zu, ihn nicht zu finden; er gehorcht; er zieht sich zurück.

Tat-Kranke sind ausgesprochen kreativ, wenn es darum geht, die eigene Seelenverwirrung zu kaschieren, indem beim Gegenüber Wahrnehmungsverwirrung gestiftet wird. Welche Chance hat ein Schuld-Partner, der nur die eine Hälfte einer Botschaft, das »Hilf mir« erkennen kann, nicht aber die versteckte zweite Hälfte, das »ich lasse nicht zu, daß du mir hilfst«. Der in die Doppelbindung verstrickte Partner gerät immer wieder in Konflikte mit seinen eigenen Wahrnehmungen. Er erlebt den Tat-Kranken zum Beispiel als gesund und fit, wird jedoch, kaum daß er es erwähnt, eines anderen belehrt: daß die Wahrnehmung falsch ist, daß der Tat-Kranke angegriffen und erschopft ist.

Wer von Kindesbeinen an in diesen Wahrnehmungskonflikt hineingezogen wird, läuft Gefahr, prägender Teil einer realitätsfernen Beziehungsstruktur zu werden. Watzlawick/Beavin/Jackson kommen zu dem Schluß, »daß dort, wo Doppelbindungen zur vorherrschenden Beziehungsstruktur werden und wo sich die diagnostische Aufmerksamkeit auf den sichtlich am meisten gestörten Partner beschränkt, das Verhalten dieser Person den diagnostischen Kriterien des klinischen Bildes von Schizophrenie entspricht.« Im schlimmsten Fall. Schuld-Partner beschreiben sich selbst jedoch durchaus als Grenzgänger zwischen adäquater und trügerischer Wahrnehmung, wenn sie, wie Anna, über sich selber sagen: »Ich habe mich oft gefragt, ob ich dabei bin, verrückt zu werden.« Anna setzt hinzu: »Ich habe mich häufig bei meiner Freundin rückversichert, um meine Wahrnehmungen zu beurteilen. Da hatte ich meine Mutter am Telefon lachen hören, und ich bekam mit, wie sie sich für den nächsten Tag mit einer Bekannten verabredete. Wenn ich ihr dann sagte: ›Es ist richtig schön zu hören, daß es dir gut geht‹, wies sie das empört zurück. Sie beharrte darauf, daß es ihr furchtbar schlecht geht und behauptete, daß sie sich nur verabredet hat, weil der Arzt darauf besteht, daß sie etwas unternimmt.« Anna fühlt sich viele Jahre lang auf schwankendem Boden. Sie traut ihren Wahrnehmungen nicht. »Meine Freundin hat mir sehr geholfen. Sie hat mir immer wieder Mut gemacht, mich nicht verunsichern zu lassen und zu dem, was ich sehe, spüre und empfinde, zu stehen.«

Während Doppelbindungen die Verständigung unmöglich machen und Verwirrspiele sie erschweren, ist Mißtrauen Gift für die Gesprächssituation. Mißtrauen entsteht, wenn der Sender alle Register zieht – auf der Ebene der Sachinformation, der Selbstoffenbarung, der Beziehung –, um eine heimliche Absicht durchzusetzen. Bernhard sagt über seine Kollegin, daß sie »keine Gelegenheit ausließ, mich und andere um den Finger zu wickeln. Was ich anfangs für echt und wahr hielt, entpuppte sich als perfekte Manipulation. Wenn sie mir von einem Gespräch, das sie mit dem Chef hatte, berichtete, kam ich in ihrer schöngefärbten Darstellung stets gut dabei weg. Über sich selber ließ sie geschickt einfließen, daß sie noch viel lernen muß und sie ja so dankbar sei, daß sie mich als Partner hat. Sie meinte nicht, was sie sagte, und sie sagte nicht, was sie meinte.« Laufen die Tränen, weil ich traurig bin, oder um bei meinem Gegenüber auf die Tränendrüse zu drücken? Zwischen Tat-Kranken und Schuld-Partnern, zumeist Menschen, die sich nahe stehen, ist Manipulation an der Tagesordnung und hat weitreichende Folgen. Denn je enger und intimer eine Beziehung, desto bedeutsamer ist es, wahre, echte Gefühle auszudrücken. Entsteht der Eindruck, benutzt zu werden, ist die Kränkung besonders groß, das Vertrauen zueinander ist nur schwer wiederherzustellen. Ein Kind, das taktisches, manipulatives Verhalten mit der Muttermilch eingesogen hat, tut sich schwer damit, direkt und durchschaubar zu sprechen und zu handeln. Beiße ich dauernd die Zähne zusammen, um mir nicht anmerken zu lassen, wie ich mich fühle? Bin ich geübt darin, gute Miene zum bösen Spiel zu machen? Spüre ich überhaupt noch, was wirklich in mir vorgeht? Tat-Kranke haben sich eine schützende Fassade erwählt – die Krankheit. Niemand soll durch diesen Schutzschild zum eigentlichen Denken, Fühlen, Wollen durchdringen. Aber auch Schuld-Partner geben wenig von sich preis. Die Selbstverbergung hindert sie daran, dem Kranken Paroli zu bieten. Sie ist darauf gerichtet, im Dunkeln zu lassen, was das Selbstwertgefühl bedroht. Die Sprache enthüllt im Wort »verkorkst« anschaulich, was Selbstverbergung ist: Gefühle, die in der Kindheit nicht zugelassen sind, werden fest verkorkt, sie werden separiert. Man sitzt auf einem Pulverfaß: Den Korken zu lockern oder zu ziehen, ist bedrohlich, denn das Verkorkte könnte Knall auf Fall durchbrechen und einen unter sich begraben. Die Angst vor der Explosion verhindert zu erkennen, was ich kann, und konkret zu entscheiden, was ich will.

Wer sich hinter einer Fassade verbirgt, wird auch sprachlich Ich-scheu. Tat-Kranke wie Schuld-Partner verwenden bevorzugt »man«- und »es«-Sätze. »Man kann doch einer kranken Frau nichts zumuten«, »Man muß doch wirklich Angst haben, wenn jemand mit Selbstmord droht«, »Man kann doch wohl erwarten«, »Es versteht mich eben niemand«, »Man wird mürbe, wenn man dauernd Schmerzen hat«. Warum »man« statt »ich«, warum »es«? Gegen ein »ich erwarte von dir« oder »ich will einer kranken Frau nichts zumuten« ließe sich vom Gesprächspartner vielleicht etwas vorbringen. Er könnte mich direkt ansprechen und nach den Gründen fragen, ich müßte mir in die Seele schauen lassen. »Man« hat ein über das Individuum hinausreichendes Gewicht. Es hebt das persönliche Wünschen, Wollen und Tun in den Rang einer das Menschsein regierenden Gesetzmäßigkeit. Und wer ist »es«? Es ist eine anonyme, vermeintlich objektive Instanz, die wie das »man« davor bewahrt, sich persönlich einzubringen.

Mit dem richtigen Ohr hören

Das Kaminofenbeispiel von Seite 186 verdeutlicht, daß der Empfänger einer Nachricht auf einer Ebene, in dem Fall auf der Beziehungsebene, das Gras wachsen hört, für die übrigen Informationsebenen jedoch ziemlich taub ist. Hätte er ein Ohr für alle Ebenen, würde er die Nachricht nach folgendem Fragenkatalog entschlüsseln:

1. Zum sachlichen Inhalt der Nachricht: Was teilt der Sender mir mit? Was sagt er zum Beispiel über

seine Arbeit, über das neue Kleid, den Nachbarn oder worum auch immer es in dem gesagten Satz geht.

2. Zum Beziehungsinhalt: Wie behandelt mich der Sender? Ist er zuvorkommend, von oben herab, distanziert, einschmeichelnd, aggressiv?

3. Zur Selbstoffenbarung: Zeigt der Sender, daß er gut gelaunt oder traurig ist, spielt er sich auf oder macht er sich runter?

4. Zum Appell: Was will der Sender von mir? Appelliert er an meine Großzügigkeit, an mein Mitleid, will er mir Schuldgefühle machen?

Wie erfolgreich die Kommunikation verläuft, darüber entscheidet nicht allein die adäquate Interpretation der Nachricht auf allen Ebenen, sondern ebensosehr das Feedback des Empfängers. Am Kaminbeispiel erläutert: Die Reaktion »Mußt du dich dauernd in unsere Familienangelegenheiten einmischen« auf den Satz des Schwiegervaters »Ich habe schöne Kaminöfen gesehen«, war vermutlich das unbefriedigende, beide Seiten verärgert zurücklassende Ende des Gesprächs. Es hätte auch anders verlaufen können.

Schwiegervater: »Ich habe schöne Kaminöfen gesehen.«

Schwiegertochter: »Wo hast du sie gesehen?«

Schwiegervater: »In einem Geschäft in der Hegestraße.«

Schwiegertochter: »Ich sollte vielleicht hingehen und sie mir ansehen. Möchtest du mitkommen? Wie du weißt, wollen wir uns einen kaufen.«

Für die Schwiegertochter nähert sich das Gespräch mit jedem Satz jedoch einem kritischen Punkt. Sie befürchtet, ohne es zu sagen, daß der Schwiegervater den Ofen kaufen will oder schon gekauft hat. Sie müßte ihm klar und unmißverständlich zu verstehen geben, daß sie diese Einmischung nicht länger hinnehmen wird, auch auf die Gefahr hin, daß der Schwiegervater beleidigt ist oder es Streit gibt. Vor einer klaren Stellungnahme haben sich der Sohn wie auch die Schwiegertochter bislang gedrückt. Sie streiten untereinander, hinter dem Rücken des Schwiegervaters und beklagen sich bei den übrigen Familienmitgliedern. Dem Schwiegervater gegenüber, mit dem der Konflikt aus der Welt geschafft werden konnte, äußern sie sich nur indirekt und aggressiv. Wie soll er bei soviel »Diskretion« verstehen, daß seine gutgemeinten Taten nicht auf Gegenliebe stoßen?

An die zehntausend Sinneswahrnehmungen nimmt der Mensch pro Sekunde auf. Angesichts dieser Flut von Reizen muß zwangsläufig, um das Gehirn vor einer Blockade zu bewahren, ausgewählt werden. Was als wichtig oder unwichtig eingestuft wird, entscheidet jeder Mensch nach eigenen Kriterien. Und er tut es aus der unbewußten Überzeugung heraus, daß die subjektive Auswahl identisch ist mit der Wirklichkeit. Das heißt: Die Welt, wie ich sie sehe, ist gleich der Welt, wie sie ist. Daraus ergibt sich der Schluß: Wer von dieser meiner Wirklichkeit abweicht, ist irrational oder verdreht die Tatsachen, er ist also entweder verrückt oder bösartig. Shakespears Hamlet drückt den Vorgang, sich seine eigene Wirklichkeit zu schaffen, in dem Satz aus: »An sich ist nichts weder gut noch schlecht, das Denken macht es erst dazu.«

Dieses Denken zwingt die von ihrem Wesen her kreisförmige Kommunikation häufig in die Sackgasse der Linearität. Ein Beispiel aus dem Ehealltag: »Wenn du dich mehr um mich kümmertest und zärtlicher wärest, wäre ich auch besser gelaunt«, sagt die Ehefrau. Ihr Mann antwortet: »Ja, warum habe ich denn keine Lust, zärtlich und öfter mal zu Hause zu sein – doch nur, weil du mir dauernd mit deinem Nörgeln in den Ohren liegst.« Ein typischer Sackgassendialog! Das eigene Verhalten wird jeweils nur als Reaktion auf das Verhalten des anderen, nicht aber auch als Ursache für dessen Verhalten gesehen. Doch jedes Verhalten ist sowohl Ursache als auch Wirkung. Bin ich zum Beispiel aus gutem Grund mürrisch, weil nämlich die anderen unfreundlich zu mir sind? Oder erzeuge ich die Reaktion der anderen? »Bestimmt nicht« wird die erste Antwort sein. Doch Hand aufs Herz: Wenn Sie insgeheim Hemmungen haben und sich nicht sehr viel zutrauen, begegnen Sie dann anderen nicht mit Vorsicht, Zögern und Zurückhaltung? Also mit einem Verhalten, das leicht als Zurückweisung oder gar Arroganz interpretiert werden kann? Das Gegenüber reagiert entsprechend: Es läßt Sie bei der nächsten Begegnung vielleicht links liegen. Ein Verhalten, das nun Ihrerseits als arrogant und unfreundlich verstanden wird. Der andere scheint »schuld« zu sein, doch der Keim der Mißverständigung und des daraus resultierenden schlechten Verhältnisses zu dem Gegenüber liegt auch in einem selber.

Einer der Hauptgründe für Fehlkommunikation sind Konfusionen auf dem Gebiet der Inhalts- und Beziehungsebene. Sich Klarheit über beide Ebenen zu verschaffen, lenkt den Blick auf die Gretchenfrage: Wie steht es eigentlich um die Beziehung zwischen Tat-Krankem und Schuld-Partner? Eine Frage, die sich beide kaum stellen. Das Verhältnis hat gut, verständnisvoll, liebevoll, herzlich zu sein. Doch ist es das wirklich? Worum geht es in der folgenden Szene, um die Inhalts- oder um die Beziehungsebene? Die Ehefrau klagt: »Es geht mir schlecht, ich habe Fieber.« Der Ehemann hält dagegen: »Du mit deinem ewigen Gejammere, es ist bestimmt nichts, du siehst nicht nach Fieber aus.« Der Wahrheitsgehalt der Behauptung »Ich habe Fieber« läßt sich leicht überprüfen. Ginge es den Partnern um die Lösung auf der Sachebene, gäbe das Thermometer die Antwort. An ihm ließe sich ablesen, wer recht hat. Die Sache wäre aus der Welt. Der Ehemann könnte das Ergebnis der Temperaturmessung mit einem »Tatsächlich, du hast Fieber, dann bleibst du wohl besser im Bett« kommentieren; die Ehefrau im umgekehrten Fall mit einem »Du hast recht, ich habe kein Fieber«. Damit wäre der Streit auf der Inhaltsebene beigelegt. Auf der Beziehungsebene könnte aber gerade durch die Klärung ein Konflikt entstehen. Denn ein Partner hatte recht, der andere unrecht. Der »Verlierer« könnte darüber aus unterschiedlichsten Gründen verärgert sein. Zum Beispiel, weil er grundsätzlich nicht verkraften kann, auch mal unrecht zu haben. Er wird nun darauf erpicht sein, dem anderen bei nächster Gelegenheit eins auszuwischen, um die Niederlage wettzumachen. Was auf der Sachebene geklärt ist, wird also auf der Beziehungsebene zum Problem. Doch geht es überhaupt um die Klärung der Sachfrage, ob die Ehefrau Fieber hat oder nicht?

»Familienbeziehungen«, stellt Arthur Koestler in *Die Geheimschrift. Bericht eines Lebens* fest, »gehören einer Sphäre an, in der die sonst üblichen Regeln des Urteils oder des Handelns außer Kraft gesetzt sind. Sie sind ein Labyrinth von Spannungen, Streitereien und Versöhnungen, deren Logik widerspruchsvoll ist und deren Wertmaßstäbe und Kriterien oft so verborgen sind wie der gekrümmte Raum eines in sich geschlossenen Universums. Es ist ein von Erinnerungen gesättigtes Universum – Erinnerungen, aus denen man nichts lernt; saturiert mit einer Vergangenheit, die keine Ratschläge für die Zukunft gibt.

Denn in diesem Universum beginnt die Zeitrechnung nach jedem Streit und jeder Versöhnung von neuem, und die Geschichte befindet sich immer im Jahre Null.« Hinter den Seelenqualen von Tat-Kranken und Schuld-Partnern steht dreierlei: Das Bild, das jeder von sich selber hat; das Bild, das jeder vom anderen hat und der Charakter der Beziehung.

Paul Watzlawick nennt folgende Grundvarianten für Beziehungen zwischen zwei Menschen:

1. Der Idealfall ist dann gegeben, wenn sich die Partner sowohl über den Inhalt ihrer Kommunikation als auch über die Definition ihrer Beziehung einig sind. Das heißt, sie haben weitgehend gleiche Ansichten und sind sich einig über die Regeln, die ihr Miteinander bestimmen.

2. Im schlechtesten Fall liegt der umgekehrte Sachverhalt vor, das heißt, die Partner sind sich sowohl auf der Inhalts- als auch auf der Beziehungsstufe uneins: Sagt der eine zu einem Thema hü, sagt der andere hott, und es stimmt auch beziehungsmäßig zwischen den beiden nicht.

Dazwischen liegen einige Mischformen:

a) Die Partner sind sich auf der Inhaltsstufe uneins, doch die Meinungsverschiedenheiten beeinträchtigen ihre Beziehung nicht: Sie sind zum Beispiel in verschiedenen politischen Parteien, tragen Gegensätze in der Sache aus, verstehen sich als Paar aber ganz hervorragend.

b) Die Partner sind sich auf der Inhaltsstufe einig, auf der Beziehungsstufe dagegen nicht. Bekanntlich zerbrechen viele Ehen gerade dann, wenn äußere Schwierigkeiten überwunden sind. Da hat man sich zum Beispiel jahrelang eingeschränkt und aufgerieben, um sich den Traum von einem eigenen Haus zu erfüllen. Und kaum steht das Haus, endet die Ehe vor dem Scheidungsrichter. Viele Schuld-Partner ahnen irgendwann, daß sie die »äußere Schwierigkeit« sind, die dem Tat-Kranken psychische Stabilität garantiert. Wird zum Beispiel ein Kind zum schwierigen »Fall«, zu einem, der die Eltern umbringt vor Sorgen, erfüllt es genau die Funktion, die es für die Beziehung der Eltern hat: Es schweißt sie zusammen und sorgt für eine Pseudofestigkeit der elterlichen Beziehung. Löst das Kind seine Probleme, geraten die Eltern in die Krise. Paul Watzlawick: »Fast mit mathematischer Sicherheit läßt sich voraussagen, daß auf eine Besserung des Patienten (des Kindes, das sich aus der Rolle des Sorgenkindes befreit) eine Ehekrise der Eltern folgt, die den Patienten (das Kind) sehr oft wieder in seine Pathologie zurückfallen läßt.« Es sei denn, es gelingt dem Kind, sich nicht länger dafür verantwortlich zu fühlen, wie die Eltern ihre Beziehung gestalten.

c) Eine weitere Variante ist die Konfusion zwischen der Inhalts- und der Beziehungsebene. Dabei wird entweder der Versuch gemacht, ein Beziehungsproblem auf der Inhaltsstufe zu lösen oder umgekehrt. »Wenn ich dir etwas bedeuten würde, würdest du mir nicht widersprechen«, sagt die Ehefrau zu ihrem Mann, der bestreitet, daß sie Fieber hat. Denn es geht nicht um die Sachebene, um das Fieber. Es geht darum, daß sie sich mehr Fürsorge und Zuwendung wünscht oder lieber zu Hause bleibt, als ins Büro zu gehen, weil sie dort ein Konflikt erwartet, dem sie lieber ausweichen möchte.

Schuld-Partner wie Tat-Kranke finden zumeist keinen Ausweg aus dem Labyrinth der Schuldgefühle, Spannungen und Streitereien, denn sie neigen in spezieller Weise zur Linearität und zu selektivem Hören. Sie haben vor allem auf zwei Ebenen, der Beziehungs- und der Appell-Ebene, Elefantenohren entwickelt.

Alles persönlich nehmen

In einem sind sich Tat-Kranke und Schuld-Partner zumeist einig: Beide Seiten beklagen, daß der andere ihn nicht versteht bzw. daß man aneinander vorbeiredet. Betrachtet man die Kommunikation aus größerer Distanz, wird deutlich, daß keiner dem anderen gut und mit dem richtigen Ohr zuhört. Elke beschreibt eine Reihe typischer Szenen mit ihrer Mutter: »Wenn ich zum Beispiel mit meiner Schwester vor der Haustür noch ein paar Sätze sprach, empfing mich meine Mutter mit der Attacke ›glaubt ihr, ich weiß nicht, daß ihr ständig hinter meinem Rücken über mich herzieht?‹ Egal, was war, meine Mutter bezog alles auf sich. Wenn ich am Telefon meinen Vater sprechen wollte, bekam ich als Antwort: ›Mich hältst du wohl für zu dumm, um mir zu sagen, worum es geht.‹ Die Reaktion auf solche Angriffe war, daß ich explodierte und sie in Tränen ausbrach. Sie nahm alles persönlich. Selbst wenn ich sagte: ›Es ist wunderbares Wetter draußen‹, giftete sie zurück: ›Erzähl mir nicht wieder, daß ich an die frische Luft gehen soll, ich bin zu schwach, um rauszugehen.‹ Wenn jemand lachte, fühlte sie sich ausgelacht; wenn mein Vater einen Witz machte, mußte man mit dem Satz rechnen: ›Amüsiert euch ruhig auf meine Kosten.‹ Dann stand sie auf und ging, obwohl der Witz nichts mit ihr zu tun hatte.« Elkes Mutter hört fast nur auf dem »Beziehungsohr«; zwischen ihr und der Tochter prallen die Worte aufeinander wie chemische Stoffe, die ein hochexplosives Gemisch bilden. Der Grund dafür ist, daß es nicht um Worte geht, sondern um Beziehungskonflikte, Minderwertigkeitsgefühle, eine negative Selbsteinschätzung, ein falsches oder unvollständiges Bild vom Gegenüber. »Sie haben in dieser Sache sehr gut gearbeitet«, sagt der Chef. »Ich weiß, daß ich für den Job nicht gut genug bin, trotzdem danke für das Lob«, antwortet seine Sekretärin. Der Chef gerät in Rage: »Ich bin die negative Einstellung dieser Frau leid!« Auch dieses Beispiel belegt, daß kommunikative Fallstricke zugleich auch ein Faden sind, den Weg zum Kern des Problems zu finden, der ein zweischichtiger ist: Es geht erstens um die Beziehung und Beziehungsstörungen und zweitens um das Selbstbild und darum, welches Bild wir vom Gegenüber haben.

Was hat die Sekretärin verstanden? Und war es so gemeint? Auf der Beziehungsebene könnte ihr der Ton mißfallen haben, der das Lob des Chefs begleitete. Vielleicht sprach er in einer gönnerhaften Art, die eher ausdrückte, daß ihr ausnahmsweise mal etwas gelungen ist. Das Lob könnte aber auch eindeutig und echt gewesen sein. Dann sagt die Sekretärin mit ihrer Antwort viel über sich selber aus, nämlich, daß sie glaubt, den Jobanforderungen nicht gerecht zu werden. Und sie tut kund, daß der Chef mit ihrer Arbeitsleistung unzufrieden ist. Eine Einschätzung, die stimmen kann, aber keineswegs stimmen muß. Hätte der Chef ihr genau zugehört, wäre der kurze Dialog vielleicht zu einem klärenden Gespräch geworden. Er hätte beispielsweise fragen können: »Warum sind Sie der Meinung, daß Sie für den Job nicht gut genug sind?«

Jeder, der etwas sagt, meint etwas. Aber was? Dr. Jens Schiermann: »Menschen verstehen auch immer etwas, wenn ihnen etwas gesagt wird. Aber sie verstehen nicht immer, was gemeint ist. Und auch wenn sie glauben zu wissen, was gemeint ist, und wenn sie glauben, dies zu verstehen, kann es sein, daß sie etwas verstehen, was gar nicht gemeint war. Kommunikation ist vom Wesen her uneindeutig und setzt neben gutem Willen auch einige Fähigkeiten voraus,

die manchmal mühsam erlernt werden müssen,
wenn man den anderen besser verstehen will.«

Beziehung und Beziehungsstörungen

Warum sollte man ausgerechnet im babylonischen
Kommunikationswirrwarr nach einer Lösung des
Konflikts zwischen Tat-Krankem und Schuld-Partner suchen? Weil sich dieser Wirrwarr lichtet, wenn
damit begonnen wird, sich selbst und dem anderen
bewußter zuzuhören, denn die Art, in der Menschen
miteinander kommunizieren, wirft Schlaglichter auf
die Ursachen der Konflikte – erhellende Schlaglichter, die Wege aus der Bedrückung weisen. Wer zum
Beispiel zwischen Inhalts- und Beziehungsebene zu
unterscheiden lernt, kommt dem Charakter einer Beziehung näher. Und tut damit den ersten Schritt, die
eigene Position sowie die des anderen zu erkennen.
Das Fieberbeispiel von Seite 199 zeigt, daß sich der
Wahrheitsgehalt einer Aussage auf der Inhaltsebene,
die Frage, ob ich Fieber oder kein Fieber habe, per
Thermometer überprüfen läßt. Das auf der Beziehungsebene entstandene Problem – wie gehen die
Partner damit um, recht oder unrecht zu haben –
bringt die Beziehung zwischen den Beteiligten auf
den Prüfstand.

Tat-Kranke und Schuld-Partner sind häufig »be-
ziehungsblind«. Wissenschaftliche Untersuchungen
zeigen, wie sich diese Beziehungsblindheit auswirkt
bzw. warum der Beziehungsaspekt so wichtig ist. Die
Psychoanalyse beschränkt sich auf den egozentri-
schen Standpunkt. Sie kennt das Ich, das Über-Ich,
das Es. Ein Du, das Alter zum Ego, kennt sie jedoch
nicht. Die egozentrische Sicht, der Blick auf mich
selbst, ist aber nur die eine Seite der Lebensmedaille.

Die andere Seite, gerade in engen Beziehungen von enormer Bedeutung, betrifft die Frage, wie wir zueinander stehen. Sind wir ebenbürtige, gleichberechtigte Partner oder beruht die Beziehung auf Ungleichheit? Harmonie herrscht, wenn die Partner die gewählte und zugedachte Rolle akzeptieren und sich entsprechend verhalten. Beziehungsstörungen entstehen, wenn einer der Partner seine Rolle anders definiert.

Sagt der Kollege zur Kollegin: »Ihnen ist hier ein Fehler unterlaufen, den Sie korrigieren müssen«, läßt dies auf ein gleichberechtigt-kollegiales (symmetrisches) Verhältnis schließen. Sagt er: »Zu meinem großen Entsetzen muß ich feststellen, daß man Ihnen nichts überlassen kann. Sehen Sie sich diese Fehler an, die Sie gemacht haben!« Wer so spricht, tönt von einem hohen Roß. Eine sich als gleichwertig betrachtende Kollegin wird diese Von-oben-herab-Ansprache mit einer Zurückweisung quittieren: »Was fällt Ihnen ein, so mit mir zu reden.« Eine Kollegin, die bereit ist, die Unterordnung (das komplementäre Verhältnis) zu akzeptieren, wird schweigen und das Donnerwetter schlucken. Wie Worte allein zum Zweck des Auftrumpfens eingesetzt werden können, ist bei Lewis Caroll in *Alice hinter den Spiegeln* nachzulesen:

»Na, da hast du doch tatsächlich recht!« sagte Goggenmoggel aufgeräumt, und Alice gab es ihm richtig in die Hand. »Mir kam es doch gleich ein wenig sonderbar vor. Also, wie gesagt, es sieht zwar aus, als sei es richtig – ich kann es jetzt freilich nicht im einzelnen durchgehen – und daraus geht hervor, daß du an dreihundertvierundsechzig Tagen im Jahr etwas zum Ungeburtstag geschenkt bekommen kannst.«

»Schon«, sagte Alice.

»Aber zum Geburtstag nur an einem, nicht wahr. Wenn das keine Glocke ist!«

»Ich verstehe nicht, was Sie mit Glocke meinen«, sagte Alice.

Goggenmoggel lächelte verächtlich. »Wie sollst du auch – ich muß es dir doch zuerst sagen. Ich meinte: Wenn das kein einmalig schlagender Beweis ist!«

»Aber ›Glocke‹ heißt doch gar nicht ›einmalig schlagender Beweis‹«, wandte Alice ein.

»Wenn ich ein Wort gebrauche«, sagte Goggenmoggel in recht hochmütigem Ton, »dann heißt es genau, was ich für richtig halte – nicht mehr und nicht weniger.«

»Es fragt sich nur«, sagte Alice, »ob man Wörter einfach etwas anderes heißen lassen kann.«

»Es fragt sich nur«, sagte Goggenmoggel, »wer der Stärkere ist, weiter nichts.«

In unserem Kulturkreis gibt es eine Reihe traditioneller komplementärer Beziehungen, zum Beispiel das Verhältnis zwischen Mutter und Kind, Lehrer und Schüler, Direktor und Chauffeur. Aber auch viele Partnerschaften basieren darauf, daß einer das Sagen hat. Dr. Jens Schiermann: »Komplementäres Verhalten ist an der ineinander verzahnten Natur der Beziehung zu erkennen. Es ist nicht so, daß ein Partner (der in der superioren Position) dem anderen (in der inferioren Position) eine komplementäre Beziehung aufzwingt – beide verhalten sich vielmehr in einer Weise, die das bestimmte Verhalten des anderen voraussieht, es gleichzeitig aber auch bedingt. Dieses scheinbar komplizierte Miteinander regelt sich im täglichen Leben meist von selbst.« Schwierig wird es, wenn einer aus der ihm zugewiesenen Rolle herauswächst, sein Gegenüber diese Rolle aber zementieren möchte. »Sei nicht so frech«, bekommt der fünfundzwanzigjährige Tim noch immer zu hören, wenn er seinen Eltern widerspricht. Ein eigener Standpunkt war dem Kind und ist auch dem erwachsenen Sohn nicht gestattet.

Wie reagiert Tim darauf? Der amerikanische Psychiater Eric Berne geht davon aus, daß aus jedem Menschen drei Stimmen sprechen: Das Eltern-Ich, das Kindheits-Ich und das Erwachsenen-Ich.

Das Eltern-Ich ist die Summe aller Erfahrungen und aller Ge- und Verbote aus der Kindheit. Es hat eine behütend-fürsorgliche und eine kritische (moralische, verurteilende) Seite.

Das Kindheits-Ich ist das Kind in uns, das verspielte, ausgelassene, bockige oder angepaßt-brave.

Das Erwachsenen-Ich ist die Schaltzentrale, in der alle Impulse aufgenommen und ausgewertet werden. Es überprüft, was aus dem Eltern- und dem Kindheits-Ich gesendet wird, auf seine Angemessenheit und Brauchbarkeit. Das Erwachsenen-Ich spricht sachbezogen, es analysiert, fragt gegebenenfalls nach weiteren Informationen, es agiert gleichberechtigt, von Partner zu Partner. Analysiert man die Kommunikation zwischen Tat-Krankem und Schuld-Partner, spricht aus beiden vornehmlich das Eltern- und Kindheits-Ich. Viele Schuld-Partner reagieren auf den Tat-Kranken vorwurfsvoll oder überfürsorglich, angepaßt-brav oder trotzig-rebellisch. Meldet sich Tims Mutter mit dem Satz: »Deinem Vater geht es gar nicht gut, du bist auch schon so lange nicht mehr zu Hause gewesen«, ist Tims Antwort zumeist eine aus dem Kindheits-Ich. Entweder ein braves »Es tut mir leid, daß ich so lange nicht da war« oder ein rebellisches »Was glaubt ihr eigentlich, was ich den ganzen Tag mache und zu tun habe!« Beide Varianten bringen Tim in Rage, denn sein »Es tut mir leid« ist geheuchelt, und die Trotzreaktion führt regelmäßig zum Streit mit der Mutter. Eine Antwort aus dem

Erwachsenen-Ich würde den Unterton der Mutter aushebeln, denn sie irgnoriert die vorwurfsvoll-manipulative Dimension des Satzes. Sie könnte lauten: »Ich wünsche Vater gute Besserung und hoffe, es geht ihm bald wieder gut.«

Anna kämpft zum Beispiel lange gegen die Hackbraten-Wohltaten der Mutter an. Ein einfaches »Danke« für das Präsent würde die Lage für beide entspannen. Warum kann Anna nicht auf die konkrete, von einem unbeteiligten Standpunkt aus positive Situation entsprechend positiv – aus dem Erwachsenen-Ich – reagieren? Weil sie nicht auf die Gegenwart, sondern in die Vergangenheit schaut. Anna fragt sich, warum die Mutter das tut, warum sie ihr den Hackbraten anbietet. Ihre innere Antwort: »Weil sie mich irgendwann, wie sie es in der Vergangenheit immer wieder getan hat, damit erpressen will.« Anna versieht den Hackbraten mit einer Bedeutung, die auf nichts als einer Vermutung basiert. Eine solche Vermutung kann aus drei Gründen zu schwerwiegenden Problemen führen.

Grund Nr. 1: Die Vermutung stimmt nicht, sie wird auch nicht ausgesprochen, sondern beeinflußt nur unterschwellig das Miteinander. Eine Ehefrau, die vermutet, daß ihr Mann fremdgeht, wird die Realität nicht mehr adäquat, sondern nur noch verzerrt wahrnehmen. Jedes Verhalten des Mannes kann mißdeutet werden, und auch das eigene Verhalten wird sich verändern, ohne daß der andere versteht warum. Das Paar lebt sich auseinander, ohne um die Gründe zu wissen. Auch Anna und ihre Mutter entfremden sich immer mehr, ohne daß die Mutter auch nur ahnt, warum Anna dermaßen abweisend auf ein gutgemeintes Geschenk reagiert.

Grund Nr. 2: Die Vermutung stimmt nicht, wird aber offen ausgesprochen. Anna sagt zum Beispiel:

»Ich will deinen Hackbraten nicht, denn ich weiß, daß du mich irgendwann wieder mit der Auflistung erpreßt, was du alles für mich getan hast, und mir vorwirfst, daß du dich meinetwegen zugrunde richtest.« Die Vermutung auszusprechen, hat zumindest den Vorteil, daß dann darüber gesprochen werden kann – allerdings mit dem Nachteil, daß der andere von vornherein in die ungünstige Lage gebracht wird, sich rechtfertigen zu müssen. Denn Annas Behauptung, sie wisse, was geschehen wird, suggeriert einen Wahrheitsgehalt, den sie gar nicht behaupten kann, es handelt sich um eine reine Vermutung.

Grund Nr. 3: Die Vermutung stimmt und wird als Knüppel benutzt, den andern zu treffen. Ein solcher Umgang miteinander erzeugt zwangsläufig heftigen Widerstand.

Anna spricht immer wieder von »Gespensterdialogen« mit ihrer Mutter. Als typisch dafür beschreibt sie folgende Szene:

Anna ist zu Besuch, und die Mutter hat sich am späten Nachmittag hingelegt, weil sie sich mal wieder nicht gut fühlt. Anna bringt ihr am Abend das Essen ans Bett und fragt die Mutter: »Du sagtest, daß du früh schlafen möchtest. Macht es dir was aus, wenn ich dann heute abend mit einer Freundin ein Glas Wein trinken gehe?«

Die Antwort der Mutter: »Das ist mir egal, mach, was du machen willst.«

Anna geht abends aus. Am nächsten Morgen sitzt die Mutter sichtbar verstimmt am Frühstückstisch. Anna erkundigt sich danach, ob sie sich immer noch schlecht fühlt. Nein, es geht ihr besser. Aber die Mutter bleibt wortkarg und abweisend. Anna fragt, was los ist.

»Wenn du schon mal zu Besuch bist«, wirft die Mutter ihr vor, »mußt du ja nun nicht gerade abends mit einer Freundin ausgehen. Dann könntest du dich auch mal um mich kümmern.«

»Aber ich habe doch extra gefragt«, sagt Anna, »und du hast gesagt, daß es dir egal ist, daß ich machen soll, was ich machen möchte.«

Die Antwort der Mutter: »Du machst doch sowieso, was du willst. Außerdem hättest du, auch ohne daß ich etwas sagen muß, darauf kommen können, daß es angebracht gewesen wäre, zu Hause zu bleiben.«

Warum streiten sich Anna und ihre Mutter? Weil es der Mutter offensichtlich ganz und gar nicht egal war, wie und mit wem die Tochter den Abend verbracht hat.

Anna hat aus den Worten der Mutter herausgehört: Sie will schlafen und stellt mir frei zu tun, was ich tun möchte.

Die Mutter aber drückte mit dem Satz »Das ist mir egal, mach, was du machen willst« Enttäuschung und Resignation aus. Ihre Bemerkung »Du machst doch sowieso, was du willst« drückt ihre Vermutung aus, daß die Tochter nicht bereit ist, einem Wunsch der Mutter zu entsprechen. Anna hätte, nach den Vorstellungen der Mutter, ahnen müssen, welches Verhalten angebracht gewesen wäre. Die Tochter hätte merken können, daß sie zu Hause bleiben soll. Würden Anna und ihre Mutter in Ruhe darüber sprechen, wodurch die Mißverständnisse entstanden sind, könnten sie in Zukunft besser miteinander umgehen.

Um dieses Ziel zu erreichen, muß sich jeder überlegen, was er ausgedrückt hat und was nicht. Bei Annas Mutter könnte das Ergebnis einer solchen Selbstprüfung sein: »Als du mich fragtest, ob es mir etwas ausmacht, wenn du weggehst, habe ich vermutet, daß du ohnehin nicht beachtest, was ich sage (Das ist meine Erfahrung mit dir). Ich war enttäuscht, daß du nicht von selber drauf kommst, bei mir zu bleiben; ich wollte nicht schlafen, sondern ein bißchen von dir umsorgt werden (Das war meine Absicht). All das habe ich aber nicht klar und deutlich ausgedrückt.«

»Was sich hier zeigt«, so Dr. Jens Schiermann, »passiert häufig: Die Erfahrungen, die man mit anderen hat, verleiten zu Vermutungen, die nicht aus der gegenwärtigen Wahrnehmung der Realität abgeleitet werden, sondern aus der Schlußfolgerung ›Sonst bist du ja auch so‹.« Kern einer guten Beziehung ist, seine Gefühle ernst zu nehmen und sie auszudrücken. Wer das nicht tut, kann nicht erwarten, daß andere ihn verstehen. Und wer seine Absichten nicht formuliert, kann nicht erwarten, daß er Einfluß auf das Geschehen nehmen kann. Beziehungsärger entwickelt sich aus Mißverständnissen und falschen Erwartungen, aus fehlender Klarheit und Klärung. Je unschärfer die Konturen meiner eigenen Persönlichkeit sind, je verschwommener mein Bild von mir und dem anderen ist, desto größer ist das Konfliktpotential und auch die Gefahr, zur Zielscheibe von Projektionen und Übertragungen zu werden. Schuld-Partner gehen dem Tat-Kranken gegenüber zumeist weit in die Defensive oder reagieren aggressiv und abweisend. Sie setzen ihm wenig klare, eigene Persönlichkeit entgegen – und wundern sich, daß sie mehr an Anforderungen und Vorhaltungen »abbekommen« als Menschen, die dem Tat-Kranken die Stirn bieten. Der Grund dafür: Beim Empfänger kommen nicht nur Worte, Tonfall, Mimik und Gestik des Senders an, sondern auch dessen Projektionen und Übertragungen. Das heißt, nicht jedes Gefühl, das mich erreicht, ist auch auf mich gemünzt. Vielleicht erinnert meine Stimme den anderen an eine schmerzhafte Erfahrung oder meine Bewegungen rufen Erinnerungen wach. Je mehr und je intensiver sich ein Mensch mit seinen Eigenarten und seiner Persönlichkeit offenbart, desto geringer ist die Gefahr, eine unbeschriebene Leinwand, eine ideale Fläche für Projektionen und Übertragungen zu sein.

Wenn Menschen miteinander sprechen, reden sie also nicht allein über sachliche Inhalte, sondern auch über ihre Beziehung zueinander. Wie diese Beziehung aussieht, wird zwangsläufig von beiden oder von einem der Beteiligten definiert. Jeder entscheidet täglich viele Male darüber, wie und in welcher Art Kontakt aufgenommen wird und tut dadurch kund, von welcher Art das Verhältnis ist. Will ich die Nachbarin grüßen, die gerade um die Ecke kommt, oder tue ich so, als hätte ich sie nicht gesehen? Begrüße ich die Kollegin, die krank war, mit einem »Schön, daß Sie wieder da sind« oder mit einem schnippischen »Gedenken Sie auch mal wieder zu arbeiten?« Jede Begegnung beinhaltet also eine Standortbestimmung, eine Definition der Beziehung. Ob wir es wollen oder nicht – sie findet statt, und wir müssen uns dazu verhalten.

Der Empfänger einer Botschaft kann der angebotenen Beziehungsdefinition zustimmen, er kann sie durchgehen lassen, sie zurückweisen oder ignorieren. Grüßt mich die Nachbarin freundlich über den Gartenzaun, und ich grüße zurück, signalisiere ich, daß ihr Verhalten mit meiner Vorstellung von nachbarschaftlicher Beziehung übereinstimmt. Höre ich von ihr ein pikiertes »Sie haben wohl auch keine Zeit mehr, mal auf eine Tasse Kaffee vorbeizukommen« und bekommt sie darauf die sachliche Antwort »Das ist richtig, ich habe tatsächlich keine Zeit«, lasse ich ihr den beleidigten Ton durchgehen. Setze ich jedoch eine verbale Ohrfeige, ein »Was geht Sie das an, wie und mit wem ich meine Zeit verbringe?« dagegen, ist die Zurückweisung eindeutig. Drehe ich der Nachbarin wortlos den Rücken zu, mache ich ihr unmißverständlich klar, daß ich sie ignoriere, daß sie Luft ist für mich.

Für welche Antwortvariante ich mich entscheide, entscheidet sich bei und in mir. Wie sehe ich mich selbst? Wie sehe ich den anderen? Diese beiden Fragen geben den Ausschlag dafür, wie eine Nachricht vom Empfänger entschlüsselt wird, und zwar auf allen vier Ebenen. Auf der Sachebene, der Ebene der Selbstoffenbarung, der Beziehungs- und der Appellebene. Denn jedes Wort, jeder Satz fällt auf einen Resonanzboden – das eigene seelische Empfinden. »Du bist durch und durch egoistisch«, was für unterschiedliche Reaktionen sind auf diesen Satz denkbar! »So ein Unsinn«, sagt sich der eine und zuckt ungerührt mit den Schultern. »Wie kommt die zu so einer Meinung über mich?« fragt sich ein zweiter erstaunt. »Eine Unverschämtheit, mich als egoistisch einzustufen«, ereifert sich ein dritter. Schuld-Partner neigen dazu, eine solche Äußerung mit masochistischer Seelenpein zu beantworten. Sie hören aus dem Gesagten ein »So ein schlimmer, böser Mensch bin ich also« heraus und fühlen sich aufgerufen, den Beweis des Gegenteils anzutreten.

Grüßt mich ein Kollege morgens nicht, kann ich zu dem Schluß kommen, daß er mich nicht gesehen oder einen etwas einsilbigen schlechten Tag erwischt hat. Ein anderer nimmt die Sache persönlich (der hat was gegen mich), ist verärgert oder grübelt darüber nach, was vorgefallen sein könnte. Wer ständig mit dem Beziehungsohr auf der Lauer liegt, versucht, aus jeder Äußerung der Mitmenschen herauszuhören, wie ihn der andere sieht, was er von ihm hält, wie kritisch oder schlecht er beurteilt wird. Dahinter steckt die Angst, schlecht abzuschneiden, und man hat das Urteil über sich selbst längst gefällt – man hält nichts von sich. Kommt dann von anderen ein Lob oder ein Kompliment, prallt auch dieses an dem Negativbild, das man von sich selber hat, ab. Es wird uminterpretiert (Du sagst, ich habe eine schicke Frisur – du meinst wohl, die ist das einzig Schicke an mir) oder als Schmeichelei abgetan.

Tat-Kranke wie Schuld-Partner geben sich zumeist anders, als ihnen innerlich zumute ist. Mit schwerwiegenden Folgen für die seelische Gesundheit. Die teilweise eingebildete Notwendigkeit, sich nach außen anders zu geben, als einem innerlich zumute ist, führt zu einer dauernden inneren Spannung. Es kostet viel psychische Kraft und bringt stets eine latente Angst vor Entlarvung mit sich. Dies ist seelisch unhygienisch und damit auch mit dem Risiko körperlicher Krankheiten verbunden. Ein sensibles Ohr für Worte und Sätze zu entwickeln und sich klar mitzuteilen, ist ein gutes Stück Entspannungspolitik – sofern die Bereitschaft vorhanden ist, sich ehrlich auf sich selbst einzulassen. Was sagt meine Art zu kommunizieren über mich selbst? Eine Äußerung wie »Du sagst, ich habe eine schicke Frisur – du meinst wohl, das ist das einzig Schicke an mir« ist zum Beispiel ein Scheinwerfer, der ein nur schwach ausgeprägtes Selbstwertgefühl ins helle Licht rückt.

Aus dem Gesagten leitet sich der entscheidende Grundsatz für seelisches Wohlbefinden und ein klares Verhältnis zum Gegenüber ab: Sei du selbst und gib dich, wie dir zumute ist. Nur wer sich selber klar darüber ist, wie ihm zumute ist, kann sich auch klar und verständlich mitteilen.

Ein raffiniertes Mittel: Der versteckte Appell

Wer etwas sagt, drückt also etwas über sich selbst, über den anderen und über die Beziehung zueinander aus. Doch nicht nur das – er möchte etwas bewirken. Nichts, was gesagt wird, wird einfach so, wird absichtslos gesagt. Doch der Empfänger hat seine eigenen Antennen: Er hört vielleicht eine Absicht heraus oder interpretiert sie hinein, die gar nicht beabsichtigt war. Ein Beispiel: Ein Paar sitzt beim Abendessen, und der Mann fragt: »Gibt es noch etwas Sauce in der Küche?« Die Frau steht auf und antwortet: »Ja, ich hole sie.« Der Mann reagiert ungehalten: »Bleib bitte sitzen, ich hole sie mir selber. Es macht mich verrückt, wenn du immer gleich aufspringst. Ich habe doch nur eine Frage gestellt und wollte ein ja oder nein hören, mehr nicht.« »Du stellst die Frage doch nur«, entgegnet die Frau, »weil du erwartest, daß ich aufstehe und die Sauce hole.« Friedemann Schulz von Thun beschreibt die aus der Wirkungsseite resultierende Problematik: »Ein Grunddilemma der menschlichen Kommunikation sehe ich darin, daß es immer zugleich um Ausdruck und um Wirkung geht, und daß Sender wie Empfänger vor der Wahl stehen, auf welchen Aspekt sie sich schwerpunktmäßig hin orientieren. Und daß Kommunikation eine ständige Kompromißsuche zwischen diesen beiden Anforderungen darstellt, und die Balance zwischen den beiden Polen eine geglückte Kommunikation ausmacht.« Zwischen Tat-Kranken und Schuld-Partnern glückt diese Balance nicht. Sie beugen sich dem Appelldruck, den der Tat-Kranke mit allem, was er tut und sagt, für sie darstellt.

Krankheit berührt vitale und elementare Bedürfnisse des Menschen. Es geht um Trost, Anteilnahme, Hilfsbereitschaft und Mitleid, um Grundpfeiler mitmenschlichen Verhaltens. Schuld-Partner wollen gute Menschen sein. Sie leiden, weil sie Krankheit als massiven Appell verstehen – der sie nötigt, dem Tat-Kranken zu Willen zu sein. Ihm nicht zu Willen zu sein, würde bedeuten, sich als schlechter, gefühlloser Mitmensch zu erweisen. Tat-Kranke machen sich die »Willst du ein guter Mensch sein, dann tanze nach meiner Pfeife«-Nummer teils rücksichtslos zunutze.

Es ist das Wesen des Appells, Einfluß sicherzustellen. In welchem Maß das gelingt, hängt unter anderem von der Art und Weise ab, wie er geäußert wird – ob offen, verdeckt oder auf paradoxe Art. Tat-Kranke profitieren vor allem von der Wirksamkeit versteckter Appelle. Von meiner Art mich auszudrücken hängt die Reaktion anderer ab, das lernt schon ein Kleinkind. Verhält es sich ruhig, wenn es außerhalb der »Fütterungszeit« Hunger hat, passiert nichts; schreit es, kommt die Mutter, um herauszufinden, was der Grund dafür ist. Das Kind macht auf seine Bedürfnisse aufmerksam, damit sie befriedigt werden. Sein Schreien wirkt.

Wirkung kann auf vielerlei Weise und aus unterschiedlichen Beweggründen erzielt werden. Mache ich jemandem ein Geschenk, um ihm eine Freude oder um ihn mir geneigt zu machen? Grüße ich die Nachbarin, weil ich sie nett finde oder weil sie während des Urlaubs meinen Briefkasten leeren soll? Sage ich »Ich habe Kopfschmerzen«, um der Tochter mitzuteilen, wie es um mich bestellt ist, oder will ich die Tochter dadurch zu einem bestimmten Verhalten bewegen (daß sie mir Arbeit abnimmt, daß sie bei mir bleibt und nicht weggeht)? Etwas bewirken zu wollen, ist per se weder gut noch schlecht, denn jedes Verhalten bewirkt etwas. Niemand spricht und handelt nur ausdrucksorientiert, das heißt frei von Wirkungsabsichten. Dennoch gibt es signifikante Unterschiede.

1. Wer primär ausdrucksorientiert handelt, ist nicht in erster Linie darauf aus, etwas zu bewirken, sondern teilt sich mit. Die Wirkung wird hingenommen, egal, wie sie ausfällt. Ein Beispiel: Zu sagen »Es ärgert mich, daß du mich eine Stunde hast warten lassen«, drückt dem anderen gegenüber aus, wie ich mich befinde. Die Äußerung »Du bist rücksichtslos«, will den anderen treffen, ihn verletzen.

2. Wer primär wirkungsorientiert handelt, dem geht es nicht in erster Linie darum, sich mitzuteilen. Er fragt sich vor allem: »Wie sage ich es am besten?«, »Welche Situation muß ich abwarten oder welchen Ton anschlagen, um die bestmögliche Wirkung zu erzielen?« Das Verhalten des wirkungsorientierten Menschen ist zielgerichtet. Bei ihm rangiert Taktik vor Klarheit und Wahrheit. Stellt sich ein Paar die Frage, wo der nächste Urlaub verbracht werden soll, könnte jeder sein Wunschziel nennen. Sie: »Ich möchte nach Mauritius.« Er: »Ich möchte nach Israel.« Der wirkungsorientierte Mensch wird die klare Festlegung vermeiden. Sein Verhalten würde in dem genannten Fall von der Absicht geprägt, den anderen »hintenherum« dazu zu bringen, das eigene Ziel als gemeinsames Wunschziel zu bejahen.

Ein vorrangig wirkungsorientiertes Verhalten degradiert den Kommunikationspartner zum Objekt der eigenen Ziele, Wünsche und Bedürfnisse. Ausdrucksorientiertes Verhalten läßt dem Kommunikationspartner die Freiheit zu entscheiden, wie er mit einer Nachricht umgeht. Allerdings unter Berücksichtigung der Tatsache, daß keine Nachricht wirkungsneutral ist. Friedemann Schulz von Thun: »Wer nur auf den Ausdruck orientiert ist und sich nicht darum kümmert, was er damit anrichten könnte, handelt unverantwortlich, wird unter den Wirkungen zu leiden haben und verzichtet darauf, seine Sache zur Geltung zu bringen und Einfluß zu nehmen.« Doch der ausdrucksorientierte Sprecher wird seine Absichten nicht versteckt, sondern offen und durchschaubar kundtun. Er wird seine Wünsche äußern und sich der Wirkung stellen, die sein Handeln nach sich zieht.

Wer will was mit seinem Verhalten bezwecken? Für den Empfänger der Nachricht ist die Beantwortung dieser Frage sehr wichtig. Weint jemand, um auf die Tränendrüse zu drücken? Langer und Schulz von Thun sprechen von »Funktionsvergiftung«, wenn ein Sender hauptsächlich wirkungsorientiert, das heißt in manipulativer Absicht, kommuniziert, und ebenso, wenn der Empfänger dies unterstellt. Tat-Kranke kommunizieren vorrangig wirkungsorientiert, und Schuld-Partner, geprägt durch das »berechnende« Verhalten, neigen dazu, rundum manipulativen Appelldruck zu wittern und ihm nachzugeben. Sie fühlen sich getäuscht und mißbraucht. Eine solche von verdeckten Appellen geprägte Beziehungsatmosphäre ist Gift für die Seele. Der Psychotherapeut E. G. Beier hat untersucht, wie Menschen durch die Art, wie sie etwas von sich geben, beim Empfänger ein emotionales Klima schaffen und erreichen, daß dieser sich wunschgemäß verhält.

Anna erzählt von dem »Talent« ihrer Mutter, sich über versteckte Appelle einen Schutzwall zu errichten, der jahrzehntelang hielt. »Wenn wir zum Beispiel aneinander gerieten, brach sie die Auseinandersetzung mittendrin ab und zog sich mit Kopfschmerzen oder Herzrasen zurück. Um vorzubauen, daß der Streit bei einer nächsten Begegnung nicht wiederaufgenommen wurde, schickte sie meist meinen Vater ins Feld, der signalisierte: ›Deine Mutter hat nächtelang nicht geschlafen, weil ihr das Gespräch zugesetzt hat, und ich bin auch nicht zur Ruhe gekommen.‹ Das reichte, die Angelegenheit unter den Teppich zu kehren. Ich habe es dann meist nicht übers Herz gebracht, erneut Aufregung und Unfrieden zu verursachen.« Anna nimmt den verdeckten Appell an, Mitleid zu zeigen und sich zu versöhnen. Annas Mutter zu unterstellen, sie handle bewußt in manipulativer Absicht, wird ihr jedoch nicht gerecht. Sender von verdeckten Appellen geben zumeist unbewußten Wünschen Ausdruck.

Tat-Kranke haben genügend verdeckte Appelle in petto. Die Palette reicht von Überempfindlichkeit (Ich kann das nicht verkraften) über Angstsymptome (Mir wird schwindlig, ich bekomme Schweißausbrüche und Magenschmerzen) und Schwäche (Ich bin dem einfach nicht gewachsen) bis zum Selbstmordversuch. Schuld-Partner quälen sich und fühlen sich gequält, weil sie im Leidensbann gefangen sind. Der Schlüssel zum Verhalten des Tat-Kranken ist jedoch nicht das Krankheitssymptom oder die Frage »*Warum* verhält er sich so?«, sondern die Frage »*Wozu* verhält er sich so?« Tat-Kranke wollen etwas. Sie wollen etwas mit ihrem Verhalten bezwecken. Ihr Verhalten, ihre Äußerungen müssen entschlüsselt werden.

Was steckt hinter der Überempfindlichkeit, hinter einem Satz wie »Ich gehe daran zugrunde, ich kann das nicht verkraften«? Zweierlei: Als Selbstoffenbarung wird kundgetan, daß das Gefühl für den eigenen Wert nur sehr schwach ausgeprägt ist. Dem Überempfindlichen darf nichts zugemutet werden, er ist schnell eingeschnappt, trägt eine Leidensmiene zur Schau, braust auf oder zieht sich in den Schmollwinkel zurück. Und als Appell an die Mitmenschen wird ein Verhaltenskodex postuliert: Es wird kundgetan, was im Umgang mit dem Überempfindlichen erlaubt ist und was nicht. Und der Schuld-Partner befolgt diesen Verhaltenskodex, er handelt nach der Maxime »Der darf nur mit Samthandschuhen angefaßt werden«. Ein voller Erfolg für den Tat-Kranken! Er hat die Spielregeln diktiert, sein Spiel wird mitgespielt.

Angst ist ein weiteres, sehr erfolgreiches »Instrument«, Appelldruck auszuüben. Anna erinnert sich, daß ihre Mutter außer sich war, wenn die Tochter einige Tage auf Dienstreise oder aus privaten Gründen unterwegs war, ohne sich telefonisch abgemeldet zu haben. Doch die Mutter versuchte nicht allein die junge Frau über ihre Angst und die sie begleitenden Krankheitssymptome Schlaflosigkeit, Schweißausbrüche, Zittern und Magenschmerzen zu fesseln, sondern auch ihren Mann. Bei ihm war die Taktik ein Eheleben lang erfolgreich. Er durfte seine Frau immer nur eine vorher abgesprochene Zeit lang alleine lassen. Kam er unerwartet etwas später, stand er einer aufgebrachten Frau gegenüber, beruhigte sie und sicherte ihr noch mehr Rücksichtnahme zu. Lüftet man den Schleier Angst, wird Lebensangst sichtbar; die Angst, nicht auf eigenen Beinen stehen zu können, allein nicht lebensfähig zu sein. Der Appelldruck ist auch in diesem Fall erfolgreich: Der Sender erreicht sein Ziel, er bekommt die Entlastung und Unterstützung, die er braucht.

Daß vermeintliche Schwäche ein außerordentlich taugliches Instrument ist, Appelldruck auszuüben, haben viele Schuld-Partner erfahren. »Ich weiß gar nicht, was ich ohne dich machen sollte«, »Ich bin einfach nicht in der Lage, mir selbst zu helfen«, sind Hilferufe, die dem Gegenüber als dem überlegeneren Partner schmeicheln und darauf abzielen, seine Stärke anzuzapfen. Wer ein offenes Ohr dafür hat, liefert zumeist bereitwillig eine Kraftpipeline, die vom Tat-Kranken extensiv angezapft wird. Die

Schwäche entpuppt sich bei genauerem Hinsehen meistens als größte Stärke; was Wunder, wenn man anderen einen Großteil der eigenen Lebensprobleme aufbürden kann.

Angst und Verzweiflung löst der ärgste Appelldruck, die Selbstmordandrohung, aus. Macht jemand den Versuch, sich umzubringen, oder deutet an, daß er seinem Leben ein Ende machen will, wirkt der Appell »Hilf mir, kümmere dich um mich« besonders intensiv. Marita hat er bis an die Grenze ihrer Möglichkeiten gebracht. Die Angst, ein falsches Wort zu sagen und ihren Geschäftspartner dadurch vielleicht an die Schwelle zum Selbstmord zu bringen, bestimmt ihr Tun und Handeln. Die Drohung »Wenn du mich verläßt, dann bringe ich mich um«, hat schon mancher Partner erfolgreich eingesetzt, um eine Scheidung zu verhindern. Auch wenn es gnadenlos klingt: Mit Selbstmord zu drohen ist das schwerste Geschütz, das aufgefahren wird, wenn sich andere versteckte Appelle abgenützt oder als nicht mehr wirksam genug erwiesen haben. Martin beschreibt, warum es ein Volltreffer ist, selbst wenn vermutet wird, daß der andere damit nur Willfährigkeit erzwingen will: »Ich war mir sicher, daß meine Frau sich nicht wirklich umbringen will, aber ich habe ihr zugetraut, daß sie doch so weit geht, wenn wir nicht parieren. Heute würde ich ihr wohl sagen: ›Wenn du nicht mehr leben willst, dann kann ich deinen Wunsch nur schweren Herzens respektieren – es ist deine Entscheidung; das Familienleben unserer Tochter ist jedoch ihre Sache.‹ Damals hatte ich nicht den Mut dazu.« Dem Versuch des Tat-Kranken, einem anderen die Verantwortung für den Schlußstrich unter das eigene Leben aufzubürden, ist in der Tat schwer zu widerstehen, denn eine Selbstmorddrohung trifft ins Mark der Gefühle.

Warum sind selbst »weichere« geheime Appelle so erfolgreich? Weil sie auf die Seele zielen. Sie versetzen den Empfänger in eine emotionale Stimmung, die ihn eingleisig polt – und zwar in Richtung des Senders. Was passiert mit einem Menschen, der mit einem schmerzverzerrten Gesicht oder mit Tränen konfrontiert wird? Er wendet sich von sich selber ab und dem anderen zu. Denn was wir auf der Selbstoffenbarungsseite über den Sender erfahren (verzerrtes Gesicht gleich Ausdruck von Schmerz, Tränen gleich Ausdruck von Traurigkeit), löst einiges in uns aus: Wir versuchen, Zuspruch zu leisten, zu trösten, zeigen Anteilnahme, fragen, was geschehen ist, stellen die eigenen Probleme und Sorgen zurück und lassen uns auf die des Gegenübers ein. Was immer ich selber gerade vorhatte oder wollte – es verblaßt angesichts des scheinbar Schlimmeren, das dem anderen widerfahren ist. Doch ist das, was wir für das Schlimmste halten (z. B. der Schmerz) tatsächlich das Schlimmste? Will der Tat-Kranke ein Mittel gegen den Schmerz oder geht es um das, was er durch den Schmerz bekommt – um Trost, Aufmerksamkeit, Erlösung aus der Einsamkeit, Auflösung der Angst, Kraft, die der andere ihm anbietet oder Entlastung?

Schuld-Partner sind leicht zu verunsichern. Sie trauen zumeist ihren eigenen Wahrnehmungen nicht, obwohl sie durch genaue Beobachtung festgestellt haben, daß es beim Tat-Kranken nicht um die Frage geht »Warum hat er Schmerzen und was kann man dagegen tun?«, sondern »Wozu hat er Schmerzen?« »Man darf Ihrer Mutter alles nehmen, nur nicht die Krankheiten«, erfährt Elke von der Heilpraktikerin, bei der sie sich nach dem Befinden der Mutter erkundigt, »sie wird immer etwas haben, sie braucht Krankheiten, weil sie ihr gute Dienste leisten.« Die beiden Fragen »Was bewirkt ein bestimmtes Verhalten, eine Äußerung, ein Signal in mir, dem Schuld-Partner?« und »Wozu, zu welchem Zweck verhält sich der Tat-Kranke, wie er sich verhält?« führen auf den befreienden Weg aus der Verstrikkung in der Schuld-Partnerschaft.

Die Fähigkeit des Tat-Kranken, Druck über geheime Appelle auszuüben, ist von Kindesbeinen an eingeübt. Der amerikanische Psychologe E. G. Beier (*The Silent Language of Psychotherapie,* zitiert in der Übersetzung von Friedemann Schulz von Thun) hat sie intensiv untersucht: »Wahrscheinlich wird die Fähigkeit, den Empfänger gefühlsmäßig zu verpflichten und Appelle in versteckter Form zu senden, in der Kindheit gelernt und dient dazu, das Kind vor Verwundungen zu schützen. Wenn das Kind merkt, daß der Ausdruck bestimmter Wünsche und Gedanken Reaktionen nach sich zieht, mit denen es nicht fertig werden kann, lernt es, diese Gedanken und Wünsche zu verbergen. Zukünftig wird es ebenfalls lernen, sie auf solche Art und Weise zu äußern, daß sie vom Empfänger nicht völlig verstanden werden; es entdeckt zum Verstecken die Zweideutigkeit. Es entwickelt also eine Geschicklichkeit, um sich die Bloßstellung seiner verwundbaren Absichten zu ersparen und um belastende Reaktionen zu vermeiden. Wunschbereiche, die einer solchen Tarnung bedürfen, verweisen auf die Regionen der Verwundbarkeit eines Menschen.«

Das Erfolgsgeheimnis des geheimen Appells liegt darin, daß er auf fruchtbaren emotionalen Boden fällt, daß er selten als Appell erkannt wird, und daß der Sender sich aus der Verantwortung schleichen kann. Hätte Annas Mutter nach dem Streit mit der Tochter bei einer nächsten Begegnung geäußert: »Das Thema, über was wir uneins sind, möchte ich nicht wieder angeschnitten haben«, wäre die Auseinandersetzung wahrscheinlich nicht beendet, sondern neu entfacht worden. Und die Mutter kann sich, wird eine Absicht in dieser direkten Weise kundgetan, später nicht darauf zurückziehen, sie nicht geäußert zu haben. Dieser Mechanismus bewahrt sie außerdem vor Verletzungen, denn eine deutlich gezeigte Absicht kann zurückgewiesen oder gar bestraft werden. Der versteckte Appell des Vaters: »Deine Mutter hat nächtelang nicht geschlafen, weil ihr der Streit so zugesetzt hat, und auch ich bin nicht zur Ruhe gekommen«, setzt Anna, so jedenfalls empfindet sie es, schachmatt. Betrachten wir ihn jedoch durch die »Beier-Brille«, verweist er auf die Achillesferse des Senders. Er eröffnet die Perspektive zu verstehen, daß der Tat-Kranke nicht bewußt quält. Er leidet vielmehr an unbewußten Seelenqualen, deren Tarnkappe das Verhalten ist, das er an den Tag legt. Der versteckte Appell ist ein doppelt raffiniertes Instrument: Der Sender nimmt Einfluß, es bleibt jedoch im Dunkeln, daß er der Urheber ist. Ein offener Appell, zum Beispiel »Ich habe Magenschmerzen, kannst du mir helfen, weißt du vielleicht einen guten Arzt?« ist Ausdruck einer klaren, gleichberechtigten Beziehung: Der Sender spielt mit sauberen, nicht mit gezinkten Karten. Zu einer guten, gelungenen Kommunikation gehört, daß ich anderen die Absichten, die ich mit meinem Handeln verbinde, deutlich zeige. Mit Mißtrauen begegnen wir Menschen, denen wir ihre guten Worte, Absichten und Ziele nicht glauben, weil sie sich nicht mit ihrem Handeln in Einklang bringen lassen. Nur die genaue Kenntnis von Absichten und Zielen erzeugt Vertrauen in die Handlungsweise der Mitmenschen. Und umgekehrt: Nur wer um meine Absichten und Ziele weiß, wird mir Vertrauen entgegenbringen. Je verletzter und verletzbarer ein Mensch jedoch ist, desto verschleierter kommuniziert er.

Tat-Kranke sind verletzt und verletzbar. Sie entwickeln ein außergewöhnliches Talent, andere per Manipulation zu kontrollieren, die Kontrolle aufrechtzuerhalten und sich selbst aus der Affäre zu ziehen: »Ich kann ja nichts dafür, daß ich leidend bin«, ist die den Appelldruck begleitende Rechtfertigung des Tat-Kranken. Sie säen – und ernten, wenn der Bogen überspannt wird – das Mißtrauen des Schuld-Partners, der sich durch dieses Mißtrauen aber auch das eigene Leben vergiftet, denn um dem Druck zu entkommen, gewöhnt er sich an, der Manipulation mit Manipulation zu begegnen. Ein Versuch, den Teufel mit Beelzebub auszutreiben! Schuld-Partner verlieren dadurch, wie der Tat-Kranke, das Vertrauen in ihre eigenen Gefühle. Gerhard drückt aus, wie Gefühle nicht mehr unmittelbar wahrgenommen, sondern kontrolliert, gefiltert und seziert werden. Was empfindet er, wenn seine Frau ihre Krankheiten als Waffe gegen ihn zückt? »Ich denke«, sagt er stockend, »ich habe schon ein Recht, manchmal wütend auf meine Frau zu sein, andererseits bin ich mir nicht sicher, ob ich ihr nicht doch unrecht tue, meine Kritik war manchmal sicher überzogen.« Gerhard möchte jemand sein, der seine Frau liebt, aufrichtig liebt. Ihr gegenüber negative Gefühle zu haben, paßt nicht in sein Bild von sich selbst.

In diesem Punkt, eine festumrissene Vorstellung von sich zu haben, die den Zugang zu den eigenen Gefühlen verstellt, gleichen sich Tat-Kranke und Schuld-Partner. »Manche Gefühle und Impulse passen uns nicht in den Kram«, erläutert Friedemann Schulz von Thun das Wahrnehmungsdefizit, »entweder, weil sie vom verstandesmäßigen Standpunkt aus betrachtet unlogisch sind oder weil sie unserem positiven Selbstbild widersprechen. Um sich den (scheinbaren) Seelenfrieden zu erhalten, haben es sich manche Menschen überhaupt abgewöhnt, ihre Gefühle direkt zu spüren, und versuchen, die Lücke mit dem Verstand zu füllen.«

Ob Mutter, Ehepartner oder Kollege – Tat-Kranke reagieren, wird ein Konflikt aufs Tapet gebracht, zumeist stereotyp-protokollhaft, entsprechend ihrem Bild von sich selbst: Sie spüren sich nicht, sondern legen dar und führen aus, beispielsweise daß sie allen Anforderungen, eine gute Mutter, ein guter Ehepartner, eine gute Kollegin zu sein, gerecht zu werden. Anna erzählt: »Wenn ich ein Problem bei meiner Mutter ansprechen wollte, zum Beispiel, daß es mich sehr verletzt hat, wenn sie mir vorwarf, ein moralisch verdorbenes Wesen zu sein, nahm sie nicht nur Zuflucht zu Tränen und Anfällen. Sie hämmerte mir auch lautstark ein, daß sie eine ausgezeichnete Mutter war; daß es ihre Pflicht war, mich zu kontrollieren, um meinem verwerflichen Lebenswandel ein Ende zu machen; daß eine Mutter weiß, was das Beste für ihre Tochter ist; daß eine Tochter kein Recht hat, die Mutter zu kritisieren. Sie entwarf ein festgemauertes Bild von einer Mutter, dem sie selbstverständlich immer entsprochen hatte, und von einer Tochter, wie ich sie hätte sein sollen, aber nie gewesen war.

Jeder Mensch, dem meine Mutter begegnete, wurde beurteilt. Ich habe nie gemerkt, ob sie jemanden wirklich mag. Sie zeigte auch keine Gefühle, wenn sie jemanden ablehnte. Meinen ersten Freund konnte sie absolut nicht leiden. Der Hauptgrund war, daß dieser Mann von nichts Notiz nahm, wenn sie die bekannten Register ›Ich kann nicht mehr, ich fühle mich nicht‹ zog. Er schaute nur kurz von der Zeitung hoch, sagte: ›In Ordnung, dann leg dich aufs Sofa‹, nahm seine Lektüre, ging ins Büro und las dort in Ruhe weiter. Ihm gegenüber war meine Mutter formvollendet-höflich; mir kam sie allerdings mit einer Liste ›objektiver‹ Faktoren, warum der Mann nicht zu mir und zu uns paßt. Er hatte die falsche Religion und war angeblich leichtsinnig im Umgang mit Geld. Ein ›Ich kann den nicht leiden‹ kam nie über ihre Lippen.« Verständnis für die Mechanismen zu haben, die das Verhalten des Tat-Kranken prägen, ist nicht gleichbedeutend damit, sein Verhalten zu akzeptieren. Den Charakter des Konflikts zu erkennen, ist jedoch die Voraussetzung dafür, sich aus der Schuld-Partnerschaft zu lösen. Doch es braucht mehr als Verständnis für die Mechanismen, um zu einem anderen, ausbalancierten Miteinander zu kommen.

In den Gesprächen mit Schuld-Partnern fällt auf, daß sie sich hauptsächlich um den Tat-Kranken drehen. Und Vorwürfe gegen ihn werden häufig noch im selben Atemzug resignativ zurückgenommen: »Es ist zwar furchtbar, aber man muß wohl damit leben« oder durch eine Entschuldigung entschärft: »Tut mir leid, daß ich mich über meine Mutter beklage, sie hat ja auch ihre guten Seiten.« Welche? Elke beginnt bei dieser Nachfrage zu weinen. »Ja welche? Vielleicht hoffe ich nur darauf, daß ich die guten Seiten irgendwann einmal erlebe. Wenn ich es richtig bedenke, war eigentlich alles noch viel schlimmer, als ich erzählt habe. Ich war im Alter von dreißig Jahren Witwe. Mein Mann lag drei Wochen lang im Sterben, und ich habe Tag und Nacht um ihn gebangt. Ich wog noch achtundvierzig Kilo und konnte mich, als er starb, kaum mehr auf den Beinen halten. Meine Mutter kam zur Beerdigung. Als sie mich sah, war das erste, was sie sagte: ›Womit habe ich verdient, daß ich das auch noch aushalten muß!‹ und schaute Anteilnahme heischend in die Runde. Dabei konnte sie meinen Mann nicht ausstehen. Mich hat sie nicht mal richtig angeschaut. Und nicht ein Wort darüber verloren, wie es mir geht. Bei meiner Schwester war es nicht anders. Als sie mit Krebs ins Krankenhaus kam und operiert werden mußte – sie war achtundzwanzig und hatte drei kleine Kinder –, kam meine Mutter nur ein einziges Mal in den dreieinhalb Wochen zu Besuch. Obwohl das Krankenhaus nur fünf Kilometer entfernt war. Nach den Kindern mußten allein der Mann, Bekannte und Nachbarn schauen. Nein, meiner Mutter war das alles zuviel. Es konnte ihr, wie sie sagte, nicht zugemutet werden, sich zu kümmern. Ihre Heilpraktikerin, darauf berief sie sich ständig, habe auch gesagt, daß sie Ruhe brauche. Es war gespenstisch! Meine Mutter konnte stundenlang mit allen möglichen Leuten telefonieren und erzählen, wie furchtbar ihr das Schicksal mitspielt, daß sie ertragen muß, daß ihre Tochter Krebs hat. Sie ging zu Kaffeekränzchen und Geburtstagsfeiern, aber meiner Schwester und ihrer Familie schenkte sie keinerlei Beachtung. Im Gegenteil, sie benutzte sie, um sich als bedauernswertes Opfer in den Mittelpunkt des Interesses zu rücken.«

Elke hat zwar erkannt, daß und wie die Mutter manipuliert und andere für ihre Zwecke einspannt, doch sie hat Angst davor, sie zu sehen, wie sie ist. Sie fürchtet die Gefühle, die in ihr hochkommen, wenn sie sich auf eine schonungslose Betrachtung einläßt. Schuld-Partner spüren zumeist genau, daß sie vom Tat-Kranken benutzt werden, doch sie scheuen sich, der ungeschminkten Realität ins Auge zu sehen. Sich zu sagen: »Dieser Mann setzt mich mit Krankheit unter Druck und nützt mich aus, das ist eine Realität, der ich mich stellen muß«, ist ein schwerer Schritt. Leichter ist es, sich zu beschwichtigen: »Dieser Mensch setzt mich mit seiner Krankheit unter Druck, aber im Grunde ist er doch ein ganz netter und bedauernswerter Mensch.« Den anderen zu ent-

schuldigen, bedeutet jedoch, das Spiel weiterhin mit-
zuspielen, sich zu belügen und nicht klar Position zu
beziehen. Menschen zu sehen, wie sie sind, ist eine
wesentliche Voraussetzung dafür zu erkennen, wer
einen wozu manipuliert. Die rosarote Brille abzunehmen, ist ja nicht gleichbedeutend damit, den anderen
zu verteufeln. Es bedeutet aber sehr wohl, seine eigene Enttäuschung schmerzhaft zu spüren. Enttäuschung heißt aber nichts anderes, als daß ich mich getäuscht, also den anderen nicht adäquat gesehen
habe. Was ich durch die Ent-Täuschung an Illusionen verliere, gewinne ich an heilsamer, realistischer
Sicht der Menschen und des Lebens.

Die Fesseln lösen

Menschliche Verhaltensweisen sind nicht in die
Schubladen richtig und falsch einzuordnen. Kein
Verhalten ist objektiv richtig oder objektiv falsch.
Kommunikation ist subjektiv. Wir können unser eigenes Verhalten nur subjektiv beurteilen und mut-
maßen, worauf unser Kommunikationspartner wie
reagiert. Bei Verhaltensweisen geht es darum, ob sie
zu einem bestimmten Zeitpunkt, an einem bestimmten Ort in einer bestimmten zwischenmenschlichen
Konstellation angemessen oder unangemessen, be-
friedigend oder unzureichend sind. Ob sie es sind,
läßt sich nicht über Vermutungen eruieren, sondern
nur am Ergebnis überprüfen. Schuld-Partner finden
eine Fülle guter Gründe, warum sie dem Tat-Kranken gegenüber nicht entschieden und unmißverständlich Grenzen ziehen. Wenn ich dieses nicht
mehr tue und anders reagiere, würde dieses und jenes
passieren. Es bleibt zumeist lange bei solchen Kon-
junktiv-Planspielen. Auch wenn sie im Geiste noch

so oft durchgegangen werden – Trockenübungen
bringen nicht weiter. Es nützt mir nichts, daß ich mir
jeden Tag erneut vornehme, schwimmen zu lernen;
lernen werde ich es nicht im Kopf und an Land, sondern allein im Wasser! Die häufige Beschäftigung mit
Möglichkeiten und möglichen Reaktionen des anderen lenkt nur vom Wesentlichen ab: von der Beschäftigung mit sich selbst.

Wer sich zum Spielball für die Interessen anderer
macht, ist vorwiegend passiv. Also ist es geboten, ak-
tiv zu werden, sich zunächst selbst genau zu beobachten. Zwingt der Tat-Kranke den Schuld-Partner
wirklich dazu, ihm zu Willen zu sein? Die bisherigen
Ausführungen über Kommunikation haben gezeigt,
daß der Sender einer Nachricht nur anrichtet, was
auf dem Boden, auf den die Nachricht fällt, gedeiht:
Ein und derselbe Satz löst bei jedem Menschen andere Reaktionen aus. Das heißt, ein Gutteil der Verantwortung für Gefühle und Reaktionen liegt beim
Empfänger, beim Schuld-Partner. Er entschlüsselt
und interpretiert, und zwar nicht nur das Gesagte,
sondern auch Mimik und Gestik, Tonfall, sogar
Kleidung und Haarschnitt des Sprechers. Doch selbst
wenn wir dem Sender eine direkte Antwort – das Ergebnis der Interpretation – geben, entspricht diese
nicht immer den tatsächlichen Gegebenheiten. For-
mulierungen wie »Du machst mir angst«, »Du
machst mich glücklich« sind uns in Fleisch und Blut
übergegangen. Sie sind falsch. Niemand macht
einem anderen Gefühle. Die Gefühle habe ich nur
selber. Es müßte also korrekt heißen »Ich mache mir
Angst vor dir« bzw. »Ich mache mich glücklich mit
dir«. Das Ich macht den Unterschied: Wer ich sagt,
gibt etwas vom eigenen Innenleben preis. Die Du-
Botschaft ist eine Aussage über den anderen. »Meistens findet hier«, so Friedemann Schulz von Thun,

»ein blitzschneller Übersetzungsvorgang statt, bei dem eigene Gefühle (Ich fühle mich übergangen) in Beschreibungen über den anderen (Du bist rücksichtslos) überführt werden.«

Die genauere Betrachtung von Übersetzungsmechanismen führt zum Kern des Konflikts zwischen Tat-Kranken und Schuld- Partnern – der eigenen Beteiligung, denn Kommunikation ist mindestens ein Duett. Und jede Äußerung, die wir über einen anderen tun, hat ihre Entsprechung bei uns selbst. »Sie redet mich in Grund und Boden.« – »Ich wage nicht, sie zu unterbrechen.« – »Sie setzt mich unter Druck.« – »Ich lasse mich von ihr unter Druck setzen.« – »Es ist unverschämt, was sie verlangt.« – »Ich traue mich nicht, nein zu sagen.« Niemand kann mich in Grund und Boden reden, wenn ich nicht mitspiele und zulasse, daß ununterbrochen auf mich eingeredet wird. Niemand kann mich unter Druck setzen, wenn ich dem Druck nicht nachgebe.

Wozu, zu welchem Zweck, weiche ich dem Druck? »Lange habe ich mir eingeredet«, erzählt Anna, »daß ich eine kranke Frau nicht einfach in ihrem Elend sitzenlassen kann. Inzwischen ist mir aber einiges klar geworden. Zum Beispiel, daß es für mich leichter war, dem Druck nachzugeben, als meiner Angst ins Auge zu schauen. Wenn Bekannte mir vorwarfen, daß ich endlich damit aufhören soll, mich von meiner Mutter einspannen zu lassen, habe ich angeführt, daß doch jeder mal Hilfe braucht; daß ich auch möchte, daß jemand da ist, der mir hilft, wenn es mir mal nicht gut geht. Vielleicht habe ich meiner Mutter nur nachgegeben, weil ich Angst hatte, daß niemand mich unterstützt, wenn ich sie nicht stütze. Ich wollte überhaupt bei niemandem anecken. Wenn ich mich zeige, wie ich bin, wenn ich mich nicht anpasse, sondern Wünsche anmelde und die auch durchsetze, dann, dachte ich, mag mich niemand und ich bin eines Tages einsam und allein.«

Auf die Appelle des Tat-Kranken einzugehen und mit appellkonformem Verhalten zu reagieren, also ihm zu Willen zu sein, hat den »Vorteil«, daß die Situation stabil bleibt. Das mag unbefriedigend sein, doch es ist leichter, an vertrauten Schwierigkeiten festzuhalten als Neuland zu betreten. Das System – die Verhaltenskombination Tat-Kranker und Schuld-Partner – ist, wenn auch mit negativem Vorzeichen, in sich geschlossen, und es wird von beiden Parteien akzeptiert. Auch wenn der Schuld-Partner leidet und beteuert, daß er sich lieber heute als morgen aus seiner mißlichen Lage befreien würde. Seine Befreiungsversuche haben zumeist einen Haken: Der Schuld-Partner zeigt mit dem Finger auf den Tat-Kranken, der soll sich ändern, er soll die Fesseln kappen, soll den Schuld-Partner aus der Situation entlassen. Doch genau das geschieht nicht.

Warum sollte der Tat-Kranke sich auch ändern, wenn er durch sein Verhalten erreicht, was er erreichen möchte? Er wird sogar noch bestärkt in seinem Verhalten, denn je häufiger der Schuld-Partner ihm zu Willen ist, desto intensiver ist der »Lerneffekt«, den richtigen Weg zur Durchsetzung seiner Ziele eingeschlagen zu haben. Ist also der Schuld-Partner schuld an seiner Schuld-Partnerschaft? Gewiß nicht, doch er ist, so schwer es fällt, sich dieser Tatsache zu stellen, Beteiligter, da jedes Spiel nur so lange gespielt werden kann, wie ein Mitspieler gefunden wird. Schuld-Partner sind des Tat-Kranken Mitspieler. Die tröstliche Seite dieser Feststellung ist jedoch, daß ein Mitspieler die Spielregeln ändern oder das Spiel beenden kann. Es kostet allerdings einige Mühe. Ob sie sich lohnt? In jedem Fall, denn ungelöste Konflikte sind tendenziell krankmachend; sie verursachen zumindest ein eingeschränktes, die Persönlichkeitsentwicklung begrenzendes Leben. Denn was anderes ist Persönlichkeitsentwicklung, als sich Konflikten zu stellen, sie zu lösen, eventuell an ihnen zu scheitern und es erneut zu versuchen? Die »Strategie« der Konfliktvermeidung erstickt Lebenslust und Lebensfreude unter Vorsicht, Mißtrauen, Besserwisserei und Starrheit.

Alle Antennen auszufahren und auf Empfang zu programmieren und beide Ohren für versteckte Appelle zu sensibilisieren, sind schon Maßnahmen, die für den Schuld-Partner wohltuende Fortschritte in Richtung eines konfliktmutigen Lebens bedeuten. Der Automatismus »Reiz – Reaktion« wird unterbrochen, wenn man beginnt, in sich hineinzuhorchen und sich die Frage stellt: Was passiert – mit und in mir – bei Begegnungen mit dem Tat-Kranken? Gefühle auszuloten und Gefühlen nachzuspüren, bringen den Schuld-Partner auf die Spur dessen, was mit ihm geschieht. Der Tat-Kranke appelliert an Emotionen, und die Reaktion darauf erfolgt ebenfalls über den Bauch, nicht über die Ratio. Wer in sich hineinhorcht, spürt, was verschiedene Signale in ihm auslösen. Denn jedes Wort und jede Geste sind »aufgeladen« mit gefühlsträchtigen Bedeutungen. Kein Wort und keine Geste lösen bei verschiedenen Menschen dasselbe aus. Ihre Bedeutung ist individuell, angereichert um die Erfahrungen, die wir damit gemacht haben. Wer einmal von einem Hund gebissen wurde, verbindet mit dem Wort Hund etwas anderes als ein Mensch, der den Hund nur als freundliches Streichelwesen erlebt hat. Nicht anders verhält es sich mit dem Begriff und der Situation Krankheit.

Schuld-Partner haben sich, ohne daß es ihnen bewußt ist, an den Tat-Kranken angekoppelt, ihrer beider Verhaltensstrukturen greifen ineinander wie die

Glieder eines Reißverschlusses. Wozu eine solche Verzahnung entsteht, soll ein im Prinzip gleiches, aber leichter zu durchschauendes Beispiel demonstrieren: Viele Mütter beklagen sich darüber, daß sie von ihren bereits erwachsenen Kindern, die noch im Elternhaus leben, als Rundumversorger in Anspruch genommen werden. Die Mutter muß sie wecken, damit sie rechtzeitig aufstehen, sie kauft ein, kocht, macht die Wäsche und ist der Kinder Putzfrau. Die Mutter singt immer wieder dasselbe Klagelied: Die Kinder sollen sich anders verhalten, tun es aber nicht. Was hindert die Mutter daran, nicht länger zu reden, sondern zu handeln, den Service einzustellen? Dr. Jens Schiermann: »Durch Informationen können Einstellungen verändert werden, das Verhalten eines Menschen wandelt sich jedoch nur durch Handeln.« Warum läßt die Mutter die Schmutzwäsche der Kinder nicht einfach liegen? Die Frage rührt an den neuralgischen Punkt: Vielleicht ist es der Mutter gar nicht ernst mit ihren Klagen, vielleicht ist es ihr durchaus recht, die Kinder zu bedienen. Solange es die Kinder dermaßen bequem haben, werden sie im Elternhaus wohnen bleiben. Ein anderes Verhalten der Mutter könnte sie zum Auszug bewegen, die Mutter stünde vor einer Leere, die ihr möglicherweise viel mehr zusetzt als die Beanspruchung durch die Kinder.

Warum lassen sich manche Konflikte scheinbar nicht lösen? Weil wir am falschen Ort nach der Lösung suchen. Wie der Gefangene, der in seiner Gefängniszelle auf die Gitter des Fensters starrt, in der Hoffnung, sie aufbrechen zu können, und der ob des Starrens in die eine Richtung nicht sieht, daß die Tür hinter ihm offensteht. Schuld-Partner starren auf den Tat-Kranken: Er soll sich ändern und die Fesseln lösen. Das Verhalten eines anderen Menschen ändern zu wollen, ist jedoch ein schier aussichtsloses Unterfangen. Auf mich selbst habe ich jedoch großen Einfluß. Ich kann mich stündlich und täglich neu entscheiden, was ich tun, lassen, hinnehmen oder nicht länger ertragen will. Ich bin, wie ich mein Leben gestalte. Im Positiven wie im Negativen. Ich bin also auch die Schranke, die mir meinen Weg verstellt. Wegversperrende Schranken sind zum Beispiel Regeln, die wir befolgen, ohne um sie zu wissen. Jeder Mensch hat seinen eigenen, unerklärten und unbewußten Verhaltenskodex, den das Über-Ich vorschreibt). Dieser Kodex kann beflügeln oder erstikken. Der Psychologe Dr. Jens Schiermann nennt Beispiele für Stricke, die wir uns selber um den Hals legen:

– Es ist absolut notwendig, von anderen geliebt und anerkannt zu werden.

– Ich muß in jeder Hinsicht völlig kompetent, erfolgreich und perfekt sein; ich darf keine Fehler machen oder schlechte Leistungen erbringen.

– Manche Menschen sind schlecht, böse und verdorben; man sollte ihnen deshalb schwere Vorwürfe machen und sie bestrafen.

– Es ist eine Katastrophe, wenn die Dinge nicht sind, wie ich sie gerne hätte oder wie sie meiner Meinung nach sein sollten.

– Unglück und menschliches Leiden kommen von außen, und ich kann nichts gegen meine Sorgen und Nöte tun.

– Wenn ich einer Gefahr gegenüberstehe, dann sollte ich mir große Sorgen machen und mich darüber aufregen.

– Es ist leichter, Schwierigkeiten auszuweichen, als sich ihnen zu stellen.

– Ich sollte mich von anderen abhängig machen; ich brauche einen Stärkeren, auf den ich mich stützen kann.

– Meine Vergangenheit muß mein gegenwärtiges Fühlen und Verhalten bestimmen, weil etwas, was mich einmal stark berührt hat, unauslöschlich ist.

– Ich sollte über die Probleme und Verhaltensweisen anderer Leute sehr bestürzt sein und mich sehr darüber aufregen.

– Für jedes menschliche Problem gibt es nur eine einzige richtige und perfekte Lösung, und es wäre eine Katastrophe, wenn diese perfekte Lösung nicht gefunden würde.

– Das Schicksal und andere Menschen müssen fair zu mir sein und mich gerecht behandeln.

Die Fessel Schuld-Partnerschaft ist zumindest aus einigen dieser Fäden gedreht. Ist es eine Katastrophe, wenn Dinge nicht so sind, wie ich sie gerne hätte? Jeder der zwölf Punkte ist eine Lebenserschwernis – die ich hinnehmen kann, aber keineswegs hinnehmen muß. Ich kann sie Punkt für Punkt umkehren. Sie werden sich dann zu Flügeln wandeln, denn weniger Seelenballast ist gleichbedeutend mit seelischem Auftrieb. Ich kann mich entscheiden, über die Probleme, die mir der Tat-Kranke bereitet, und über seine Verhaltensweisen nicht mehr bestürzt zu sein. Ich kann mich entscheiden zu akzeptieren, daß es nicht nur die eine Lösung des Problems gibt, die ich für richtig halte.

Es geht bei alledem nicht darum, dem Tat-Kranken die Verantwortung abzunehmen für den Druck, den er ausübt, und für seine Manipulationen. Es geht allein darum, sich zu seinem eigenen Nutzen, im Sinne eines selbstbestimmten, erfüllteren Lebens, weiterzuentwickeln. Verständnis für die in diesem Buch skizzierten Verhaltensmechanismen des Tat-Kranken zu haben, führt dazu, nicht Gleiches mit Gleichem vergelten zu müssen: Vorwürfe mit Gegenvorwürfen, Schuldgefühle, die wir uns machen lassen, mit Schuldgefühlen, die wir anderen zu machen versuchen, Druck mit Gegendruck oder Wut mit Wut. Schon das entgiftet das Leben spürbar.

Sich selbst zu entwickeln, mit eigenen Fehlern und den Fehlern anderer leben zu lernen, führt zudem von der Konfrontation zur Akzeptanz, zu einer gedeihlichen Atmosphäre und mehr Gelassenheit. Bei allem Negativen, das man dem Tat-Kranken anlasten kann, finden sich nicht vielleicht zwei, drei gute Eigenschaften bei ihm? Sie zu sehen, entschuldigt ihn nicht, doch die Konzentration auf weitere Facetten seines Charakters erweitert den Blickwinkel. Man stelle sich eine Waage mit zwei Schalen vor: In einer Waagschale liegen die Konflikte, die die Beziehung belasten, in der anderen die Chancen, sich zu verstehen und zu ergänzen.

»Solange ich selber sehr unsicher war«, sagte Elke, »wollte ich absolut nichts Gutes an meiner Mutter sehen. Ich hatte Angst, daß ich dann sofort wieder in den altbekannten Sog gerate. Was mich früher nur aufgeregt hat, können wir heute entspannt bereden, und ich freue mich sogar über den einen oder anderen Rat. Meine Mutter ist eine Expertin in Sachen alter Hausmittel gegen alle möglichen Alltags-Wehwehchen. Sie hat mir schon manchen nützlichen Tip gegeben. Es fällt mir auch heute noch schwer, Grenzen zu ziehen, aber es gelingt. Ich telefoniere mit ihr, ich besuche sie, aber ich lasse nicht zu, daß sie die positiven Anknüpfungspunkte ausnutzt, um mich wieder in das alte Fahrwasser zu manövrieren. Ich habe nach und nach sehr deutlich gemacht, worüber wir uns nicht verständigen können.«

Es gab mehrere sehr lange Gespräche zwischen Elke und ihrer Mutter, in der die besser gewordene Beziehung wieder auf des Messers Schneide stand. Ihr paßt noch immer einiges an Elkes Lebenswandel nicht, und sie reagiert erneut mit dem Vorwurf, daß es sie krank macht und ins Grab bringt. »Ich habe ihr im Verlauf dieser Gespräche immer wieder deutlich gemacht, daß wir uns, wie wir ja beide erlebt haben, auf einigen Gebieten gut verstehen; daß sie aber kein Recht hat, über mein Leben zu bestimmen. Ich kann inzwischen sehr viel ruhiger mit ihr sprechen, weil ich weniger Angst habe und weil ich mich nicht mehr persönlich von ihr angegriffen fühle.« Es hat Jahre gedauert, bis die Annäherung möglich wurde, Jahre, in denen Elke konsequent ihren eigenen Weg gegangen ist.

Auch Tim macht die Erfahrung, daß Distanz manchmal unumgänglich ist. »Ich bin ausgezogen und inzwischen fast ein Jahr von zu Hause weg. In den ersten Monaten war das Tauziehen noch heftig. Meine Mutter versuchte immer wieder, mich mit Hinweisen darauf, daß mein Vater mit meinem Auszug nicht fertig wird, zurückzuholen. Es ist sehr anstrengend, immer wieder nein zu sagen. Manchmal dachte ich schon, der Druck hat nachgelassen, doch es ist noch längst nicht vorbei. Dennoch leide ich nicht mehr so stark darunter. Mit jedem Tag, den ich mein eigenes Leben lebe, fühle ich mich stärker und kann besser mit dem Verhalten meiner Eltern umgehen.« Tim war entschlossen, es zu einem Bruch kommen zu lassen, wenn es nicht anders geht. Doch seitdem er eigene Spielregeln aufstellt und den Reaktionen der Eltern nicht mehr soviel Bedeutung beimißt, läßt seine Anspannung nach.

Nicht alles persönlich nehmen – wer sich zum Beispiel das Wissen um Übertragungen und Projektionen zunutze macht, kann auf manches anders, weniger verletzt und aufgebracht reagieren. »Wenn wir merken«, so Dr. Jens Schiermann, »daß jemand uns Unfähigkeit vorwirft, weil er selbst mit nicht akzep-

tierten und unterdrückten Minderwertigkeitsgefühlen zu kämpfen hat, können wir die Situation besser
verstehen. Wenn wir uns die Einstellung zu eigen machen, daß Konflikte normal sind und nicht ›wegge-
macht‹ werden müssen, vermindert sich die Angst,
und wir werden gelassener im Umgang mit ihnen.«
Ein Stück Entspannung ist sicher auch die Einsicht,
daß Tat-Kranke dem Schuld-Partner nicht in erster
Linie schaden, sondern sich selber schützen wollen.
Sie haben und brauchen ein Alibi für ihre ungelösten
Lebensprobleme – die Krankheit.